_{Jw_cad 8 対応}

Jw_cadの
「コレがしたい！」
「アレができない！」を
スッキリ解決
する本

Obra Club 著

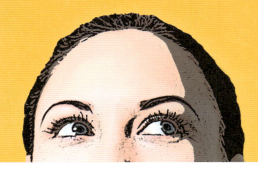

本書をご購入・ご利用になる前に必ずお読みください

- 本書の内容は、執筆時点（2016年11月）の情報に基づいて制作されています。これ以降に製品、サービス、その他の情報の内容が変更されている可能性があります。また、ソフトウェアに関する記述も執筆時点の最新バージョンを基にしています。これ以降にソフトウェアがバージョンアップされ、本書の内容と異なる場合があります。
- 本書は、「Jw_cad」の解説書です。本書の利用に当たっては、「Jw_cad」がインストールされている必要があります。
- 「Jw_cad」は無償のフリーソフトです。そのため「Jw_cad」について、作者、著作権者、ならびに株式会社エクスナレッジはサポートを行っておりません。また、ダウンロードやインストールについてのお問合せも受け付けておりません。
- 本書は、パソコンやWindows、インターネットの基本操作ができる方を対象としています。
- 本書は、Windows 10がインストールされたパソコンで「Jw_cad Version 8.01b」（以降「Jw_cadバージョン8.01b」と表記）を使用して解説を行っています。そのため、ご使用のOSやアプリケーションのバージョンによって、画面や操作方法が本書と異なる場合がございます。
- 本書および付録CD-ROMは、Windows 10/8/7/Vistaに対応しています。なお、Microsoft社がWindows XPのサポートを終了しているため、本書はWindows XPでの使用は保証しておりません。
- 本書に記載された内容をはじめ、付録CD-ROMに収録された教材データ、プログラムなどを利用したことによるいかなる損害に対しても、データ提供者（開発元・販売元・作者等）、著作権者、ならびに株式会社エクスナレッジでは、一切の責任を負いかねます。個人の責任においてご使用ください。
- 本書に直接関係のない「このようなことがしたい」「このようなときはどうすればよいか」など特定の操作方法や問題解決方法、パソコンやWindowsの基本的な使い方、ご使用の環境固有の設定や機器に関するお問合せは受け付けておりません。本書の説明内容に関するご質問に限り、p.247のFAX質問シートにて受け付けております。

以上の注意事項をご承諾いただいたうえで本書をご利用ください。ご承諾いただけずお問合せをいただいても、株式会社エクスナレッジおよび著作権者はご対応いたしかねます。あらかじめご了承ください。

・Jw_cadの付録CD-ROMへの収録と操作画面の本書への掲載につきましては、Jw_cadの著作権者である清水治郎氏と田中善文氏の許諾をいただいております。
・本書中に登場する会社名や商品、サービス名は、一般に各社の登録商標または商標です。本書では、®およびTMマークは表記を省略しております。

カバー・本文デザイン ─── 坂内 正景
編集協力 ─── 鈴木 健二（中央編集舎）
Special Thanks ─── 清水 治郎 ＋ 田中 善文
印刷 ─── 図書印刷株式会社

はじめに

　本書は、長年のJw_cad入門者、初中級者のサポートをベースに、多くのJw_cad初中級者が抱くであろう「こんなことをしたい」という思いや「なんかヘン?」という疑問、トラブルに対する答えをまとめたものです。

　Jw_cadの入門書で勉強中の方や、入門書を終え実務でJw_cadを使い始めた方にぜひとも手元に置いていただきたい1冊です。

　「こんなことできないかなぁ?」
と思ったときや
「なんだかヘン? 思った通りの結果にならない」
と感じたときこそ、新しいことを身に着けるチャンスです。
この本を開いて調べてください。

　そのような積み重ねで、Jw_cadが手になじむ道具になっていくことでしょう。

　より便利なJw_cad機能の習得や疑問、トラブルの解決など、Jw_cadを使って仕事をするために、この本がお役に立てれば幸いです。

Obra Club

CONTENTS

本書の表記と凡例 ……………………………………………………………………… 18
本書付録CD-ROMについて …………………………………………………………… 20
教材データのインストールと使い方 …………………………………………………… 21
Jw_cadバージョン8新機能のダイジェスト …………………………………………… 22
 Windows 10/8のタッチ操作に対応 ……………………………………………… 22
 Shiftキー ＋ 🖱↓で画面スライドが可能 ………………………………………… 22
 メニューバー[表示]に「Direct2D」と「ANTIALIAS」が追加 ………………… 22
 Windowsのコモンダイアログが利用可能 ……………………………………… 23
 「包絡処理」コマンドに「建具線端点と包絡」が追加 ………………………… 23
 「分割」コマンドに円全体の等分割が追加 …………………………………… 23

CHAPTER 1   インストール・起動・設定と画面表示   24

No.001   Jw_cadをインストールしたい／バージョンアップしたい …………… 24
 付録CD-ROMからJw_cadバージョン8.01bをインストール（バージョンアップ）する …… 24

No.002   Jw_cadのショートカットを作成したい ……………………………… 26
 CASE 1   Windows 10でJw_cadのショートカットを作成する方法 …………… 26
 CASE 2   Windows 8でJw_cadのショートカットを作成する方法 ……………… 27
 CASE 3   Windows 7/VistaでJw_cadのショートカットを作成する方法 …… 27

No.003   スタートメニューにJw_cadが表示されない ……………………… 28
 スタートメニューからJw_cadを探す方法 ……………………………………… 28
 【コラム】 Windows 8の場合 ……………………………………………………… 28

No.004   エラーメッセージが表示されてJw_cadをインストールできない … 29
 CASE 1   「エラー1310。……」というメッセージウィンドウが開く …………… 29
 CASE 2   「Jw_cadのインストールは、配布……」というメッセージウィンドウが開く … 29
 CASE 3   「プログラムの保守」というメッセージウィンドウが開く ……………… 29

No.005   Jw_cadが起動しない ………………………………………………… 30
 CHECK 1   Jw_cadのショートカットからJw_cadを起動する …………………… 30
 CHECK 2   Jw_cadのプログラム本体「Jw_win.exe」からJw_cadを起動する … 30

No.006   Jw_cadをアンインストールしたい …………………………………… 31
 Jw_cadをアンインストールする方法 …………………………………………… 31

No.			
007	**画面表示がいつもと違う。元に戻したい**		32
	CASE 1	ステータスバーを表示する方法	34
	CASE 2	メニューバーを表示する方法	34
	CASE 3	飛び出しているコントロールバーやツールバーを元の位置に戻す方法	35
	CASE 4	ツールバーの表示を初期状態に戻す方法	35
008	**作図補助のためのグリッド（目盛）を表示したい**		36
		目盛を表示する方法	36
009	**設定した目盛が表示されない**		37
	CHECK 1	画面の表示倍率を調整	37
	CHECK 2	表示設定を変更《バージョン8の新機能》	37
	CHECK 3	画面表示色を初期化	37
010	**あるはずの線や文字が表示されない／画面から消える**		38
	CASE 1	ズーム操作や画面の再描画に起因する場合	38
	CASE 2	表示されない要素の線色が背景色と同色の場合	38
	CASE 3	表示機能の不具合による場合《バージョン8の新機能》	39
	CASE 4	作図ウィンドウ左上に レイヤ反転表示中 と表示されている場合	39
	CASE 5	非表示レイヤになった場合	39
011	**作図ウィンドウの背景色を黒にしたい**		40
		作図ウィンドウの背景色を黒にする方法	40
012	**クロスラインカーソルを使いたい**		41
		クロスラインカーソルに変更する方法	41
013	**変更した基本設定が再起動すると元に戻ってしまう**		42
		起動環境設定ファイルを無効にする方法	42
014	**Jw_cadやWindowsのバージョンを確認したい**		43
	CASE 1	使用しているJw_cadのバージョンを確認する方法	43
	CASE 2	使用しているパソコンの基本OS（Windows）のバージョンを確認する方法	43

CHAPTER 2　図面ファイル

No.			
015	**Windows標準の「開く」「名前を付けて保存」ダイアログを使いたい**		44
		Windows標準のコモンダイアログを使用するための設定《バージョン8の新機能》	44
	【コラム】	コモンダイアログでのファイル表示	44
016	**図面ファイルを開けない**		45
	CASE 1	Jw_cadを起動せずに、データファイルを🖰🖰で開こうとしている場合	45
	CASE 2	Jw_cadを起動し、「開く」コマンドでファイルを開こうとしている場合	45

No.017　Jw_cad図面を開いたが何も表示されない　　46
- CHECK 1　タイトルバーの表示を確認する　　46
- CHECK 2　図面の要素数を確認する　　46
- CASE 1　タイトルバーに「無題-jw_win」と表示されている場合　　47
- CASE 2　図面の要素数がすべて「0」の場合　　47
- CASE 3　図面の要素数が「0」以外の場合　　47

No.018　パソコンに保存した図面が見つからない　　48
- CASE 1　履歴リストで探す方法　　48
- CASE 2　「ファイル選択」ダイアログで探す方法　　48
- CASE 3　Windowsの検索機能で探す方法　　49

No.019　図面を開くと画面が黒地になった。白地にしたい　　50
- 画面色を白背景に戻す方法　　50

No.020　画像の入った図面を開いたが画像が表示されない　　51
- 挿入した画像を図面ファイルと一体化する方法　　51
- 【コラム】Jw_cadの画像表示のしくみと画像同梱　　51

No.021　図面をUSBメモリに保存したい　　52
- 図面ファイルをUSBメモリにコピーする方法　　52

No.022　上書き保存する前の図面を取り戻したい　　54
- 上書き保存前の図面を取り戻す方法　　54
- 【コラム】バックアップファイルの設定　　55

No.023　作図途中の図面を取り戻したい　　56
- 自動保存ファイルを開く方法　　56
- 【コラム】自動保存間隔の設定　　57

No.024　不要になった図面ファイルを削除したい　　58
- 図面ファイルを削除する方法　　58
- 【コラム】図形ファイルを削除するには　　59

No.025　図面ファイルの名前を変更したい　　60
- 図面ファイルの名前を変更する方法　　60

No.026　旧バージョンのJw_cadに図面ファイルを渡したい　　61
- 旧バージョン形式で保存する方法　　61

No.027　DXFファイルを開きたい　　62
- DXFファイルを開く方法　　62

No.028　図面をDXFファイルとして保存したい　　63
- 図面をDXFファイルとして保存する方法　　63

CHAPTER 3　文字

No.029　思うように文字が入力できない ……… 64
- CASE 1　キーボードで打った文字が入力されない、違う文字が入力される場合 ……… 64
- CASE 2　入力した文字がアルファベットのままで、日本語にならない場合 ……… 65
- CASE 3　「％」「？」などキーボードにある記号の入力方法がわからない場合 ……… 65
- CASE 4　「文字入力」ボックスで変換した「㊞」や「㎡」などが Enter キーで確定すると「？」になる場合 ……… 65
- CASE 5　「φ」「∠」「±」「㎡」「㎥」「㋐」などの記号の入力方法がわからない場合 ……… 65
- CASE 6　記入したい漢字が変換候補にない場合 ……… 65

No.030　「φ」「∠」「±」「㎡」「㎥」「㋐」などの記号を記入したい ……… 66
- CASE 1　記号「φ」を読みから変換する方法 ……… 66
- CASE 2　記号「∠」をIMEパッドの文字一覧から選択入力する方法 ……… 67
- 【コラム】　IMEパッドをタスクバーに表示するには ……… 67
- CASE 3　パソコンに用意されていない㎡や㋐（上付・下付・○付文字）を入力する方法 ……… 68

No.031　読みのわからない漢字や変換候補にない漢字を記入したい ……… 69
- 手書き入力から漢字を入力する方法 ……… 69

No.032　円の中心に文字を記入したい ……… 70
- 円の中心に文字を記入する方法 ……… 70

No.033　斜線に沿わせて文字を記入したい ……… 71
- 斜線上に文字を記入する方法 ……… 71

No.034　枠付きの文字を記入したい ……… 72
- 枠付きの文字を記入する方法 ……… 72

No.035　引き出し線付きの文字を記入したい ……… 73
- 引き出し線付きの文字を記入する方法 ……… 73

No.036　塗りつぶし（ソリッド）内に白抜き文字を記入したい ……… 74
- ソリッド内に白抜きの文字を記入する方法 ……… 74
- 【コラム】　印刷時の注意点 ……… 75

No.037　複数行の文字を記入したい ……… 76
- 複数行の文字を記入する方法 ……… 76

No.038　記入済みの長い文字列を2行に分けたい ……… 77
- 記入済みの長い文字列を2行に分ける方法 ……… 77

No.039　縦書きで文字を記入したい ……… 78
- 縦書きで文字を記入する方法 ……… 78

No.040　隣り合った文字の位置を揃えたい ……… 79
- 記入済みの文字の縦位置を、隣の文字に揃える方法 ……… 79

No.	タイトル	ページ
No.041	**記入済みの複数行の文字を中央揃え(左揃え・右揃え)にしたい**	80
	複数行の文字を中央揃え(左揃え・右揃え)にする方法	80
No.042	**記入済みの文字を書き換えたい**	81
	記入済みの文字を書き換える方法	81
No.043	**記入済みの文字の大きさを知りたい**	82
	記入済みの文字の大きさを確認する方法	82
	【コラム】 記入済みの文字と同じ大きさで文字を記入するには	82
No.044	**文字種1〜10にない大きさの文字を記入したい**	83
	これから記入する文字を文字種1〜10にはない大きさにする方法	83
No.045	**文字種1〜10の大きさを変更したい**	84
	あらかじめ用意されている文字種1〜10の大きさ設定を変える方法	84
No.046	**記入済みの文字の大きさを個別に変えたい**	85
	記入済みの文字の大きさを個別に変える方法	85
No.047	**記入済みの文字の大きさをまとめて変えたい**	86
	記入済みの文字の大きさをまとめて変える方法	86
	【コラム】 特定の文字種だけを変更対象にするには	87
No.048	**これから記入する文字のフォントを変えたい**	88
	これから記入する文字のフォントを指定する方法	88
	【コラム】 他のフォントの指定方法	88
No.049	**記入済みの文字のフォントを変えたい**	89
	記入済みの文字のフォントを個別に変える方法	89
No.050	**記入済みの文字の色を変えたい**	90
	CASE 1 文字種ごとの文字色を変更する方法	90
	CASE 2 任意サイズの文字の色を変更する方法	91
No.051	**文字をうまく消去できない**	92
	CASE 1 「消去」コマンドで文字を🖱すると、文字が消えずに近くの線が消える場合	92
	CASE 2 「消去」コマンドで🖱しても文字が消えない場合	92
	CASE 3 消す対象として文字を選択範囲枠で囲んでも文字が選択されない場合	92
No.052	**文字だけをまとめて消したい**	93
	文字だけをまとめて消す方法	93
No.053	**すべての文字の向きを水平にしたい**	94
	すべての文字の向きをまとめて水平にする方法	94
No.054	**記入した文字が枠付きになってしまう**	95
	CHECK 1 「【文字枠】を表示する」設定を無効にする	95
	CHECK 2 文字の枠作図設定を無効にする	95

CHAPTER 4　寸法・測定　　96

- No.055　**斜めの線に傾きを合わせて寸法を記入したい**　96
  - 斜めの線に傾きを合わせて寸法を記入する方法　96
- No.056　**寸法の指示点から寸法補助線を記入したい**　97
  - 寸法の指示点から寸法補助線を作図する方法　97
  - 【コラム】　指示点から寸法補助線端部までの間隔　97
- No.057　**寸法補助線を常に同じ長さに揃えたい**　98
  - 寸法補助線の長さを揃える方法　98
- No.058　**複数の寸法を一括して記入したい**　100
  - 複数の線間の寸法を一括して記入する方法　100
- No.059　**寸法補助線のない寸法を記入したい**　101
  - 寸法補助線のない寸法を記入する方法　101
- No.060　**寸法値だけを記入したい**　102
  - 寸法線と寸法補助線をかかずに寸法値だけを記入する方法　102
- No.061　**円の半径寸法・直径寸法を記入したい**　103
  - 円の半径寸法を記入する方法　103
  - 【コラム】　R、φの指定と寸法端部形状　103
- No.062　**円・円弧上の2点間の円周寸法を記入したい**　104
  - 円・円弧上の2点間の円周寸法を記入する方法　104
- No.063　**角度を記入したい**　105
  - 2本の線間の角度を記入する方法　105
  - 【コラム】　角度表記単位の切り替え　105
- No.064　**寸法をm単位で記入したい**　106
  - m単位で寸法を記入する設定　106
- No.065　**寸法線端部の矢印の向きを指定したい**　107
  - 寸法端部の矢印の向きを指定する方法　107
  - 【コラム】　記入される矢印の色と大きさ　107
- No.066　**重なって記入された寸法値をずらしたい**　108
  - 記入済みの寸法値を移動する方法　108
- No.067　**寸法値を書き換えたい**　109
  - 寸法値を書き換える方法　109
- No.068　**寸法線・寸法補助線（引出線）・端部の点（矢印）の色を変えたい**　110
  - これから記入する寸法線・寸法補助線（引出線）・端部の点（矢印）の色を指定する方法　110

No.	タイトル	ページ
No.069	**これから記入する寸法の文字（寸法値）の大きさを指定したい**	**111**
	これから記入する寸法値の大きさを指定する方法	111
No.070	**記入済みの寸法の文字（寸法値）の大きさを変えたい**	**112**
	記入済みの寸法値の大きさを変える方法	112
No.071	**寸法の文字（寸法値）のフォントを変えたい**	**114**
	これから記入する寸法値のフォントを指定する方法	114
No.072	**寸法値を残して寸法線だけを消したい**	**115**
	寸法値を残して寸法線だけを消す方法	115
No.073	**図面上の距離を知りたい**	**116**
	図面上の2点間の距離を測定する方法	116
No.074	**2本の線の間隔を知りたい**	**117**
	図面上の2線の間隔を測定する方法	117
No.075	**円・弧の半径を知りたい**	**118**
	円・弧の半径を確認する方法	118
No.076	**円・弧の円周の長さを知りたい**	**119**
	作図済みの円・弧の円周の長さを測定する方法	119
No.077	**図面上の面積を知りたい**	**120**
	図面上の面積を測定する方法	120
No.078	**曲線の長さを知りたい**	**121**
	曲線の長さを測定する方法	121

CHAPTER 5　操作全般　　122

No.	タイトル	ページ
No.079	**画面の拡大・縮小表示をしたい**	**122**
	CASE 1　マウスドラッグで拡大・縮小表示する方法	122
	CASE 2　マウスホイールやキーボードで拡大・縮小表示する方法	123
No.080	**タッチパネルで操作したい**	**124**
	CASE 1　タップ・ダブルタップで図面ファイルを開く方法《バージョン8の新機能》	124
	CASE 2　ピンチで図面を拡大・縮小表示する方法《バージョン8の新機能》	124
	CASE 3　スワイプで図面をスライドする方法《バージョン8の新機能》	125
	【コラム】Jw_cad独自のタッチパネル操作	125
No.081	**作図ウィンドウの表示をスクロールしたい**	**126**
	CASE 1　キーボードの矢印キーで上下左右に画面表示範囲をスクロールする方法	126
	【コラム】「一般(2)」タブでの指定	126
	CASE 2　移動で画面表示範囲を移動する方法	127
	CASE 3　ドラッグ方向に画面をスライドする方法《バージョン8の新機能》	127

No. 082	**拡大・縮小表示などのズーム操作がうまくいかない**	**128**
CASE 1	🖱で拡大操作をすると、画面から図が消える場合	128
CASE 2	🖱で拡大操作をすると、拡大されずに図が移動する場合	128
CASE 3	🖱 拡大 のズーム枠や 拡大 や 全体 の文字が表示されない場合	128
CASE 4	矢印キーでの画面移動や PageUp キーでの拡大操作ができない場合	128
CASE 5	🖱 全体 ではなく、🖱(範囲)と表示され、用紙全体表示にならない場合	128

No. 083	**作図済みの斜線に対して鉛直な線をかきたい**	**129**
	作図済みの斜線に対して鉛直な線をかく方法	129

No. 084	**指定した2点を端点とする指定半径の円弧をかきたい**	**130**
	指定半径の円弧を2点間にかく方法	130

No. 085	**接円をかきたい**	**131**
	2本の線に接する指定半径の円をかく方法	131

No. 086	**自由曲線をかきたい**	**132**
	指示した点を通る自由曲線をかく方法	132

No. 087	**同じ間隔・方向に複数本の平行線をかきたい**	**133**
	同じ間隔・方向に複数本の平行線を作図する方法	133

No. 088	**基準線と違う長さの複線をかきたい**	**134**
	基準線と違う長さの複線を作図する方法	134

No. 089	**「伸縮」コマンドで思うように伸縮できない**	**135**
CASE 1	縮めたい側とは反対側が縮む場合	135
CASE 2	基準線を🖱🖱しても色が変わらず、赤い○が表示される場合	136
CASE 3	円を伸縮の基準線にしたが、伸縮がうまくいかない場合	136
CASE 4	線または点まで伸縮した線や弧が突き出ている場合	137
CHECK 1	「突出寸法」を確認する	137
CHECK 2	拡大表示して確認する	137
CHECK 3	端点形状の設定を確認する	137
CHECK 4	表示設定を確認する	137

No. 090	**「伸縮」コマンドなどで線を切断すると線が消えてしまう**	**138**
	「伸縮」「コーナー」「面取」コマンドの🖱(切断)で線が消える原因と対処方法	138
【コラム】	切断間隔とは	138

No. 091	**複数の線を一括して基準線まで伸縮したい**	**139**
	複数の線を一括して基準線まで伸縮する方法	139

No. 092	**角を丸めたい**	**140**
	角を指定半径で丸く面取りする方法	140
【コラム】	凹面の丸面取りをするには	140

No. 093	**複数のコーナー連結を一括して行いたい**	**141**
	「包絡処理」コマンドでコーナー連結を一括して行う方法	141

No.	タイトル	ページ
No. 094	**開口部を簡単に作図したい**	**142**
	「包絡処理」コマンドの1回の操作で開口を開ける方法	142
	【コラム】　建具属性とは	142
No. 095	**建具平面の線と壁線で包絡処理したい**	**143**
	建具線端点と包絡処理する方法《バージョン8の新機能》	143
No. 096	**重ねがきされている線・文字を1つにしたい**	**144**
	重ねがきされている同一属性の線・文字を1つにする方法	144
No. 097	**「消去」コマンドで🖱してもうまく消去できない**	**145**
	CASE 1　🖱した線が消えない。🖱した直後は消えてもズーム操作をすると現れる場合	145
	CASE 2　🖱で消した線に交差していた線が途切れてしまう場合	145
	CASE 3　線を🖱すると、その線の一部だけが消える場合	145
	CASE 4　🖱した線が消えず、それに重なる別の線が消える場合	146
	CASE 5　線を🖱すると、🖱した以外の線も消える場合	146
	CASE 6　画像を🖱すると、図形がありませんと表示されて消えない場合	146
	CASE 7　線を🖱すると、線が消えず近くの文字が消える場合	147
	CASE 8　寸法線を🖱すると、寸法値も一緒に消える場合	147
	CASE 9　🖱しても点（○）を消せない場合	147
	CASE 10　塗りつぶし（ソリッド）を🖱すると、その部分だけ三角形状に消える場合	147
No. 098	**線や円・弧の一部分を消したい**	**148**
	CASE 1　消す範囲の始点と終点を指示して線・円・弧の一部分を消す方法	148
	CASE 2　線・円・弧を🖱した位置の両側の点間で部分消しする方法	149
No. 099	**文字も含めて複数の要素をまとめて消したい**	**150**
	文字も含めて複数の要素をまとめて消す方法	150
No. 100	**不要になった補助線をまとめて消したい**	**151**
	補助線だけをまとめて消す方法	151
No. 101	**塗りつぶし（ソリッド）を消したい**	**152**
	CASE 1　塗りつぶし（ソリッド）を1カ所ずつ指示して消す方法	152
	CASE 2　図面内の塗りつぶし（ソリッド）だけをまとめて消す方法	153
No. 102	**枠内を切り取って消したい**	**154**
	選択範囲枠内を切り取って消す方法	154
No. 103	**誤った操作をやり直したい**	**155**
	1つ前の操作を取り消す方法	155
	【コラム】　「戻る」で戻しすぎた場合は	155
No. 104	**範囲選択で要素を思うように選択できない**	**156**
	CASE 1　範囲枠に全体が入るように囲んでも選択されない要素がある場合	156
	CASE 2　選択範囲枠に不要な要素が入ってしまう場合	156
	CASE 3　選択範囲枠で囲んだ文字が選択されない場合	157
	CASE 4　選択範囲枠で囲んだ画像が選択されない場合	157
	CASE 5　選択範囲枠内の特定の線色・線種の要素だけを選択したい場合	157

No.	タイトル	ページ
No. 105	**範囲選択後、複数の要素を追加・除外したい**	**158**
	複数の要素を範囲選択して追加する方法	158
No. 106	**上下（左右）の位置を揃えて複写したい**	**159**
	上下の位置を揃えて複写する方法	159
No. 107	**斜線と同じ向きに図を回転したい**	**160**
	図を斜めの線と同じ向きに回転する方法	160
	【コラム】 回転角を180°変えるには	161
No. 108	**図を反転したい**	**162**
	CASE 1　基準線を軸に図を反転する方法	162
	CASE 2　倍率指定で図を左右反転する方法	163
No. 109	**図の一部を切り取って複写したい**	**164**
	図の一部を切り取って複写する方法	164
No. 110	**図の大きさを変えたい**	**165**
	CASE 1　倍率を指定して、幅を変更する方法	165
	CASE 2　図の一部を伸縮して、幅を変更する方法	166
No. 111	**倍率指定で、文字も一緒に大きさ変更したい**	**168**
	「移動」コマンドの倍率指定で文字も一緒に大きさ変更する方法	168
No. 112	**図面の縮尺を変更したい**	**170**
	図面の縮尺を変更する方法	170
No. 113	**図面枠の大きさを変えずに縮尺だけを変更したい**	**171**
	図面枠の大きさを変えずに縮尺だけを変更する方法	171
No. 114	**作図済みの図の線色をまとめて変えたい**	**172**
	作図済みの線の色をまとめて変える方法	172
	【コラム】 特定の線色や線種の要素だけを選択して色変更するには	173
No. 115	**線・円・弧の一部分を異なる線種に変更したい**	**174**
	線・円・弧の一部を異なる線種に変更する方法	174
No. 116	**作図済みの要素と同じレイヤに同じ線色・線種で作図したい**	**175**
	🖱した要素と同じ書込線（線色・線種）と書込レイヤにする方法	175
No. 117	**図面がどのようにレイヤ分けされているかを知りたい**	**176**
	「レイヤ一覧」ウィンドウで各レイヤに作図されている要素を確認する方法	176
No. 118	**レイヤ番号に付いた「×」や「／」を外したい**	**177**
	プロテクトレイヤを解除する方法	177
	【コラム】 プロテクトレイヤを設定するには	177
No. 119	**特定の線色・線種の要素をレイヤ変更したい**	**178**
	特定の線色・線種のすべての要素を「0」レイヤに変更する方法	178
No. 120	**図面の一部を別の図面にコピーしたい**	**180**
	敷地図に平面図をコピーする方法	180

No. 121	**「コピー」＆「貼付」がうまくいかない**	182
CASE 1	貼り付けた図や図に対する文字の大きさがおかしい場合	182
CASE 2	画像が貼り付けできない場合	182
CASE 3	一部の線が貼り付けられない場合	183

No. 122	**2点間を等分割する点をかきたい**	184
	2点間を等分割する点を作図する方法	184

No. 123	**円を等分割したい**	185
	円を等分割する点を作図する方法 《バージョン8の新機能》	185

No. 124	**円周上の指定距離の位置に点をかきたい**	186
	円周上の指定距離の位置に点をかく方法	186

No. 125	**既存点からの相対座標で点指示したい**	187
	既存点から右へ300mm、下へ200mmの位置に点を作図する方法	187

No. 126	**ハッチングを作図したい**	188
CASE 1	閉じた連続線内にハッチングを作図する方法	188
CASE 2	連続線が閉じていない範囲にハッチングを作図する方法	189

No. 127	**図面の一部を塗りつぶしたい**	190
CASE 1	外周点を指示してその内部を塗りつぶす方法	190
【コラム】	塗りつぶし（ソリッド）に重なる線や文字を表示するには	191
CASE 2	閉じた連続線に囲まれた内部を塗りつぶす方法	192

No. 128	**中抜きをして塗りつぶしたい**	193
	中抜きをして塗りつぶす方法	193

No. 129	**画像を図面に貼り付けたい**	194
	BMP形式の画像を図面に挿入する方法	194

No. 130	**図面上の画像の大きさを変更したい**	195
	画像の大きさを変更する方法	195

No. 131	**ひとまとまりになっている要素を分解したい**	196
CHECK	ひとまとまりの要素の属性を確認する方法	196
CASE 1	曲線属性を解除（クリアー）する方法	197
CASE 2	ブロック図形を解除する方法	197

CHAPTER 6　印刷　198

No. 132	**寸法端部の点をはっきり印刷したい**	198
	実点の印刷サイズを指定する方法	198

No. 133	**線の太さをmm単位で指定して印刷したい**	199
	線色ごとの印刷線の太さをmm単位で指定する方法	199

No.	タイトル	サブタイトル	ページ
No. 134	**破線・鎖線をイメージどおりに印刷したい**		200
		印刷される破線・鎖線のピッチを調整する方法	200
No. 135	**印刷可能な範囲をあらかじめ知っておきたい**		201
		印刷可能な範囲を示す印刷枠を図面に作図する方法	201
No. 136	**用紙の中央に図面を印刷したい**		202
		図面を用紙の中央に印刷する方法	202
	【コラム】	上下・左右それぞれの余白を均一にするには	203
No. 137	**A3サイズの図面を2つに分けてA4用紙2枚に印刷したい**		204
		A3サイズの図面を左右に分けてA4用紙2枚に印刷する方法	204
No. 138	**A3サイズの図面をA4用紙に縮小印刷したい**		206
		A3サイズの図面をA4用紙に縮小印刷する方法	206
No. 139	**用紙設定にないA3用紙縦やB4用紙に作図・印刷したい**		207
		A3縦の用紙の印刷枠を書き込む方法	207
No. 140	**図面を好きな色で印刷したい**		208
		線色6を赤、その他を黒で印刷する方法	208
No. 141	**作図ウィンドウと同じ色分けで印刷したい**		210
		プリンタ出力色を初期化する方法	210
	【コラム】	印刷色を調整するには	210
No. 142	**塗りつぶした部分や画像がきれいに印刷されない**		211
	CASE 1	塗りつぶし（ソリッド）に重なる線や文字が印刷されない	211
	CASE 2	塗りつぶし（ソリッド）を分割する線が印刷される	211
	CASE 3	画像が印刷されない	211
No. 143	**ハッチングや塗りつぶしに重なる文字を読みやすくしたい**		212
		文字の背景を白抜きで表示・印刷する方法	212
No. 144	**印刷線幅が変更されない**		213
		すべての要素を標準線色の基本線幅に変更する方法	213
No. 145	**細い文字で印刷したい**		214
		記入されているすべての文字のフォントを細いフォントに変更する方法	214

CHAPTER 7　ファイル管理　216

No.	タイトル	サブタイトル	ページ
No. 146	**ファイル管理の基本を知りたい**		216
		覚えておきたいファイル操作画面と、ファイルの収納場所について	216
No. 147	**Jw_cad関連のファイルの種類を知りたい**		218
		覚えておきたいJw_cad関連ファイル	218

No. 148	**エクスプローラーの基本を知りたい**	220
	エクスプローラーの起動とその画面	220
No. 149	**拡張子を表示したい**	222
	拡張子を表示する方法	222
No. 150	**フォルダーを作成したい**	223
	新しいフォルダーを作成する方法	223
No. 151	**ファイルを新しい順に並べ替えたい**	224
	詳細表示とファイルの並べ替え	224
	【コラム】 列幅を調整するには	224
	【コラム】 詳細表示の表示項目を変更するには	225
No. 152	**USBメモリやCDに収録された図面ファイルをパソコンにコピーしたい**	226
	USBメモリの図面ファイルをパソコンにコピーする方法	226
No. 153	**メールに添付された図面ファイルをパソコンに保存したい**	227
	メールに添付された図面ファイルをパソコンに保存する方法	227
No. 154	**図面をメールで送りたい**	228
	メールにJw_cadの図面ファイルを添付する方法	228
No. 155	**不要なフォルダーを削除したい**	229
	フォルダーを削除する方法	229
	【コラム】 「ごみ箱」の扱いについて	229
No. 156	**エクスプローラーからJWCファイルやDXFファイルを👆👆して開きたい**	230
	JWCファイルにJw_cadを関連付ける方法	230
No. 157	**圧縮ファイルを展開したい**	232
	圧縮ファイルをフォルダーに展開する方法	232

SUPPLEMENT　もっと知りたい人のために　234

No. 158	**デジカメ写真などのJPEG画像をJw_cad図面に貼り付けたい**	234
No. 159	**スキャナーで読み込んだ図面・写真などをJw_cad図面で利用したい**	234
No. 160	**Excelの表をJw_cad図面に貼り付けたい**	235
No. 161	**Jw_cad図面をExcelやWordに貼り付けたい**	235
No. 162	**Jw_cad図面をPDFファイルにしたい**	235
No. 163	**PDFの図面をJw_cadで利用したい**	235

No.		ページ
No.164	縮尺の異なる図を同じ用紙に作図したい	236
No.165	公差寸法を記入したい	236
No.166	アイソメ図を作図したい	236
No.167	パースを作図したい	237
No.168	敷地図を作図したい	237
No.169	日影図を作成したい	237
No.170	設備図を作図したい	238
No.171	図面上の部品数を拾い出したい	238
No.172	インターネットで提供されているデータを利用したい	238
No.173	開いたDXFファイルの大きさや線色・線種がおかしい。編集がうまくいかない	239
No.174	図面の縮尺が1/1で、属性取得で「選択された部品図を編集します」ダイアログが開く	239

用語の補足説明 240
Jw_cad解説書ガイド 242

INDEX 244

FAX質問シート 247

本書の表記と凡例

◆ 本書の読み方

- 教材データ：094.jww
  この記述がある項目には教材データが用意されている
  （教材データのインストールと利用方法 ☛ p.21）

- Jw_cadバージョン8の新機能に関する項目

- ☑ 確実に覚えておきたい操作上の決まりごとや注意点を記載

- ✎ 本文の補足事項や関連機能、一歩進んだ使い方などを紹介するコラム

- ❓ 本書の説明とは異なる現象が起きた場合の原因と対処方法、または対処方法の参照ページ

- ☛ p.142 詳しい概要や操作方法などの参照ページ

◆ コマンド選択の表記

ツールバーのコマンドボタンやメニューバーの各項目のプルダウンメニューにあるコマンドを🖱で選択します。それぞれ、以下のように表記します。

ツールバーから選択
「○」コマンドを選択
ツールバーの「○」コマンドをクリックして選択する。

メニューバーから選択
メニューバー［表示］-「ツールバー」を選択
メニューバーの［表示］をクリックし、表示されるプルダウンメニューの「ツールバー」をクリックして選択する。

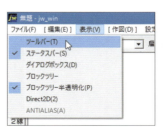

◆ マウスによる指示の表記

マウスでの指示は、クリック・ダブルクリック・ドラッグがあり、それぞれ下記の表記で表します。

クリック　ボタンを「カチッ」と1回押す（押したらすぐはなす）。

- **クリック**　　左ボタンを1回押す。
- **右クリック**　右ボタンを1回押す。
- **両クリック**　左右ボタン両方を同時に1回押す。

ダブルクリック　ボタンを「カチカチッ」と立て続けに2回押す
　　　　　　　　（1回目と2回目で間を空けず、またその間にマウスが動かないよう注意する）。

- **ダブルクリック**　　左ボタンを立て続けに2回押す。
- **右ダブルクリック**　右ボタンを立て続けに2回押す。

ドラッグ　ボタンを押したままマウスを指定方向に移動し、ボタンをはなす。

- **両ドラッグ**　左右ボタン両方を同時に押したまま右下方向へ移動する。
- **右ドラッグ**　右ボタンを押したまま右方向へ移動する。

ドラッグ操作は、操作画面上では、右図のように押すボタンを示すマウスのマークとドラッグ方向を示す矢印で表記します。

◆ キーボードからの入力と指示の表記

寸法や角度などの数値を指定する場合や、文字を記入する場合は、所定の入力ボックスをクリックし、キーボードから数値や文字を入力します。
すでに入力ボックスでポインタが点滅している場合や、表示されている数値・文字が色反転している場合は、入力ボックスを🖱せず直接キーボードから入力できます。
Jw_cadでは、原則として、数値入力後に Enter キーを押す必要はありません。
数値や文字の入力指示は、以下のように、入力する数値や文字に「　」を付けて表記します。

　　「500」を入力

特定のキーを押す指示は、以下のように ☐ を付けて押すキーを表記します。

　　Enter キーを押す

ポインタが点滅

数値が色反転

◆ タッチパネルでの操作指示の表記

タッチパネルでの操作指示（☞ p.124）であるタップ・ダブルタップ・スワイプ・ピンチなどは、操作画面上では以下のマークを表記します。

 タップ
指先で画面を軽くたたく。

 スワイプ
画面にタッチしたまま
その指を移動する。
1本指で行う（上図）
2本指で行う（下図）

 ピンチ
2本の指で画面にタッチしたまま互いに指をはなすピンチアウト（上図）。
2本の指を互いに近づけるピンチイン（下図）。

 ダブルタップ
指先で画面を2回続けてたたく。

本書付録CD-ROMについて

◆ 本書付録CD-ROMを使用する前に必ずお読みください

本書付録CD-ROMを使用するに当たって、以下の注意事項を必ずお読みになり、ご承諾いただいたうえで、本CD-ROMをご利用ください。ご承諾いただけずお問合せをいただいても、株式会社エクスナレッジおよび著作権者はご対応いたしかねます。あらかじめご了承ください。

- 本CD-ROMは、Windows 10/8/7/Vistaに対応しています。なお、Microsoft社がWindows XPのサポートを終了しているため、本書はWindows XPでの使用は保証しておりません。
- 「Jw_cad」は無償のフリーソフトです。そのため「Jw_cad」について、作者、著作権者、ならびに株式会社エクスナレッジはサポートを行っておりません。また、ダウンロードやインストールについてのお問合せも受け付けておりません。
- 本書に記載された内容をはじめ、本CD-ROMに収録された教材データ、プログラムなどを利用したことによるいかなる損害に対しても、データ提供者（開発元・販売元・作者等）、著作権者、ならびに株式会社エクスナレッジでは、一切の責任を負いかねます。個人の責任においてご使用ください。
- 本CD-ROMには、「Jw_cadバージョン8.01b」と、旧バージョンの「Jw_cadバージョン7.11」の2つのJw_cadが収録されています。通常はバージョン8.01bをインストールしますが、諸般の事情によりバージョン7.11をインストールする場合は、「ver711」フォルダ内のPDFファイル「ver711inst（.pdf）」をお読みになり、動作環境やインストール方法などをご確認ください。
- 本CD-ROMに収録されたデータは著作権上の保護を受けています。本CD-ROMに収録されているデータは、本書に定められた目的以外で使用・複製・変更・譲渡・貸与することを禁じます。

◆ 本書付録CD-ROMの内容

本書付録CD-ROMには、下図のように、教材データと2つのJw_cadが収録されています。

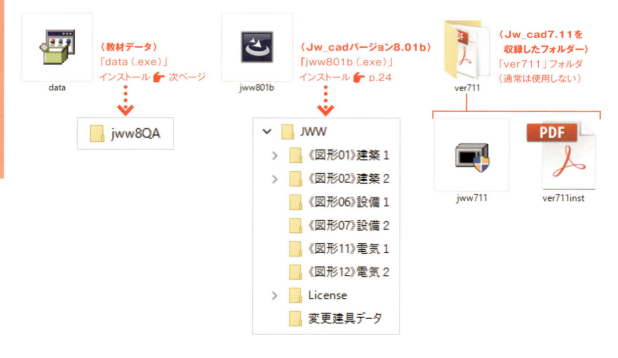

教材データについて

以下の「教材データのインストール」を行うことで、Cドライブの「jww8QA」フォルダーに教材データがインストールされます。

教材データのインストール

1 付録CD-ROMを開く。

2 「data(.exe)」を🖱🖱。

3 「展開先の指定」ウィンドウの「OK」ボタンを🖱。

「進捗状況」ウィンドウが閉じれば、インストールは完了です。ウィンドウを閉じて、CD-ROMを取り出してください。

教材データの使い方

教材データが用意されている項目には、📄 に続けて、「教材データ：ファイル名」が記載されています。必要に応じて、以下の手順で教材データを開き、ご利用ください。

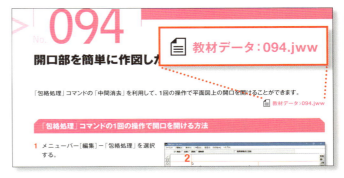

1 Jw_cadの「開く」コマンドを選択する。

2 「ファイル選択」ダイアログのフォルダーツリーで、Cドライブの「jww8QA」フォルダーを🖱。

3 右側に表示されるファイル一覧で該当するファイルを🖱🖱して開く。

スクロールバーで一覧画面をスクロール

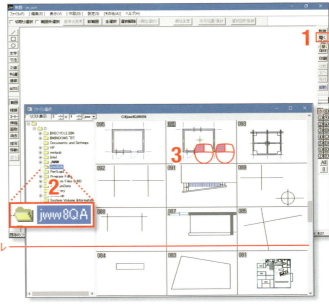

Jw_cadバージョン8
新機能のダイジェスト

Windows 10/8のタッチ操作に対応した　→p.124

タッチパネルで、ピンチアウトでの拡大表示、ピンチインでの縮小表示などができます。

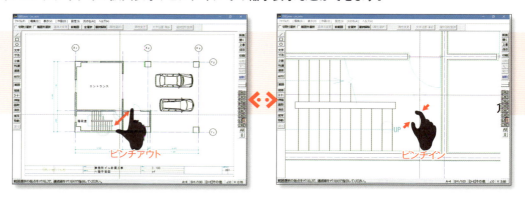

Shift キー ＋ 🖱️↓ で画面スライドが可能になった　→p.127

Shiftキーを押したまま🖱️ドラッグすることで、ドラッグ方向に画面がスライドします。

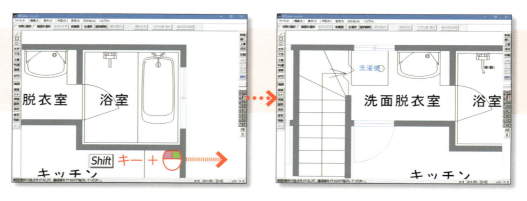

メニューバー［表示］に「Direct2D」と「ANTIALIAS」が追加された

「Direct2D」は線本数の多いデータでのズーム操作時に再描画の速度を上げるためのモードです。「ANTIALIAS」は斜線などの画面表示を滑らかにするモードです。

注意点！
「Direct2D」のチェックを付けることで、一部のパソコンが特定条件下で画面表示に不都合が生じる事例が報告されています（→p.39）。画面表示がおかしいと感じた場合には、このチェックを外してください。

「ANTIALIAS」は「Direct2D」のチェックが付いている場合に指定可能

Windowsのコモンダイアログが利用可能になった 👉 p.44

基本設定での指定により、「開く」「保存」コマンドなどでWindowsのコモンダイアログが利用できるようになりました。
これにより、ファイルの場所として、デスクトップやドキュメント、ネットワーク上の共有フォルダーなどを簡単に指示できるようになりました。

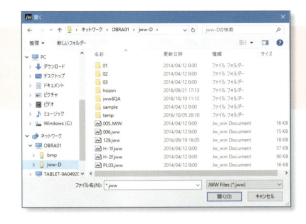

「包絡処理」コマンドに 👉 p.143
「建具線端点と包絡」が追加された

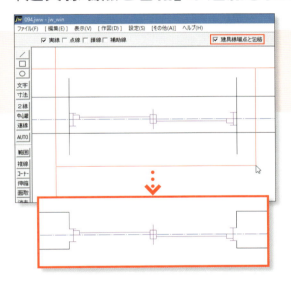

「分割」コマンドに 👉 p.185
円全体の等分割が追加された

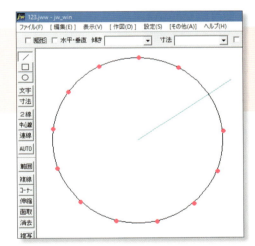

その他の変更点については、メニューバー［ヘルプ］－「トピックの検索」で確認できます。
「目次」タブの「新機能」下の「最新バージョンの変更点」を🖱すると1つ前のバージョンからの変更点が、「バージョン履歴」を🖱するとそれ以前のバージョンからの変更点が確認できます。

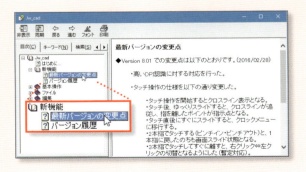

INTRODUCTION

Jw_cadバージョン8新機能のダイジェスト

No. 001

Jw_cadをインストールしたい／バージョンアップしたい

Jw_cadのインストール・バージョンアップともに同じ手順で行えます。ここでは、付録CD-ROMに収録のJw_cadバージョン8.01bをインストールまたはバージョンアップする例で説明します。

> **注意点！**
> - Jw_cadバージョン8.01bの対応OS（基本ソフト）：Windows 8/7/Vista
>   Windows 10での動作については、2016年11月現在、Jw_cadのヘルプ「jw_win.txt」の動作環境に記載がないため完全に対応しているとは言えませんが、インターネットなどで複数の利用者によって動作することが報告されています。また、本書では、Windows 10での動作を確認しております。
> - 同一パソコンに異なる複数のバージョンのJw_cadをインストールして使うことはできません。
> - 基本的に、旧バージョンのJw_cadをアンインストールせずに新しいJw_cadをインストール（バージョンアップ）できます。ただし、バージョン7.11以前のJw_cadがインストールされているパソコンにバージョン8以降のJw_cadをインストール（バージョンアップ）する場合は、旧バージョンのJw_cadをアンインストール（☞p.31）した後、新しいJw_cadをインストールしてください。

付録CD-ROMからJw_cadバージョン8.01bをインストール（バージョンアップ）する

1. パソコンのCDまたはDVDドライブに付録CD-ROMを挿入し、CD-ROMを開く。

2. CD-ROMに収録されている「jww801b（.exe）」のアイコンにマウスポインタを合わせ🖱🖱。

3. 「Jw_cad-InstallShield Wizard」ウィンドウが開くので、「次へ」ボタンを🖱。

4 使用許諾契約書を必ず読み、同意したら「使用許諾契約の条項に同意します」を🖱して選択する。

5 「次へ」ボタンを🖱。

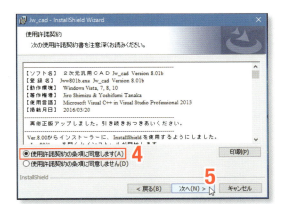

6 「次へ」ボタンを🖱。

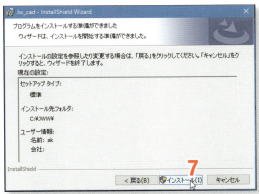

7 「インストール」ボタンを🖱。

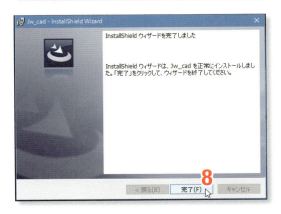

「InstallShieldウィザードを完了しました」と表示されたら、インストールは完了です。

❓ 「エラー1310。…」と表記されたウィンドウが開く 👉 p.29 CASE 1

8 「完了」ボタンを🖱。

No. **002**

Jw_cadのショートカットを作成したい

デスクトップにJw_cadのショートカットを作成する手順は、使用しているOSのバージョンによって異なります。次のCASE 1～3で、使用しているOSの項目を参照してください。

Windowsのバージョンを確認 ☞ p.43

CASE 1　Windows 10でJw_cadのショートカットを作成する方法

1　「スタート」ボタンを🖱。

2　スタートメニューの「最近追加されたもの」に表示される「Jw_cad」を🖱。

❓ スタートメニューに「Jw_cad」が表示されない
☞ p.28

3　表示されるメニューの「その他」を🖱。

4　さらに表示されるメニューの「ファイルの場所を開く」を🖱。

✅ **3**で表示されるメニューの「スタート画面にピン留めする」を🖱すると、**1**で表示されるスタート画面に「Jw_cad」が追加され、次回からスタート画面の「Jw_cad」を🖱することでも起動できます。

5　「Jw_cad」ウィンドウが開くので、「Jw_cad」を🖱。

6　表示されるメニューの「送る」を🖱。

7　さらに表示されるメニューの「デスクトップ（ショートカットを作成）」を🖱。

デスクトップにJw_cadのショートカットが作成されます。

CASE 2　Windows 8でJw_cadのショートカットを作成する方法

1 「スタート」ボタンを🖱し、スタートメニューにする。

2 スタートメニューに表示される「Jw_cad」を🖱。

❓ スタートメニューに「Jw_cad」が表示されない 👉 p.28

3 表示されるメニューの「ファイルの場所を開く」を🖱。

4 「Jw_cad」ウィンドウが開くので、前ページCASE 1の **5**〜**7**の操作を行う。

CASE 3　Windows 7/VistaでJw_cadのショートカットを作成する方法

1 「スタート」ボタンを🖱。

2 スタートメニューに表示される「Jw_cad」を🖱。

❓ スタートメニューに「Jw_cad」が表示されない 👉 p.28

3 表示されるメニューの「送る」を🖱。

4 さらに表示されるメニューの「デスクトップ（ショートカットを作成）」を🖱。

デスクトップにJw_cadのショートカットが作成されます。

No. 003

スタートメニューにJw_cadが表示されない

スタートメニューの「すべてのアプリ（またはプログラム）」を選択し、そこからJw_cadを探してください。使用しているOSのバージョンによって画面表示は異なりますが、手順はほぼ同じです。

スタートメニューからJw_cadを探す方法

1 「スタート」ボタンを。

2 表示されるスタートメニューの「すべてのアプリ（またはプログラム）」を。

3 「J」欄の「Jw_cad」フォルダーを。

※「すべてのアプリ」がない場合は3へ進む。

「Jw_cad」フォルダーの下に表示される「Jw_cad」をすると起動します。
ショートカットを作成する場合は、この「Jw_cad」をし、p.26 CASE 1（Windows 7/Vistaではp.27 CASE 3）の3へ進む。

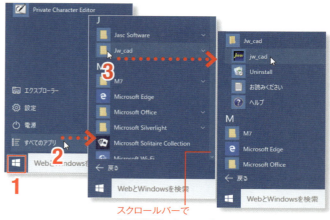

スクロールバーで表示画面をスクロールする

Windows 8の場合

Windows 8の場合、画面は異なりますが、手順はほぼ同じです。

1 スタートメニューの「すべてのアプリ」ボタンを。

「アプリ一覧」に表示される「Jw_cad」をすると起動します。
ショートカットを作成する場合は、この「Jw_cad」をし、p.27 CASE 2の3以降の操作を行ってください。

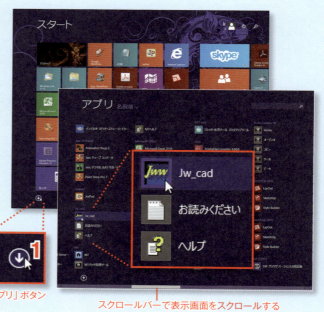

「すべてのアプリ」ボタン

スクロールバーで表示画面をスクロールする

No.004 エラーメッセージが表示されて Jw_cadをインストールできない

エラーメッセージの内容により対処方法が異なります。以下のCASEから該当するものを選び確認してください。

CASE 1 「エラー1310。……」というメッセージウィンドウが開く

Windows 10/8/7で、Jw_cadバージョン7.11以前のバージョンがインストールされているパソコンに、バージョン8以降のJw_cadをインストールしようとしたときに、このエラーメッセージウィンドウが開きます。
「中止」ボタンを🖱し、「キャンセルしますか？」と表記されたウィンドウの「はい」ボタンを🖱してインストールを中断してください。パソコンにインストールされている旧バージョンのJw_cadをアンインストールした後、Jw_cadバージョン8.01bをインストールしてください。

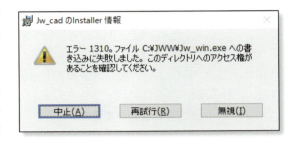

Jw_cadをアンインストール 👉 p.31

CASE 2 「Jw_cadのインストールは、配布……」というメッセージウィンドウが開く

バージョン8以降のJw_cadがインストールされているパソコンに、それ以前のバージョン（旧バージョン）のJw_cadをインストールしようとしていることが原因です。
「OK」ボタンを🖱してインストールを中止してください。旧バージョンのJw_cadをインストールするには、現在インストールされているJw_cadをアンインストールする必要があります。

Jw_cadをアンインストール 👉 p.31

CASE 3 「プログラムの保守」というメッセージウィンドウが開く

インストールしようとしているバージョンのJw_cadが、すでにインストールされていることが原因です。
「キャンセル」ボタンを🖱して、インストールを中断してください。「変更」や「修復」を選択して「次へ」ボタンを🖱しても、特に問題はありません。

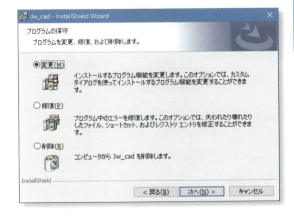

No.005 Jw_cadが起動しない

はじめにp.24の「注意点！」を参照し、Jw_cadが動作する環境であることを確認したうえで、以下のCHECKを行ってください。

CHECK 1　Jw_cadのショートカットからJw_cadを起動する

Jw_cadの図面ファイルを🖱🖱して起動しない場合、原因がファイルにあるのかJw_cadにあるのかを判断できません。

原因を絞り込むため、Jw_cadのショートカット（右図）を🖱🖱（または🖱してメニューの「開く」を選択する）して、Jw_cadを起動してください。

⇒Jw_cadが正常に起動する場合

Jw_cadのショートカットを🖱🖱するとJw_cadは起動するのに、図面ファイルを🖱🖱してもJw_cadが起動しない場合、原因は🖱🖱した図面ファイルにあります。

このような場合は、p.45 No.016「図面ファイルを開けない」を参照してください。

⇒Jw_cadが起動しない場合

Jw_cadのショートカットを🖱🖱してもJw_cadが起動しない場合は、以下のCHECK 2へ進んでください。

CHECK 2　Jw_cadのプログラム本体「Jw_win.exe」からJw_cadを起動する

1　エクスプローラーを起動する。
　　　　　エクスプローラーを起動 ☞ p.220

2　Cドライブの「JWW」フォルダーを🖱。

3　「Jw_win(.exe)」を🖱🖱。

⇒Jw_cadが正常に起動する場合

Jw_cadが起動しない原因は、ショートカットにあります。
ショートカットを削除した後、新たにショートカットを作成してください。
　　　　　ショートカットを作成 ☞ p.26

⇒Jw_cadが起動しない場合

Jw_cad本体が破損している可能性があります。
Jw_cadをいったん、アンインストールし、パソコンを再起動した後、Jw_cadを再度、インストールしてください。
　　　Jw_cadをアンインストール ☞ p.31
　　　　Jw_cadをインストール ☞ p.24

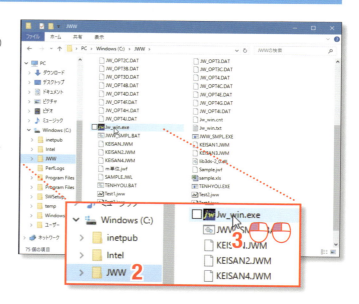

No.006 Jw_cadをアンインストールしたい

Jw_cadのアンインストールは、Windowsのコントロールパネルから行います。ここではJw_cadバージョン7.11をアンインストールする例で説明します。バージョン8以降をアンインストールする場合も手順は同じですが、開くウィンドウとそのメッセージが少し異なります。

Jw_cadをアンインストールする方法

1 「スタート」ボタンを🖱(Windows 7/Vistaでは🖱)。

2 表示されるショートカットメニューの「コントロールパネル」を🖱。

※または1で「スタート」ボタンを🖱し、2でスタートメニュー「W」欄の「Windowsシステムツール」を🖱し、その下に表示される「コントロールパネル」を🖱。

3 「コントロールパネル」ダイアログの「プログラムのアンインストール」を🖱。

4 「プログラムと機能」ダイアログの「Jw_cad」を🖱して選択する。

5 「アンインストールと変更」(または「アンインストール」)ボタンを🖱。

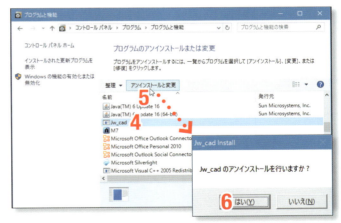

6 「Jw_cadのアンインストールを行いますか?」と表記されたウィンドウが開くので、「はい」ボタンを🖱。

※「場所が利用できません」ウィンドウが開いた場合は、「OK」ボタンを🖱してください。

7 「Jw_cadをアンインストールしました」と表記されたウィンドウが開いたら、「OK」ボタンを🖱。

8 コントロールパネルを閉じる。

以上でJw_cadのアンインストールは完了です。Jw_cadのショートカットは削除されません。必要に応じて削除してください。

No. 007

画面表示がいつもと違う。元に戻したい

いつもの画面とどこがどのように違いますか？ いくつかの例を挙げ、それぞれ元に戻す操作手順を紹介します。自分の状態と同じ例を参考にして操作を行ってください。

ステータスバーが表示されない場合
⇒表示する方法
p.34のCASE 1へ進んでください。

メニューバーが表示されない場合
⇒表示する方法
p.34のCASE 2へ進んでください。

コントロールバーやツールバーの表示がおかしい場合
⇒さらに状態を選択
p.33に進んでください。

作図ウィンドウに無数の点が表示される場合

作図ウィンドウに一定間隔で表示される無数の点は、「目盛」と呼ばれる印刷されない作図補助の点です。

目盛 👉 p.36

作図ウィンドウの色がいつもと違う場合
拡大 などのメッセージが表示されない場合

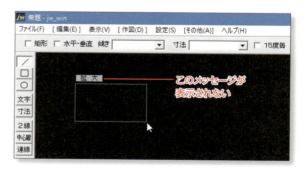

図面ファイルを開いたとき、ウィンドウの背景色や線色ごとの表示色が変更されることがあります。
画面表示色を初期設定にする方法 👉 黒背景p.40/白背景p.50

コントロールバーやツールバーが作図ウィンドウに飛び出している場合

コントロールバーやツールバーを作図ウィンドウに🖱➡（ドラッグ）したことが原因です。

元の位置に戻す方法 👉 p.35 CASE 3

その他の場合

以下の現象の場合はツールバーの表示を初期状態に戻します。　　初期状態に戻す方法 👉 p.35 CASE 4

コマンドボタンが表示されない場合

コマンドを🖱して表示されるリストで、ツールバーを表示しない設定にしたことが原因です。

「開く」コマンドなどがない

起動時にツールバーの位置が崩れる場合

タスクバーに最小化した状態でJw_cadを終了したことが原因です。
Jw_cadは、必ず最大化した状態で終了してください。

ツールバーが画面の大半を占め作図ウィンドウが狭い場合

「レイヤ」バーを🖱➡（ドラッグ）して位置を変えたことが原因です。

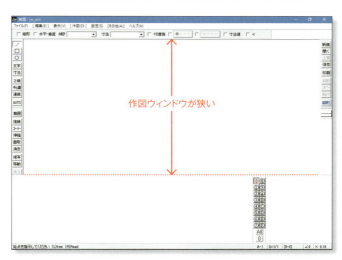

作図ウィンドウが狭い

CASE 1　ステータスバーを表示する方法

1 メニューバー［表示］を🖱し、プルダウンメニューのチェックの付いていない「ステータスバー」を🖱。

以上でステータスバーが表示されます。

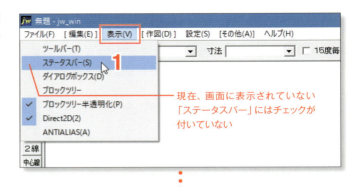

❓「ステータスバー」にチェックを付けても表示されない場合は、WindowsのタスクバーにJw_cadのステータスバーが隠れている可能性があります。タイトルバー右端から2番目にある □（最大化）を🖱し（下図）、Jw_cad画面を最大化してください。タスクバーに隠れていたステータスバーが表示されます。

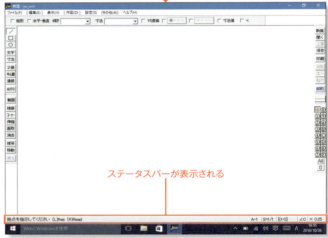

CASE 2　メニューバーを表示する方法

1 ツールバーのコマンドボタン（どのコマンドボタンでもよい）を🖱。

☑ コマンドボタンを🖱で表示されるリストの先頭にチェックが付いているものが、現在画面に表示されているバーです。ここでは、現在表示されていないメニューバーの先頭にチェックが付いていません。

2 プルダウンリストの「メニューバー」を🖱。

プルダウンリストが閉じて画面にメニューバーが表示されます。

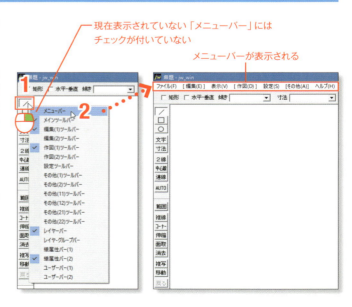

CASE 3　飛び出しているコントロールバーやツールバーを元の位置に戻す方法

1 飛び出しているツールバー（またはコントロールバー）の上部タイトルバーにマウスポインタを合わせ、🖱🖱。

✓ 作図ウィンドウに飛び出しているコントロールバーやツールバーは、その上部のタイトルバーを🖱🖱することで、元の位置に戻ります。

CASE 4　ツールバーの表示を初期状態に戻す方法

Jw_cad画面のツールバーの表示がおかしい場合は、以下の**1**〜**2**の操作でツールバーの表示をいったん初期状態（インストール直後の状態）に戻してください。そのうえで、独自の設定（**3**）を行ってください。

1 メニューバー［表示］－「ツールバー」を選択する。

2 「ツールバーの表示」ダイアログの「**初期状態に戻す**」を🖱し、チェックを付ける。

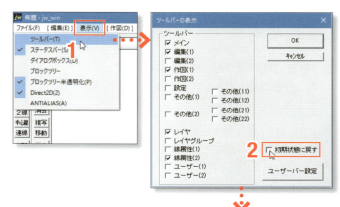

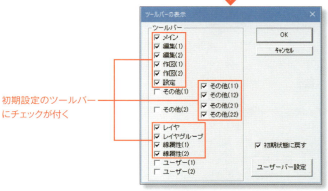

初期設定のツールバーにチェックが付く

3 Jw_cadをインストールした直後に表示されるツールバーにチェックが付くので、**画面に表示しないツールバーの項目を🖱し、チェックを外して「OK」ボタンを🖱**。

「ツールバーの表示」ダイアログで、チェックを付けたツールバーだけが表示されます。

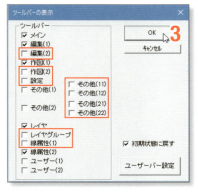

No.008 作図補助のためのグリッド（目盛）を表示したい

Jw_cadでは、グリッドの代わりに「目盛」機能があります。目盛を設定すると、🖱で読み取りできる、印刷されない点が指定間隔で作図ウィンドウに表示されます。ここでは、A4用紙に20mm間隔の目盛とそれを2分割する目盛を表示する例で説明します。

（20mm間隔の）目盛（およびその1/2の目盛）を表示する方法

1 ステータスバーの「軸角」ボタン（またはメニューバー［設定］－「軸角・目盛・オフセット」）を🖱。

2 「軸角・目盛・オフセット　設定」ダイアログの「目盛間隔」ボックスを🖱し、「20」を入力する。

☑ 「目盛間隔」は通常、図面の縮尺に左右されない図寸（mm）で指定します。実寸で指定する場合は、ダイアログの「実寸」にチェックを付けます。

3 「1/2」を🖱。

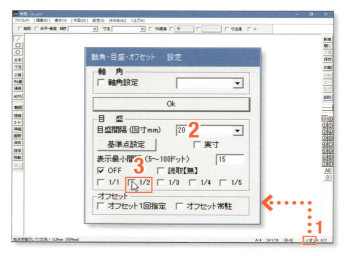

ダイアログが閉じ、指定した図寸20mm間隔の目盛（線色2：黒）と、それを2分割する目盛（線色1：水色）が表示されます。

❓ 設定した目盛が表示されない ☞ p.37

☑ 目盛を消す場合は、**1**の操作で「軸角・目盛・オフセット　設定」ダイアログを開き、「OFF」を🖱してください。

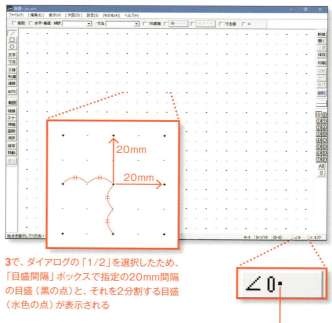

3で、ダイアログの「1/2」を選択したため、「目盛間隔」ボックスで指定の20mm間隔の目盛（黒の点）と、それを2分割する目盛（水色の点）が表示される

後ろの「・」は、現在、目盛が表示状態であることを示す

No.009 設定した目盛が表示されない

はじめに、「軸角・目盛・オフセット　設定」ダイアログでの設定操作に間違いがないかを確認してください（☞ p.36）。そのうえで、以下のCHECK 1〜3を順に確認してください。

CHECK 1　画面の表示倍率を調整

目盛間隔に対して現在の作図ウィンドウでの表示倍率が小さいと、目盛が表示されません。以下の操作を行い、目盛が表示される倍率で表示しましょう。

1 ステータスバーの「倍率」ボタン（またはメニューバー［設定］−「画面倍率・文字表示」）を🖱。

2 「画面倍率・文字表示　設定」ダイアログの「目盛　表示最小倍率」ボタンを🖱。

✅ 「目盛　表示最小倍率」ボタンは、目盛が表示状態になっていないときはグレーアウトされ、🖱できません。

目盛が表示される最小倍率で作図ウィンドウが表示されます。

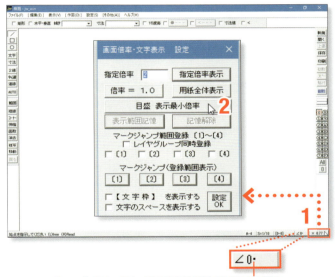

後ろの「・」は、現在、目盛が表示状態であることを示す

CHECK 2　表示設定を変更

バージョン8の新機能

パソコンによっては、「Direct2D」有効時、特定の表示倍率での目盛が表示されないことがあります。

1 メニューバー［表示］を🖱し、プルダウンメニューのチェックが付いた「Direct2D」を🖱。

「Direct2D」のチェックが外れ、無効になります。

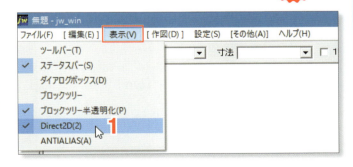

CHECK 3　画面表示色を初期化

画面背景色が目盛の点（線色1・2）と同じ色になっている可能性があります。画面表示色を初期化してください。
画面表示色の初期化：黒背景にする方法 ☞ p.40／白背景にする方法 ☞ p.50

No. 010 あるはずの線や文字が表示されない／画面から消える

原因としていくつかのケースが考えられます。次のCASE 1～5を確認してください。

CASE 1　ズーム操作や画面の再描画に起因する場合

何もない範囲を拡大したことや、ズーム操作時、画面の再描画中にクリックやドラッグなどのマウス操作を行ったことが考えられます。再描画中にマウス操作をすると、そこで再描画が中断されるため、一部の要素が作図ウィンドウに表示されません。
🖱➚全体（☞p.122）や作図ウィンドウ中央で🖱移動（☞p.127）を行い、再描画をしてください。

CASE 2　表示されない要素の線色が背景色と同色の場合

要素の画面表示色は、通常、図面ファイルごとに管理されています。特定の図面ファイルの特定の要素が表示されない場合、表示されない要素の線色が背景色と同じ色になっている可能性があります。
以下の設定をしてください。

1 メニューバー［設定］－「基本設定」を選択する。

2 「jw_win」ダイアログの「DXF・SXF・JWC」タブを🖱。

3 「SXF読込み」欄の「背景色と同じ色を反転する」にチェックを付ける。

4 「OK」ボタンを🖱。

上記を行っても表示されない場合は、画面表示色の初期化（☞ 黒背景p.40／白背景p.50）を行ってください。

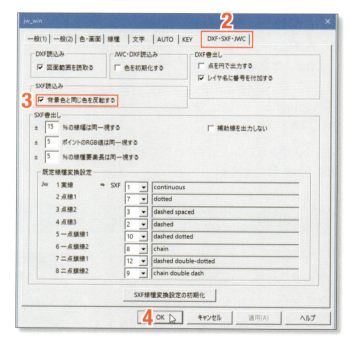

CASE 3　表示機能の不具合による場合

パソコンによって特定の条件下で、表示機能の不具合が生じることがあります。
次の手順で「Direct2D」を無効にすることで解消します。

1 メニューバー［表示］を🖱し、プルダウンメニューのチェックが付いた「Direct2D」を🖱。

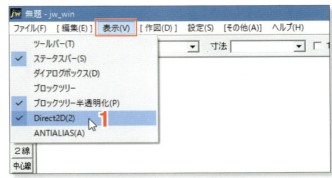

これで「Direct2D」のチェックが外れ、無効になります。

CASE 4　作図ウィンドウ左上に レイヤ反転表示中 と表示されている場合

属性取得の対象を指示するとき、作図ウィンドウで🖱すると、現在表示されている要素が一時的に非表示になり、表示されていない要素が表示されます。
再度、作図ウィンドウで🖱することで、元の表示状態に戻してください。

CASE 5　非表示レイヤになった場合

属性取得をするときに、対象となる要素が作図されたレイヤを誤って非表示にした可能性があります。
非表示にしたレイヤを編集可能にしてください。
どのレイヤが非表示になっているのかが不明な場合は、以下の操作ですべてのレイヤを編集可能にしてください。

1 「書込レイヤ」ボタン（またはメニューバー［設定］-「レイヤ」）を🖱。

2 「レイヤ設定」ダイアログの「全レイヤ編集」ボタンを🖱。

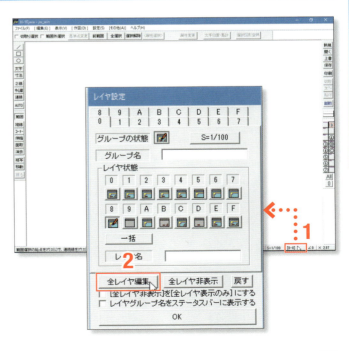

作図ウィンドウの背景色を黒にしたい

作図ウィンドウの地の色（「背景色」と呼ぶ）は、基本設定の「jw_win」ダイアログの「色・画面」タブで指定できます。

背景色を白にする方法 👉 p.50

作図ウィンドウの背景色を黒にする方法

1 メニューバー［設定］－「基本設定」を選択する。

2 「jw_win」ダイアログの「色・画面」タブを🖱。

3 「色彩の初期化」ボタンを🖱。

4 グレーアウト表示されていた「背景色：黒」ボタンが使用可能になるので、🖱。

5 「OK」ボタンを🖱。

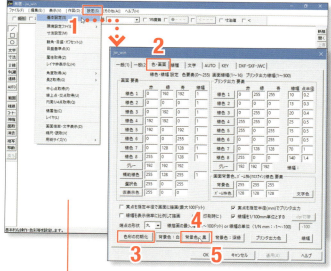

Jw_cadの初期設定では作図ウィンドウの背景色は白

作図ウィンドウの背景色が黒になり、それに合わせて「線色1」～「線色8」の画面表示色も自動的に変わります。
この画面表示色の設定は、図面ファイルに保存されます。

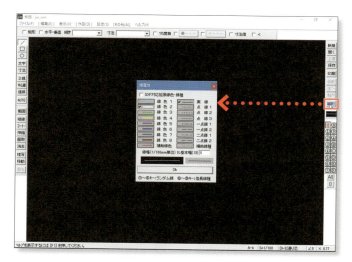

No.012

クロスラインカーソルを使いたい

基本設定の「jw_win」ダイアログの「一般(1)」タブで指定することで、標準の矢印カーソルをクロスラインカーソル（十字の線がマウスの動きに追随して動く）に変更できます。

クロスラインカーソルに変更する方法

1. メニューバー［設定］－「基本設定」を選択する。

2. 「jw_win」ダイアログの「一般(1)」タブを🖱。

3. 「クロスラインカーソルを使う」にチェックを付ける。

4. 必要に応じて、（ ）内の「範囲指定のみ」または「範囲始点のみ」にもチェックを付ける。

☑ （ ）内のチェックを付けると、通常は矢印カーソルで範囲指定時だけクロスラインカーソルになります。「範囲指定のみ」では範囲指定の始点指示から選択確定までの間、「範囲始点のみ」では範囲指定の始点指示時だけ、クロスラインカーソルになります。

5. 「OK」ボタンを🖱。

上記3、4の指定に従い、矢印カーソルがクロスラインカーソルになります。

☑ クロスラインカーソルの表示色は、ズーム枠の表示色と同じです。表示色の変更は、「jw_win」ダイアログの「色・画面」タブの「ズーム枠色」ボタンで行えます。

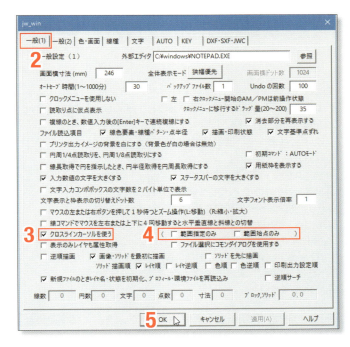

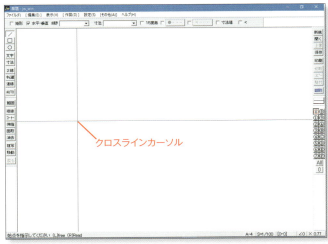

クロスラインカーソル

No.013

変更した基本設定が再起動すると元に戻ってしまう

基本設定の「jw_win」ダイアログで設定した内容が、Jw_cadを再起動すると設定前の状態に戻ってしまうのは、起動環境設定ファイル「jw_win.jwf」があり、それを読み込んで起動しているためです。起動環境設定ファイルの名前を変更して読み込みを無効にすることで、前回終了時の設定でJw_cadが起動するようになります。

環境設定ファイル 👉 p.240

起動環境設定ファイルを無効にする方法

1. メニューバー[設定]－「環境設定ファイル」－「読込み」を選択する。

2. 「開く」ダイアログの「ファイルの場所」が「JWW」フォルダになっていることを確認し、「jw_win.jwf」を🖱して表示されるメニューの「名前の変更」を🖱で選択する。

☑ 「JWW」フォルダ内の「jw_win.jwf」という名前のファイルが起動環境設定ファイルです(インストール時にこのファイルはありません)。Jw_cadは、この起動環境設定ファイルを読み込み、その指定内容の設定で起動します。ここでは、「jw_win.jwf」の名前を「1.jwf」に変更することで、起動時に、環境設定ファイルを読み込まないようにします。

3. 「jw_win」部分が色反転されるので、「1」を入力して「1.jwf」に変更し、Enterキーで確定する。

4. ここでは環境設定ファイルを読み込まないため、「開く」ダイアログの「キャンセル」ボタンを🖱し、ダイアログを閉じる。

以上で起動環境設定ファイルが無効になり、「基本設定」コマンドで設定した内容が、Jw_cadの再起動後も有効になります。

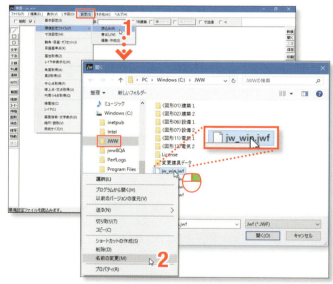

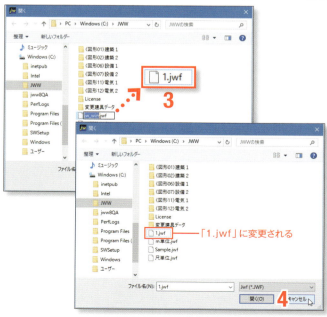

「1.jwf」に変更される

No.014 Jw_cadやWindowsのバージョンを確認したい

使用しているJw_cadのバージョンやWindowsのバージョンは、それぞれ以下の手順で確認できます。

CASE 1　使用しているJw_cadのバージョンを確認する方法

Jw_cadを起動して、以下の操作で確認できます。

1. メニューバー［ヘルプ］－「バージョン情報」を選択する。
2. 「バージョン情報」ウィンドウで、バージョン番号を確認する。
3. 「OK」ボタンをして、ウィンドウを閉じる。

CASE 2　使用しているパソコンの基本OS（Windows）のバージョンを確認する方法

エクスプローラーを起動して、以下の操作で確認できます。

エクスプローラーの起動 ➡ p.220

1. フォルダーツリーで、「PC」（または「コンピューター」）を。
2. 表示されるメニューの「プロパティ」を。

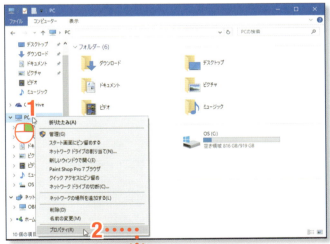

3. 「システム」ダイアログが開くので、「Windowsのエディション」欄でバージョンを確認する。
4. 右上の×（閉じる）をし、ダイアログを閉じる。

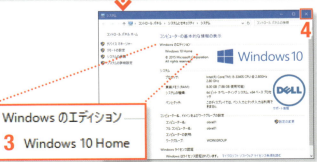

No.015 Windows標準の「開く」「名前を付けて保存」ダイアログを使いたい

Jw_cadは、独自の「ファイル選択」ダイアログで図面を開く・保存します。そのため、デスクトップやネットワーク上の共有フォルダーの図面ファイルを開く・保存するには、バージョン7以前のJw_cadでは面倒な手順が必要でした。バージョン8以降のJw_cadでは、Windows標準の「開く」「名前を付けて保存」ダイアログ（コモンダイアログ）を利用できるようになり、デスクトップやネットワーク上の共有フォルダーの図面ファイルを開く・保存することが容易になりました。

Windows標準のコモンダイアログを使用するための設定

バージョン8の新機能

1. メニューバー［設定］－「基本設定」を選択する。
2. 「jw_win」ダイアログの「一般(1)」タブの「ファイル選択にコモンダイアログを使用する」を🖱し、チェックを付ける。
3. 「OK」ボタンを🖱。

以上の設定で、図面ファイルを開く・保存するときのダイアログが、Windows標準の「開く」「名前を付けて保存」ダイアログ（コモンダイアログ）になります。

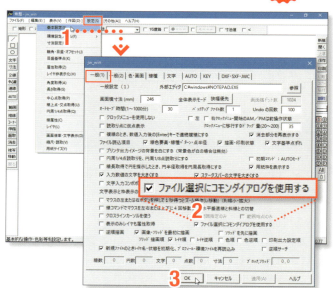

✏ コモンダイアログでのファイル表示

コモンダイアログでのファイルの表示は、「その他のオプション」を🖱して表示されるリストから選択・切り替えできます。プレビューウィンドウを表示しても、図面ファイルのプレビューはできません。また、Jw_cadには、排他制御機能（複数のパソコンで同時に同一ファイルを開き、編集・上書きを防ぐ機能）がありません。ネットワーク上の共有フォルダーの図面ファイルを編集するときには、同時に複数のパソコンで編集して上書き保存することのないように注意してください。

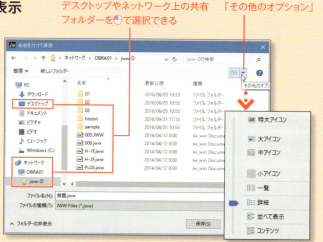

デスクトップやネットワーク上の共有フォルダーを🖱で選択できる　「その他のオプション」

No. 016 図面ファイルを開けない

どのような開き方をしているのかによって、確認すべきことや開けない原因が異なります。以下のCASE別に必要事項を確認してください。

CASE 1 　Jw_cadを起動せずに、データファイルを🖱🖱で開こうとしている場合

Jw_cadの初期設定では、🖱🖱で開けるデータファイルはJWW（Jw_cad図面）ファイルだけです。
🖱🖱しているファイルはJWWファイルですか？

- **⇒JWWファイルである**
  次のCASE 2の方法で開けるかを確認してください。
- **⇒JWWファイルではない**
  🖱🖱しているファイルがJw_cadで扱えるファイルなのかと合わせて、
  Jw_cadで利用する場合の操作方法を、p.218で確認してください。

JWWファイルは拡張子がjww
（拡張子 ☛ p.217）

CASE 2 　Jw_cadを起動し、「開く」コマンドでファイルを開こうとしている場合

「ファイル選択」ダイアログのファイル一覧上や一覧のファイルを🖱🖱後、何かメッセージが表示されますか？

- **⇒ ① 「予期しないファイル形式です」「Jw_cadでは読み込めないファイルです」などのメッセージが表示される。**
  ファイルを🖱🖱後にこのメッセージが表示される場合、開こうとしているファイルは破損しているため開けません。
  「ファイル選択」ダイアログのファイル一覧上にこのメッセージが表示される場合は、開いているフォルダー内に破損した図面ファイルがあります。そのため、破損していないファイルも開くことができません。
  いずれの場合も、破損した図面ファイルを削除してください。破損ファイルは修復できませんが、上書き前のバックアップファイルや自動保存ファイルが残っていれば、それらを復旧することで、上書き前の図面や作図途中の図面を取り戻すことができます。

  図面ファイルの削除 ☛ p.58
  バックアップファイルの復旧 ☛ p.54
  自動保存ファイルの復旧 ☛ p.56

- **⇒ ② 「無題のファイルが見つかりません」と表示される**
  排他制御機能のある他のアプリケーションで同じフォルダー内のファイルを開いている場合に、このメッセージウィンドウが開きます。他のアプリケーションを終了してから、図面ファイルを開いてください。

- **⇒ ③ メッセージは何も表示されないが、Jw_cadの作図ウィンドウにも何も表示されない**
  ☛ p.46

- **⇒ ④ Jw_cad自体が終了してしまう**
  Windows Vistaで画像入りの図面ファイルを開こうとしている場合は、メニューバー［表示］を🖱し、「Direct2D」のチェックを外してから図面を開いてください。それ以外の環境では、上記①と同じ原因と考えられるので、①と同じ対処を行ってください。

No.017 Jw_cad図面を開いたが何も表示されない

いくつかの原因が考えられます。図面を開いたJw_cad画面で、以下のCHECK 1～2を順に行い、その結果から原因を判断して、CASE 1～3の対処を行ってください。

CHECK 1　タイトルバーの表示を確認する

Jw_cad図面（*.jww）を開いた後、タイトルバーの表示を確認してください。

⇒ **「無題-jw_win」と表示されている**
次ページのCASE 1を参照してください。

「無題-jw_win」と表示されている ☞ 次ページのCASE 1

⇒ **開いた図面のファイル名が表示されている**
下のCHECK 2を参照してください。

開いた図面のファイル名が表示されている ☞ 下のCHECK 2

CHECK 2　図面の要素数を確認する

メニューバー［設定］－「基本設定」を選択し、「jw_win」ダイアログの「一般（1）」タブの最下行の数値ボックスで、開いている図面ファイルの作図要素数を確認してください。

⇒ **すべての数値ボックスが「0」と表示されている**
次ページのCASE 2を参照してください。

⇒ **いずれかの数値ボックスに0以外の数値が表示されている**
次ページのCASE 3を参照してください。

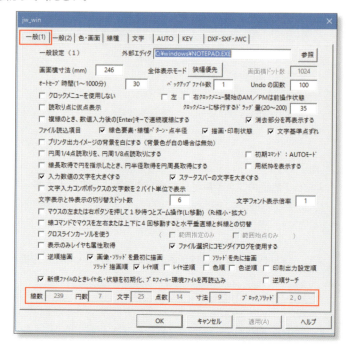

CASE 1　タイトルバーに「無題-jw_win」と表示されている場合

図面ファイルが開いていません。
「開く」コマンドで、あらためて図面を開いてください。図面を開いても同じ状態になる場合には、その図面ファイルが破損している可能性があります。

👉 p.45のCASE 2の①

CASE 2　図面の要素数がすべて「0」の場合

使用しているJw_cadが、図面を保存したJw_cadよりも古いバージョンであることが原因です。
Jw_cadは過去何度かのバージョンアップのときにJw_cad図面ファイル（*.jww）の内容を変更しているため、新しいバージョンのJw_cadで保存した図面が、それより古いバージョンのJw_cadでは開けない場合があります。以下のいずれかの方法で対処してください。

使用しているJw_cadをバージョンアップ 👉 p.24
図面を保存するJw_cadで旧バージョン形式を指定して保存 👉 p.61

CASE 3　図面の要素数が「0」以外の場合

作図ウィンドウに表示されていないだけで、開いた図面ファイルのどこかに作図要素はあります。
いくつかの可能性があります。以下を順次、確認してから、それぞれ対処してください。

⇒ **画面に表示されていない範囲（用紙枠外）に図面が作図されている**
　画面を縮小表示する、用紙サイズを大きくするなどして、探してください。

⇒ **図面が作図されたレイヤが非表示になっている**
　すべてのレイヤを編集可能にしてください。　👉 p.39のCASE 5

⇒ **図面要素が背景色と同じ色になっている**
　画面表示色を調整してください。　👉 p.38のCASE 2

No.018 パソコンに保存した図面が見つからない

図面ファイルを探す方法を紹介します。以下のCASE 1で見つからない場合はCASE 2を、それでも見つからない場合は次ページのCASE 3の方法で探してください。

CASE 1 　履歴リストで探す方法

メニューバー［ファイル］を🖱で表示されるプルダウンメニューには、以前保存した（または開いた）図面ファイル名が新しい順に10個までリスト表示されます（使用履歴）。

1 メニューバー［ファイル］を🖱。

2 履歴リストに探している図面のファイル名が表示される場合は、そのファイル名を🖱。

🖱した図面ファイルが開きます。

☑ 以前、保存した（または開いた）後に図面ファイルを削除、移動や収録フォルダー名を変更した場合には、開けません。

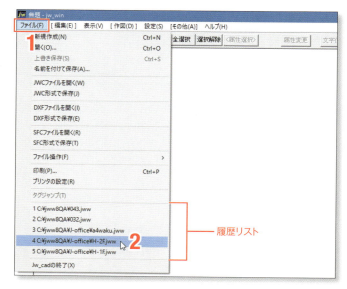

履歴リスト

CASE 2 　「ファイル選択」ダイアログで探す方法

1 「開く」コマンドを選択する。

☑ 「開く」コマンドを選択すると、「ファイル選択」ダイアログが開き、その前に図面を保存または開いた場所（フォルダー）の図面ファイルが一覧表示されます。

2 保存した場所（フォルダー）を覚えている場合は、そのフォルダーを🖱し、図面ファイルを探す。

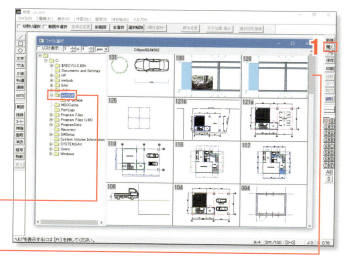

1つ前に図面を保存または開いたフォルダーが開いている

スクロールバーが表示される場合、現画面で表示されていない図面がある。スクロールバーを🖱↓し、残りの図面ファイルを表示して探す

CASE 3　Windowsの検索機能で探す方法

図面ファイル名（一部でも可）がわかれば、Windows標準搭載の検索機能を使って探すことができます。Jw_cadを終了し、以下の手順で図面ファイルを探しましょう。ここでは、「H-3F」という名前で保存したJw_cadの図面ファイルを探す例で説明します。

1 「スタート」ボタンを🖱し、表示されるメニューの「エクスプローラー」を🖱で選択する。

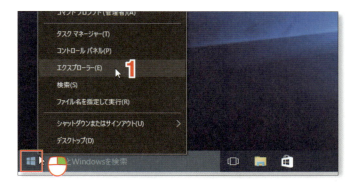

2 エクスプローラーのフォルダーツリーで、「**PC**」（または「コンピューター」）を🖱。

3 ウィンドウ右上の「**PCの検索**」（または「検索」）ボックスを🖱。

4 図面名の「**H-3F.jww**」を入力し、Enterキーを押して確定する。

☑ 保存した図面のファイル名「H-3F」の後ろに続けて、Jw_cadの図面ファイルを示す「.jww」（ドットとjww）を半角で入力してください。大文字と小文字の区別はありません。また、ファイル名が「H-」で始まるのは確かだが、その後を覚えていない、という場合は、「H-*.jww」のように、不明な部分を「*」で代用します。これで、ファイル名が「H-」で始まる図面ファイルがすべて探し出されます。

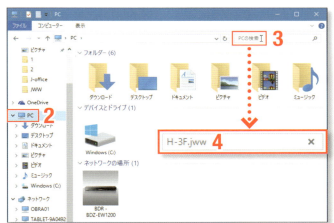

5 検索の結果として、表示されたファイル名を🖱🖱。

🖱🖱した図面ファイルを開いてJw_cadが起動します。

☑ この図面ファイルが保存されている場所（フォルダー）は、起動したJw_cadで「開く」コマンドを選択し、「ファイル選択」ダイアログのフォルダーツリーで確認できます。

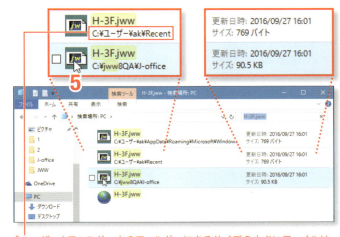

「ユーザー」フォルダー内のフォルダーにあるサイズの小さいファイルは、「H-3F.jww」へのショートカット。ショートカットが作られた後にファイル「H-3F.jww」を移動していなければ、ショートカットを🖱🖱することでも図面ファイルが開く

No.019

図面を開くと画面が黒地になった。白地にしたい

黒の背景色で保存された図面ファイルを開いたことが原因です。Jw_cadの画面色（背景色および線色）は図面ファイルに保存されるため、標準設定では保存時の画面色で開きます。図面を開いて画面色が変わった場合、以下の手順で白背景の設定に戻すことができます。

画面色を白背景に戻す方法

1 メニューバー［設定］－「基本設定」を選択する。

2 「jw_win」ダイアログの「色・画面」タブを🖱。

3 「色彩の初期化」ボタンを🖱。

4 グレーアウト表示されていた「背景色：白」ボタンが使用可能になるので🖱。

5 「OK」ボタンを🖱。

作図ウィンドウの背景色が白に変わります。

背景色を黒にする方法 ➡ p.40

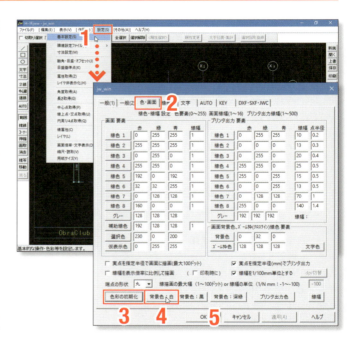

☑ Jw_cadの画面色が開いた図面ファイルの画面色に変わるのは、「jw_win」ダイアログの「一般（1）」タブにある「ファイル読込項目」欄の「線色要素・線種パターン・点半径」にチェックを付けて図面ファイルを開いたためです。このチェックを付けることで、印刷時の線の太さの設定や画面色の設定が、開いた図面ファイルの設定に自動的に変わります。

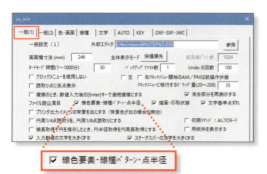

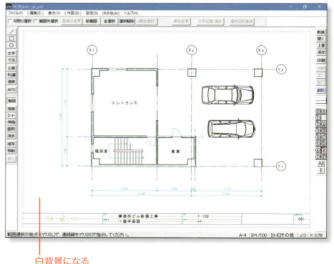

白背景になる

No.020

画像の入った図面を開いたが画像が表示されない

画像を挿入した図面を「画像同梱」をせずに保存したことが原因です。挿入した画像とJw_cad図面ファイルは別々のファイルになるため、挿入元の画像ファイルを移動したり、Jw_cad図面ファイル（*.jww）を他のパソコンで開いた場合に画像は表示されません。これを防ぐには、画像を挿入後、図面の（上書）保存前に「画像同梱」を行い、画像を図面ファイルと一体化します。

画像の挿入 ☞ p.194

挿入した画像を図面ファイルと一体化する方法

1. メニューバー［編集］－「画像編集」で、画像を挿入した後、コントロールバー「画像同梱」ボタンを🖱。
2. 同梱を確認するメッセージウィンドウが開くので「OK」ボタンを🖱。
3. 同梱した旨のメッセージウィンドウが開くので「OK」ボタンを🖱。
4. 図面を保存（または上書き保存）する。

「画像同梱」により、画像がJw_cad図面ファイルと一体化します。それにより、Jw_cad図面ファイルのファイルサイズも大きくなります。

✏️ Jw_cadの画像表示のしくみと画像同梱

Jw_cadで図面上に挿入した画像は、実は画像要素として図面上に存在していません。図面上の画像表示位置には、外部にある画像ファイルを表示するための命令文が記入されています。そのため、命令文で指定している場所に指定の画像ファイルが存在しないと図面上に画像は表示されません。

これでは、画像を挿入した図面ファイルを他へ渡す場合や他のパソコンで開く場合などに不自由なため、Jw_cadバージョン7から「画像同梱」機能が追加されました。

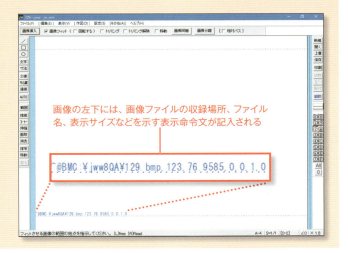

画像の左下には、画像ファイルの収録場所、ファイル名、表示サイズなどを示す表示命令文が記入される

No.021

図面をUSBメモリに保存したい

Jw_cadで保存時、「ファイル選択」ダイアログのフォルダーツリーで保存先としてUSBメモリのドライブを指定することで、USBメモリに直接保存できます。しかし、USBメモリへ直接保存すると、固定ディスクに保存する場合と比べて図面ファイルが破損するリスクが高くなります。Jw_cadで直接保存するのではなく、固定ディスクに保存したうえで、エクスプローラーを使ってUSBメモリにコピーすることをお勧めします。

図面ファイルをUSBメモリにコピーする方法

1 Jw_cadを起動し、「開く」コマンドを選択する。

2 「ファイル選択」ダイアログで、コピーする図面ファイルの名前と、その保存場所（ドライブ名とフォルダー名）を確認する。

3 「ファイル選択」ダイアログの×（閉じる）を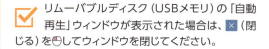してダイアログを閉じ、Jw_cadを終了する。

※付録教材データには右図の「J-office」フォルダーはありません。

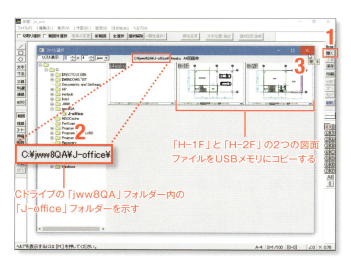

Cドライブの「jww8QA」フォルダー内の「J-office」フォルダーを示す

「H-1F」と「H-2F」の2つの図面ファイルをUSBメモリにコピーする

4 USBメモリをパソコンのUSBポートに挿入し、エクスプローラーを起動する。
　　　　　　エクスプローラーの起動 ➡ p.220

☑ リムーバブルディスク（USBメモリ）の「自動再生」ウィンドウが表示された場合は、×（閉じる）を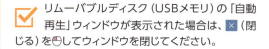してウィンドウを閉じてください。

5 エクスプローラーのフォルダーツリーで、「PC（コンピューター）」下に表示されるローカルディスク（「Windows（C：）」）を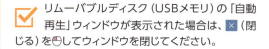。

6 ローカルディスク（「Windows（C：）」）下にツリー表示される「jww8QA」フォルダーを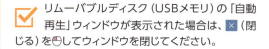。

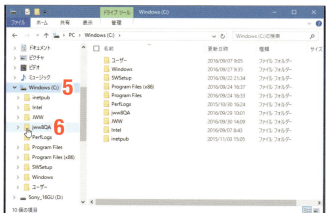

7 「jww8QA」フォルダー下に表示される「J−office」フォルダーを。

8 ライブラリーウィンドウに「J−office」フォルダー内が表示されるので、コピー対象のファイル「H−1F.JWW」を。

☑ 右図では「H−1F」という名前のファイルが2つありますが、Jw_cadの図面ファイルは拡張子がjwwの「H−1F.JWW」です。拡張子が表示されていない場合はp.222を参照して表示してください。

9 「H−2F.jww」を、Ctrlキーを押したまま。

☑ 複数のファイルを選択する場合は、2つ目以降のファイルをCtrlキーを押したままして選択します。ファイルをで選択するとき、マウスポインタを移動してドラッグ操作にならないように注意してください。ドラッグ操作をすると、選択しているファイルがドラッグ先に移動してしまいます。

10 選択されたファイルの1つにマウスポインタを合わせ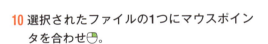。

11 表示されるメニューの「送る」を。

12 さらに表示されるメニューの「USBドライブ」（表記はパソコンによって異なる）を。

☑ 8〜9でフォルダーを選択し、10〜12の操作を行うと、フォルダーごとUSBメモリにコピーできます。

以上で、8〜9で選択した図面ファイルがUSBメモリにコピーされます。

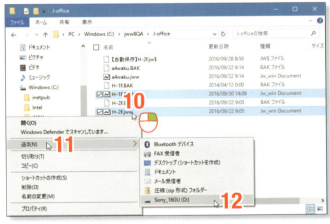

No.022 上書き保存する前の図面を取り戻したい

例えば、1階平面図「H-1F」を開いて内容を変更し、2階平面図として別のファイル名「H-2F」として保存するつもりが、誤って「H-1F」に上書き保存したということが起こり得ます。そのようなときに備え、Jw_cadには上書き前の図面を「○○○.BAK」と名前を変えて残す機能があります。このファイルを「バックアップファイル」と呼びます。誤って上書き保存した回数が1回であれば、バックアップファイルの名前を変更することで、上書き前の図面を取り戻すことができます。

上書き保存前の図面を取り戻す方法

1 誤って「H-1F」として保存した図面のファイル名を「H-2F」に変更する。
　　ファイル名の変更方法 ☛ p.60

2 メニューバー[ファイル]-「ファイル操作」-「ファイル名変更」を選択する。

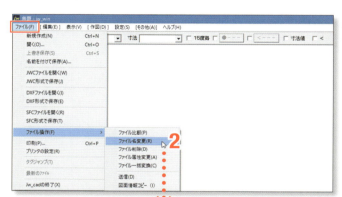

3 「ファイル選択」ダイアログの「ファイルの種類」ボックス▼を🖱し、「bak-bk9」を🖱で選択する。

4 フォルダー内のバックアップファイルがリスト表示されるので、「H-1F.BAK」を🖱🖱。

☑ ファイル名を🖱🖱することで「ファイル参照」ウィンドウが開き、図面の内容を確認できます。ここでは作図ウィンドウと同様に🖱 ➡ 拡大 などのマウスの両ドラッグによるズーム操作が行えます。

❓「H-1F.BAK」が表示されない ☛
バックアップファイルが作成されていない場合、上書き前の図面は取り戻せません。次回からバックアップファイルが作成されるよう設定しましょう（☛ 次ページ）。

5 図面ファイルの内容が確認できたら、✕（閉じる）を🖱してウィンドウを閉じる。

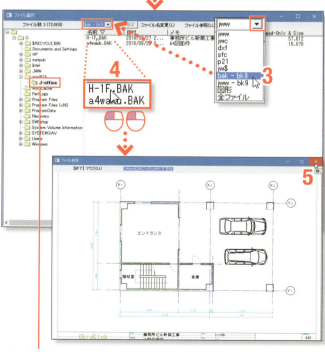

1の操作を行ったフォルダーを開いた状態で「ファイル選択」ダイアログが開く

6 ファイル名を変更する「H-1F.BAK」を🖱で選択し、「選択確定」ボタンを🖱。

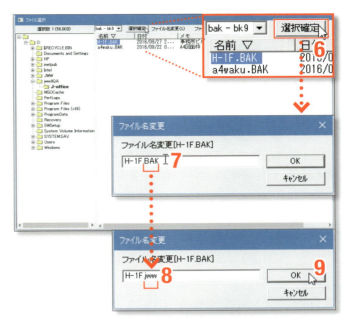

7 「ファイル名変更」ボックスの最後尾を🖱。

8 Backspace キーで「BAK」を消し、「jww」を入力する。

9 「OK」ボタンを🖱。

10 「ファイル選択」ダイアログの （閉じる）を🖱し、「ファイル名変更」を終了する。

以上で完了です。「開く」コマンドを選択し、「ファイル選択」ダイアログから、取り戻した「H-1F」を開きましょう。

「H-1F.jww」にファイル名変更されたためバックアップファイルだけを表示するウィンドウに表示されなくなる

📝 バックアップファイルの設定

メニューバー［設定］-「基本設定」を選択し、「jw_win」ダイアログの「一般（1）」タブの「バックアップファイル数」ボックスに「1」を入力します。これにより、上書き保存時に、上書き前の図面を「○○○.BAK」と名前を変えて残します。

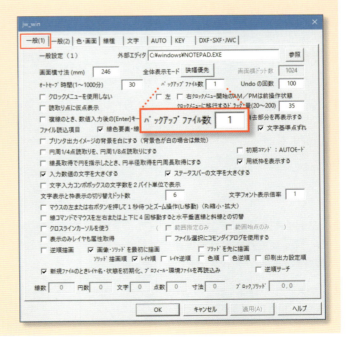

No.023 作図途中の図面を取り戻したい

Jw_cadには、指定時間ごとに編集中の図面を自動的に保存する自動保存機能があります。作成された自動保存ファイルは、その拡張子「jw$」を「jww」に変更することで、Jw_cad図面として開くことができます。Jw_cadでの作図途中にパソコンがハングアップ（アプリケーションが停止）した場合や停電した場合に、パソコンを再起動後、自動保存ファイルの名前を変更して開くことで作図途中の図面を取り戻せます。

自動保存ファイルを開く方法

Jw_cadを起動する前に、以下の「自動保存ファイルの作成場所とファイル名」を確認してください。

■ 自動保存ファイルの作成場所とファイル名を確認

標準では、自動保存ファイルは図面ファイルごとに作成され、作成される場所とファイル名は編集中の図面の条件によって、以下のように異なります。

編集中の図面の収録場所	自動保存ファイルの作成場所	自動保存ファイルのファイル名
ローカルディスク・USBメモリなどの書き込み可能な大容量メディアから開いた図面	図面と同じフォルダー	【自動保存】図面名.jw$
CD（DVD）-ROMなどの書き込みできないメディアから開いた図面	Cドライブの「JWW」フォルダー（Jw_cadのインストールフォルダー）	【自動保存】図面名.jw$
未保存の図面	Cドライブの「JWW」フォルダー（Jw_cadのインストールフォルダー）	【自動保存】.jw$

※ 環境設定ファイル（☞ p.240）の「AutoSaveDir=」行で作成場所と自動保存ファイル名を指定している場合には上記とは異なります。

■ 自動保存ファイルの拡張子「jw$」を「jww」に変更

1 Jw_cadを起動し、メニューバー[ファイル]－「ファイル操作」－「ファイル名変更」を選択する。

2 「ファイル選択」ダイアログのフォルダーツリーで、変更対象の自動保存ファイルが収録されているフォルダーを🖱。

3 「ファイルの種類」ボックスの▼を🖱し、表示リストの「jw$」を🖱で選択する。

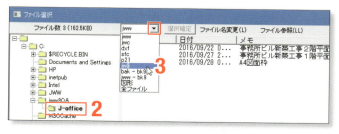

4 リスト表示される自動保存ファイルの名前が途中までしか表示されない場合は、「**名前**」バーと「**日付**」バーの境にマウスポインタを合わせ、🖱🖱。

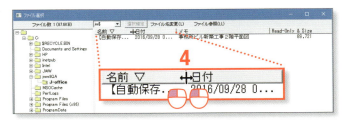

✓ 4の操作によって、「名前」欄の幅が、自動的にすべてのファイル名が表示される幅になります。また、ファイル名を🖱🖱することで「ファイル参照」ウィンドウが開き、図面の内容を確認できます（☞ p.54）。

5 名前変更対象の自動保存ファイル（右図では【自動保存】H-1F.jw$）を🖱で選択する。

6 「選択確定」ボタンを🖱。

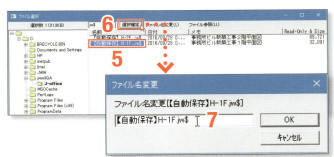

7 「ファイル名変更」ボックスのファイル名の末尾を🖱し、入力ポインタを移動する。

8 Backspace キーを押して「$」を消し、「w」を入力して、「.」より後ろの拡張子3文字を「jww」に変更する。

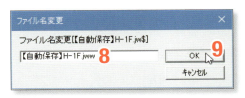

9 変更されたファイル名を確認し、「**OK**」ボタンを🖱。

10 「ファイル選択」ダイアログ右上の ✕（閉じる）を🖱し、「ファイル名変更」を終了する。

以上で完了です。これで、通常の図面ファイル同様、「開く」コマンドで「【自動保存】H-1F.jww」を開けます。

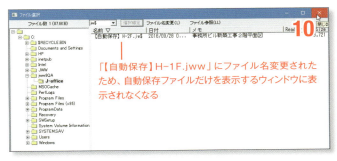

「【自動保存】H-1F.jww」にファイル名変更されたため、自動保存ファイルだけを表示するウィンドウに表示されなくなる

 自動保存間隔の設定

何分間に一度自動保存を行うかは、メニューバー[設定]－「基本設定」を選択して開く「jw_win」ダイアログの「一般(1)」タブの「オートセーブ時間」ボックスに、分単位で指定します。

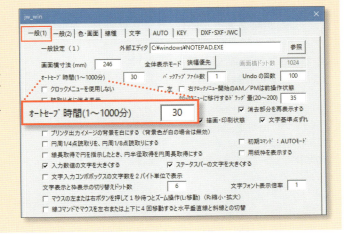

No.024

不要になった図面ファイルを削除したい

誤って保存した図面ファイルや不要になった図面ファイルは、メニューバー［ファイル］－「ファイル操作」－「ファイル削除」で削除できます。削除したファイルは取り戻せないため、ファイル削除の操作は慎重に行ってください。

図面ファイルを削除する方法

1 「開く」コマンドを選択し、「ファイル選択」ダイアログで削除する図面ファイルの保存場所と名前を確認し、「ファイル選択」ダイアログを閉じる。

保存場所の確認 ☞ p.52の**1**～**3**

2 メニューバー［ファイル］－「ファイル操作」－「ファイル削除」を選択する。

☑ 削除対象の図面ファイルを確認したい場合や、フォルダー内の破損ファイルを探す場合は、以下**3**～**4**の操作を行ってください。**3**の操作の結果、「ファイル参照」ウィンドウに図面が表示されない（「Jw_cadでは読み込みできないファイルです」などのメッセージが表示される）図面ファイルは破損したファイルです。

3 「ファイル選択」ダイアログが開き、**1**で確認したフォルダー内の図面ファイルがリスト表示されるので、削除対象の図面ファイルを🖱🖱。

4 🖱🖱した図面ファイルの「ファイル参照」ウィンドウが開くので、削除対象のファイルであることを確認し、✕（閉じる）を🖱してウィンドウを閉じる。

☑ ファイル名を🖱🖱することで「ファイル参照」ウィンドウが開き、図面の内容を確認できます。ここでは作図ウィンドウと同様に🖱➘ 拡大 などのマウスの両ドラッグによるズーム操作が行えます。

「ファイル選択」ダイアログのフォルダーツリーでは**1**で確認したフォルダーが開いている

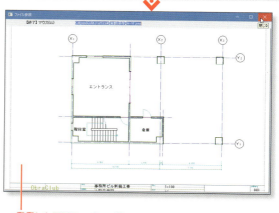

🖱🖱した図面ファイルの「ファイル参照」ウィンドウが開く

5 「ファイル選択」ダイアログで削除するファイルを🖱で選択する。

6 「削除実行」ボタンを🖱。

7 削除を確認するウィンドウが開くので、「はい」ボタンを🖱。

8 ファイルの削除が完了したら、「ファイル選択」ダイアログ右上の❌（閉じる）を🖱し、「ファイル削除」を終了する。

図形ファイルを削除するには

図形ファイル（拡張子は「jws」）も、図面ファイルとほぼ同じ手順（**2**～**8**）で削除できます。

あらかじめ、メニューバー［その他］－「図形」を選択し、「ファイル選択」ダイアログで削除する図形の名前と、その収録場所を確認しておいてください（前ページ**1**に相当）。

前ページ**2**の操作の後、「ファイル選択」ダイアログのフォルダーツリーであらかじめ確認した収録場所（フォルダー）を選択し、「ファイルの種類」ボックスの▼を🖱してリストから「図形」を選択してください。これにより、選択フォルダー内の図形ファイルが一覧表示されます。これで、図面ファイルの削除と同様（**3**～**8**）の手順で図形ファイルを削除できます。

☑ 「ファイルの種類」ボックスでファイルの種類を指定することで、同様にして、バックアップファイル（bak-bk9）や自動保存ファイル（jw$）などのファイルを削除できます。

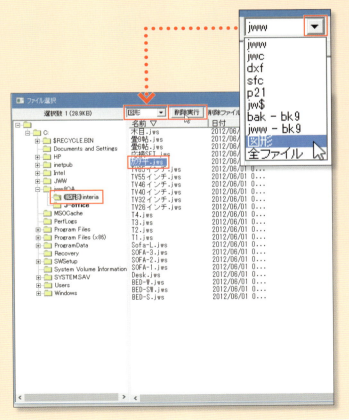

No.025

図面ファイルの名前を変更したい

図面ファイルの名前は、「開く」「保存」コマンドの「ファイル選択」ダイアログで変更できます。ここでは、図面ファイル「H-1F」の名前を「H-1F-1」に変更する例で説明します。

図面ファイルの名前を変更する方法

1 「開く」コマンドを選択する。

2 「ファイル選択」ダイアログで、名前を変更したい図面ファイルのファイル名部分を🖱。

3 「ファイル名変更」ダイアログが開くので、「ファイル名変更」ボックスのファイル名の最後尾（「H-1F」と「.」（ドット）の間）を🖱し、入力ポインタを移動する。

4 キーボードから「-1」を入力し、「H-1F-1.JWW」に変更する。

☑ ファイル名を変更するとき、「.」（ドット）とその後ろの3文字「JWW」を消さないよう注意してください。誤って消した場合は、いったん「キャンセル」ボタンを🖱して中断し、再度**2**から操作してください。

5 「OK」ボタンを🖱。

ファイル名が「H-1F-1」に変更されます。右上の×（閉じる）を🖱し、「ファイル選択」ダイアログを閉じてください。

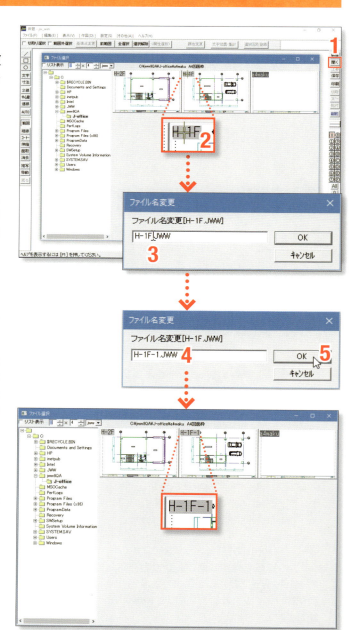

No.026 旧バージョンのJw_cadに図面ファイルを渡したい

Jw_cadバージョン8で保存したJw_cad図面（*.jww）は、バージョン6.21a以前の旧バージョンのJw_cadでは開けません。それらのJw_cadに図面を渡す場合は、渡す先のJw_cadのバージョンに合わせた旧バージョン形式でJw_cad図面を保存します。

旧バージョン形式で保存する方法

1 旧バージョンで保存する図面を開き、「保存」コマンドを選択する。

2 「ファイル選択」ダイアログのフォルダーツリーで保存先のフォルダーを確認し、「新規」ボタンを🖱。

3 「新規作成」ダイアログの「旧バージョンで保存」にチェックを付ける。

☑ Windows標準のコモンダイアログ（👉p.44）では、旧バージョンでの保存はできません。

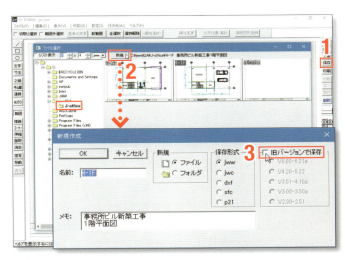

4 渡す先のJw_cadのバージョンに合わせ、保存するバージョン（右図では「V6.00－6.21a」）を🖱で選択する。

5 「名前」ボックスの名前を変更し、「OK」ボタンを🖱。

☑ 開いた図面ファイルと同じ名前で同じフォルダーに保存した場合、旧バージョン形式で上書きされます。上書き保存を避けるため、元の図面ファイルとは異なる名前を入力します。

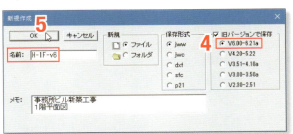

6 旧バージョン保存のメッセージが表示されるので、「はい」ボタンを🖱。

以上で、バージョン6のJw_cadで開くことができる旧バージョン形式で図面が保存されます。

※V6.00－6.21a以前の旧バージョンで保存した場合、図面上の画像ファイルは保存されません。

No.027

DXFファイルを開きたい

DXFファイルは多くのCADで読み込み・保存が可能なことから、メーカーが提供する製品CADデータの形式や、異なるCAD間で図面ファイルを受け渡しする際の形式として広く利用されています。DXFファイルは、必ずしも元のCADで作図した図面を100%再現できるものではありません。縮尺、用紙サイズ、文字サイズ、線種・線色、レイヤなどが元の図面とは異なる、図面の一部が欠落するなど、さまざまな問題が生じる可能性があります。それらの確認のために、DXFファイルとともに印刷図面またはPDFファイルも受け取ることをお勧めします。

教材データ：027.dxf

PDFファイル ☞ p.219

DXFファイルを開く方法

1. 用紙サイズを、これから開くDXFファイルと同じサイズ（A-3）に設定する。

2. メニューバー［設定］－「基本設定」を選択し、「jw_win」ダイアログの「DXF・SXF・JWC」タブを🖱。

3. 「DXF読込み」欄の「図面範囲を読取る」と「SXF読込み」欄の「背景色と同じ色を反転する」にチェックを付け、「OK」ボタンを🖱。

> ☑ DXFファイルには用紙サイズ、縮尺の情報はありません。「図面範囲を読取る」にチェックを付けることで、開くときの用紙サイズに図面が収まるよう縮尺を自動調整します。

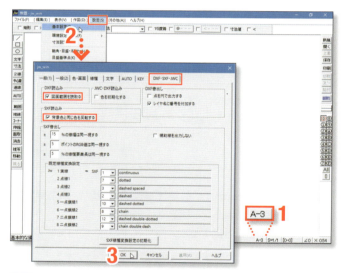

4. メニューバー［ファイル］－「DXFファイルを開く」を選択する。

5. 「ファイル選択」ダイアログでDXFファイルが収録されているフォルダーを選択し、DXFファイルを🖱🖱で開く。

> ☑ 開いたDXF図面の線色・線種は、SXF対応拡張線色・線種（☞ p.240）になります。用紙サイズ・縮尺・レイヤ・文字サイズなどが元の図面と異なり、データの一部が欠落していることもあり得ます。また、Jw_cadの図面と同じようには編集できないこともあります（☞ p.239）。

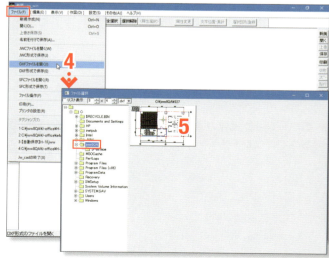

No.028

図面をDXFファイルとして保存したい

DXFファイルは多くのCADが対応していることから、異なるCAD間で図面ファイルを受け渡しするときのファイル形式として広く利用されています。Jw_cad図面（*.jww）の読み込みに対応していないCADに図面データを渡す場合もDXFファイルで保存して渡します。ただし、Jw_cadで作図した図面を100%正確に渡せるわけではなく、さまざまな違いが生じることや図面の一部が欠落する可能性もあります。そのような場合に備えて、DXFファイルにして渡すときは、Jw_cadで印刷した図面か、PDFファイルを一緒に渡すことをお勧めします。

PDFファイル → p.219

図面をDXFファイルとして保存する方法

1 「開く」コマンドを選択し、DXF形式で保存する図面を開く。

2 メニューバー［ファイル］－「DXF形式で保存」を選択する。

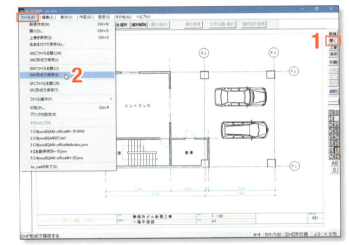

3 「ファイル選択」ダイアログで保存先フォルダーを選択し、「新規」ボタンを🖱。

4 「新規作成」ダイアログで「名前」を確認、適宜変更し、「OK」ボタンを🖱。

 Jw_cad図面の印刷線幅とカラー印刷色で、DXFファイルとして保存されます。

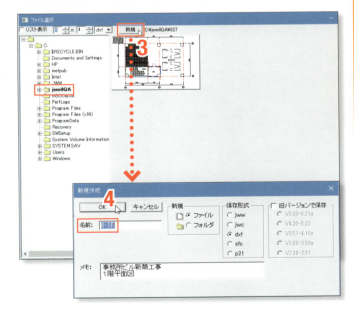

No.029 思うように文字が入力できない

どのような状況で思うようにできませんか。いくつかの例で、原因・対処方法を紹介しています。自分の状態と同じと思われる例を参考にしてください。

CASE 1　キーボードで打った文字が入力されない、違う文字が入力される場合

⇒ 数字キーを打つが、「入力」ボックスには数字が表示されない

キーボードの「Num Lock」ランプを確認しましょう。Num Lockランプが消えている場合、キーボードの右部にある数字キー（テンキー）は他の働きをします。
NumLockキーを押し、Num Lockランプが点灯した状態にしたうえで、数字を入力してください。

⇒ 通常は小文字で入力される英文字が大文字になってしまう

通常、英文字（アルファベット）キーを押すと小文字で入力され、大文字を入力する場合にはShiftキーを押したまま英文字（アルファベット）キーを押します。Caps Lock機能が有効（キーボードの「Caps Lock」ランプが点灯）なとき、この操作が逆（小文字を入力する場合にはShiftキーを押したまま英文字キーを押す）になります。元に戻すには、Shiftキーを押したままCapsLockキーを押して、Caps Lock機能を無効にしてください。

⇒ 英文字キーを打つとひらがなが入力される。または、ひらがなキーを打つとアルファベットになるなど、いつもと違う文字が入力される

日本語入力の方法には「ローマ字入力」と「かな入力」の2つの方法があります。通常使用している入力方法と異なる入力方法に切り替わっていることが考えられます。
Altキーを押したまま カタカナ/ひらがな/ローマ字 キーを押して、入力方法を切り替えてください。

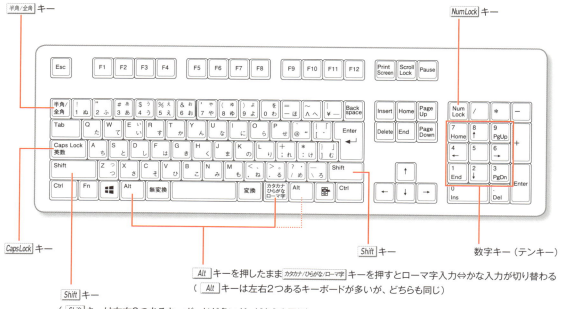

Altキーを押したまま カタカナ/ひらがな/ローマ字 キーを押すとローマ字入力⇔かな入力が切り替わる
（Altキーは左右2つあるキーボードが多いが、どちらも同じ）

（Shiftキーは左右2つあるキーボードが多いが、どちらも同じ）

CASE 2　入力した文字がアルファベットのままで、日本語にならない場合

入力モードが「半角英数」になっていることが原因です。この状態では、全角文字や日本語の入力はできません。
[半角/全角]キーを押して、日本語入力モードに切り替えてください。または、画面右下の入力モード（「A」と表示されているボタン）を🖱（MS-IMEのバージョンによっては🖱）し、リストから「ひらがな」を🖱することでも切り替えられます。

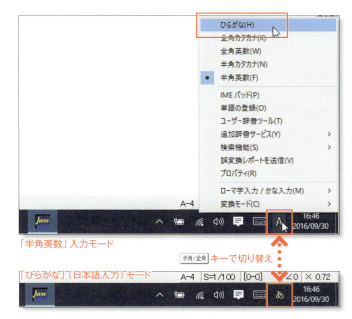

CASE 3　「％」「？」などキーボードにある記号の入力方法がわからない場合

「％」「？」など、キーの左上部に記載されている記号を入力するには、キーボードの[Shift]キーを押したまま、その記号が記載されているキーを押します。[Shift]キーは2つありますが、左右どちらのキー（👉前ページ）でも同じです。

「％」を入力するには、[Shift]キーを押したまま、このキーを押す

CASE 4　「文字入力」ボックスで変換した「㊞」や「㎡」などが[Enter]キーで確定すると「？」になる場合

それらの文字は「unicode（ユニコード）」と呼ばれる種類の文字です。Jw_cadでは、このunicode文字を使用できません。
unicodeを使わず㊞や㎡を記入する方法 👉 p.68　CASE 3

CASE 5　「φ」「∠」「±」「㎡」「㎥」「㋐」などの記号の入力方法がわからない場合

上記の記号などを記入する方法 👉 p.66

CASE 6　記入したい漢字が変換候補にない場合

変換候補にない漢字を記入する方法 👉 p.69

「φ」「∠」「±」「㎡」「㎥」「㋐」などの記号を記入したい

「φ」「∠」「±」「㎡」などの記号はパソコンで使える文字として用意されており、記号の読みを入力して変換したり、IMEパッドの記号一覧から記入できます。Jw_cadで使用できないunicodeで用意されている「㎥」やパソコンに用意されていない「㋐」などは、Jw_cad独自の入力方法で記入できます。

※文字入力や記号・漢字変換は、Jw_cadの機能ではなく、パソコンに搭載されている日本語入力プログラム「IME」の機能です。ここではWindows 10標準搭載の「MS-IME」での入力方法を説明します。Windows 8/7/Vista標準搭載の「MS-IME」でも同じです。

CASE 1　記号「φ」を読みから変換する方法

1 「文字」コマンドを選択し、「文字入力」ボックスに「ふぁい」を入力する。

 「ふぁい」は、ローマ字入力では「fai」と入力します。

2 変換キーを押す。「φ」が表示されない場合は再度変換キーを押し、表示されるリストから「φ」を選択し、Enterキーを押して確定する。

記号の読みの例

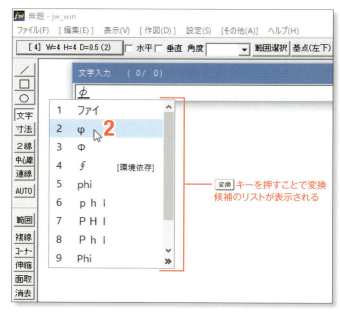

変換キーを押すことで変換候補のリストが表示される

CASE 2　記号「∠」をIMEパッドの文字一覧から選択入力する方法

1. 「文字」コマンドを選択する。

2. 画面右下の「言語」バーを🖱し、表示されるメニューの「IMEパッド」を🖱。

   ✓ タスクバーに「IMEパッド」が表示されている場合は、2の操作の代わりに「IMEパッド」を🖱してください。
   👉「IMEパッド」

   「IMEパッド」がない 👉 下のコラム

3. 「IMEパッド」ダイアログの🔲（文字一覧）ボタンを🖱。

4. 「IMEパッド - 文字一覧」ダイアログの「文字カテゴリ」欄の「数学記号」フォルダーを🖱。

5. 「文字入力」ボックスが入力待ち状態（ポインタが点滅）であることを確認し（入力待ち状態でない場合は「文字入力」ボックスを🖱）、「IMEパッド - 文字一覧」ダイアログの数学記号一覧の「∠」を🖱で選択する。

6. 「文字入力」ボックスに「∠」が入力されるので、Enterキーを押して確定する。

IMEパッドは、右上の❌（閉じる）を🖱すると閉じます。

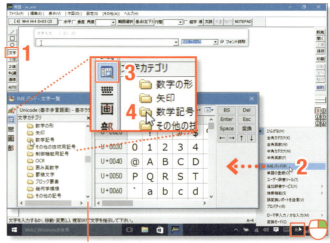

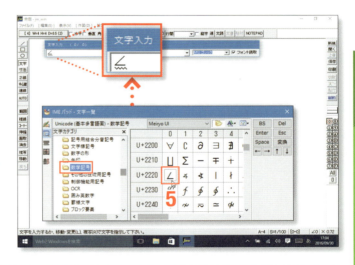

スクロールバーで「文字カテゴリ」欄の表示をスクロール

 IMEパッドをタスクバーに表示するには

タスクバーにIMEパッドが表示されておらず、上記2の操作で表示されるメニューに「IMEパッド」がない場合には、次の手順でタスクバーに「IMEパッド」を表示してください。

1. タスクバーの「言語」バーを🖱。

2. 表示されるメニューの「タスクバーの追加アイコン」を🖱。

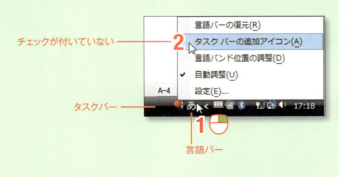

チェックが付いていない

タスクバー

言語バー

CASE 3　パソコンに用意されていないm³や㋐（上付・下付・○付文字）を入力する方法

m³の「3」のような上付き文字や、㊞、㋐などの丸付き文字は、Jw_cad独自の入力方法で記入できます。

1　「文字」コマンドの「文字入力」ボックスに「m^u3」を入力する。

✓　「^」は右図のキーを押します。「^」は半角文字で、「u」は半角の小文字で入力します。「^u」に続けて文字（1文字）を入力することで、「^u」の後ろの文字を上付き表示にします。

2　文字の記入位置を🖱。

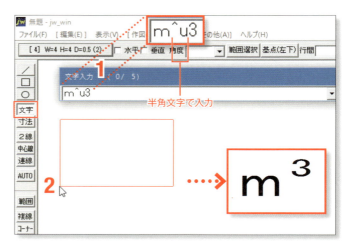

3　「文字」コマンドの「文字入力」ボックスに「12.^d3^d4」を入力する。

✓　「^」は半角文字で、「d」は半角の小文字で入力します。「^d」に続けて文字（1文字）を入力することで、「^d」の後ろの文字を下付き表示にします。

4　文字の記入位置を🖱。

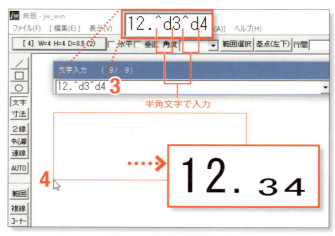

5　「文字」コマンドの「文字入力」ボックスに「○^oア」を入力する。

✓　「○」は「まる」と入力し、変換します。「^」は半角文字、「o（オー）」は、半角の小文字で入力します。Jw_cadでは○や□に続けて「^o」と文字（1文字）を入力することで、○や□の中央に「^o」後ろの文字を重ねて1文字のように表示します。「㊞」を記入するには、「○^o印」と入力します。

6　文字の記入位置を🖱。

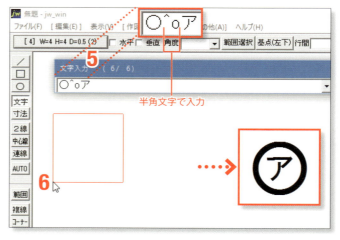

No. 031

読みのわからない漢字や
変換候補にない漢字を記入したい

文字入力や記号・漢字変換は、Jw_cadの機能ではなく、パソコンに搭載されている日本語入力プログラム（「IME」と呼ばれるプログラム）の機能です。専門用語や人名など、読みを入力しても漢字に変換できない文字は、Windows付属の「IMEパッド」を利用して入力できます。ここではWindows 10標準搭載の「MS-IME」で、漢字を手書き入力する方法を説明します。Windows 8/7/Vistaの「MS-IME」でも同じです。

手書き入力から漢字（斫：はつる）を入力する方法

1 「文字」コマンドを選択する。

2 画面右下の「言語」バーを🖱し、表示されるメニューの「IMEパッド」を🖱。

☑ タスクバーに「IMEパッド」が表示されている場合は、**2**の操作の代わりにタスクバーの「IMEパッド」を🖱してください。

❓ 「IMEパッド」がない → p.67のコラム

3 「IMEパッド」ダイアログの🖌（手書き）ボタンを🖱。

4 左側のスペースに、入力したい漢字「斫」をマウスポインタを動かしてかく。

☑ かき始め位置で🖱したまま（ボタンから指をはなさずに）マウスポインタを移動し、かき終わり位置でボタンをはなすことで線をかきます。かいた文字の候補となる漢字が右側に表示されます。この段階で「文字入力」ボックスが入力待ち状態になっていない場合は、「文字入力」ボックスを🖱した後、**5**以降を行ってください。

5 右側に表示される候補から入力したい漢字「斫」を🖱。

6 「文字入力」ボックスに**5**の漢字が入力されるので、Enterキーを押して確定する。

IMEパッドは、右上の×（閉じる）を🖱すると閉じじます。

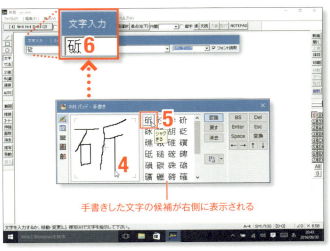

手書きした文字の候補が右側に表示される

No. 032
円の中心に文字を記入したい

円の中心に文字を記入するには、文字の基点を「中中」にし、文字の記入位置として円の中心を指示します。円の中心に🖱（Read）できる点はありませんが、🖱➡（右ドラッグ）で表示されるクロックメニューのAM3時 中心点・A点 を利用することで、円の中心点を点指示できます。

📄 教材データ：032.jww

円の中心に文字（X1）を記入する方法

1 「文字」コマンドを選択する。

2 「文字入力」ボックスに「X1」を入力する。

3 コントロールバー「基点」ボタンを🖱。

4 「文字基点設定」ダイアログの「中中」を🖱し、基点を「中中」にする。

5 文字の記入位置として、円にマウスポインタを合わせ🖱➡（右ボタンを押したまま右方向にマウスを移動）し、右図のクロックメニューAM3時 中心点・A点 が表示されたらボタンをはなす。

✅ 円や円弧にマウスポインタを合わせ、🖱➡し、クロックメニューAM3時 中心点・A点 が表示された状態でボタンをはなすことで、🖱➡した円・円弧の中心点を点指示できます。**5**の操作の代わりにメニューバー[設定]－「中心点取得」を選択して、円を🖱することでも、円の中心点を指示できます。円・円弧の中心点指示は、「文字」コマンドに限らず、他のコマンドの点指示時にも共通して利用できます。

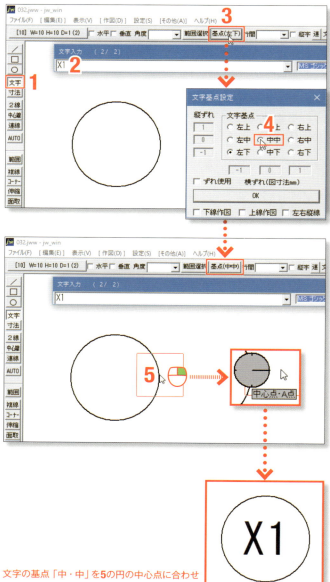

文字の基点「中・中」を**5**の円の中心点に合わせ「X1」が記入される

No.033

斜線に沿わせて文字を記入したい

「文字」コマンドのコントロールバー「角度」ボックスに斜線の角度を入力することで、斜線に沿って文字を記入できます。斜線の角度が不明な場合は、「角度取得」を利用することで、「角度」ボックスに斜線の角度を取得できます。

教材データ：033.jww

斜線上に文字（隣地境界線）を記入する方法

1 「文字」コマンドを選択する。

2 メニューバー［設定］－「角度取得」－「線角度」を選択する。

☑ 「線角度」では、次に🖱した線の角度を取得し、その角度をコントロールバー「角度」ボックスに自動的に入力します。「角度取得」の機能は、「文字」コマンドに限らず、コントロールバーに角度を入力するボックスがあるコマンドで共通して利用できます。

3 斜線を🖱。

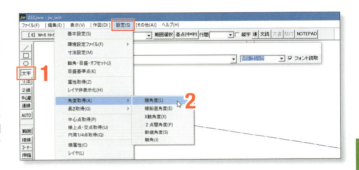

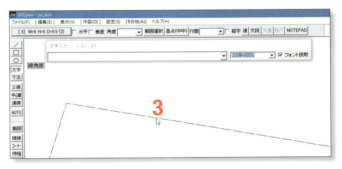

4 「文字入力」ボックスに記入文字「隣地境界線」を入力する。

5 文字の記入位置を🖱。

文字「隣地境界線」が**3**の斜線と同じ角度で記入されます。

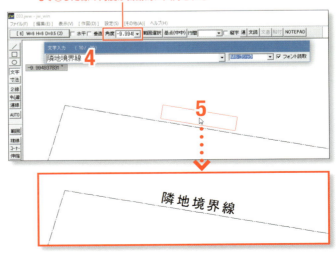

No.034

枠付きの文字を記入したい

文字記入時の設定で、枠付きの文字を記入できます。

枠付きの文字を記入する方法

1 「線属性」コマンドを🖱し、書込線を枠の線色・線種（右図では線色6・実線）にする。

2 「文字」コマンドを選択し、コントロールバー「基点」ボタンを🖱。

3 「文字基点設定」ダイアログの「下線作図」「上線作図」「左右縦線」にチェックを付け、文字の基点（右図では中中）を🖱。

☑ 「文字基点設定」ダイアログの「下線作図」「上線作図」「左右縦線」のチェックを付けることで、記入する文字の周りに書込線色・線種で枠（下線と上線と左右の線4本）を作図します。また、「ずれ使用」にチェックを付け、「縦ずれ」「横ずれ」ボックスの数値を変更することで、枠の大きさを調整できます。

4 「文字入力」ボックスに文字（右図では北立面図）を入力。

5 文字の記入位置を🖱。

線色6・実線（書込線）の枠が付いた文字が記入されます。

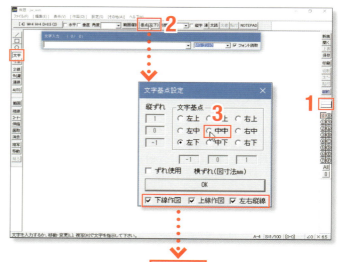

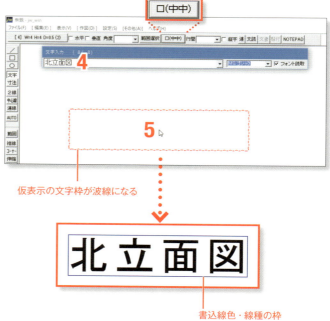

仮表示の文字枠が波線になる

書込線色・線種の枠

No.035 引き出し線付きの文字を記入したい

「／」コマンドで矢印付きの引き出し線を作図した後、文字を記入します。

引き出し線付きの文字を記入する方法

1 「／」コマンドを選択し、コントロールバー「15度毎」にチェックを付ける。

✓ 「15度毎」にチェックを付けると、作図する線の角度が、0°>15°>30°>45°と、15°ごとに固定されます。

2 コントロールバー「＜－－－」にチェックを付ける。

✓ 「＜－－－」にチェックを付けると、線の始点に矢印を作図します。点を作図するには「●－－－」にチェックを付けてください。

3 引き出し線の始点を🖱。

4 終点を🖱。

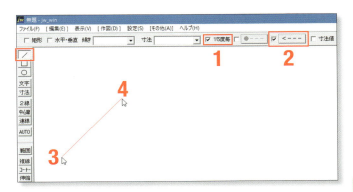

5 コントロールバー「＜－－－」のチェックを外す。

6 始点として、作図した引き出し線の端点を🖱。

7 終点を🖱。

始点に矢印の付いた線が作図される
矢印の大きさ・角度は「寸法設定」での指定に準ずる

8 「文字」コマンドを選択し、コントロールバー「基点」ボタンを🖱して文字の基点を「左中」にする。

9 「文字入力」ボックスに記入する文字（右図では「ガラス　3mm」）を入力する。

10 文字の位置として、7で作図した水平線の右端点を🖱。

上記**1**～**7**で作図した引き出し線に、**9**で入力した文字が記入されます。

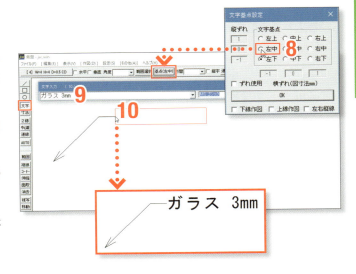

No.036

塗りつぶし（ソリッド）内に白抜き文字を記入したい

書込文字種の「色No.」に「sxf8（白）」を指定してソリッド内に文字を記入することで、白抜きの文字になります。

教材データ：036.jww

ソリッド内に白抜きの文字を記入する方法

1 メニューバー［設定］-「基本設定」を選択する。

2 「jw_win」ダイアログの「DXF・SXF・JWC」タブを🖱。

3 「SXF読込み」欄の「背景色と同じ色を反転する」のチェックを外し、「OK」ボタンを🖱。

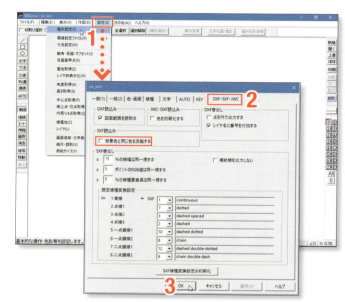

4 「文字」コマンドを選択し、コントロールバー「書込文字種」ボタンを🖱。

5 「書込み文字種変更」ダイアログの「任意サイズ」を🖱。

6 「色No.」ボックスの▼を🖱し、リストから「sxf8」を🖱で選択する。

✓ 文字種［1］～［10］の「色No.」には「sxf8」を指定できないため、**5**で「任意サイズ」を選択します。「色No.」に「sxf8」を指定することで、カラー印刷時の印刷色が「白」になります。

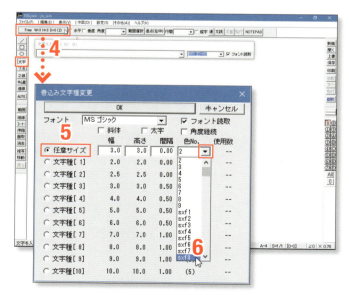

7 「任意サイズ」の「幅」「高さ」「間隔」ボックスの数値を、これから記入する文字の幅・高さ・間隔に変更（ここでは、幅15、高さ15、間隔1）し、「OK」ボタンを🖱。

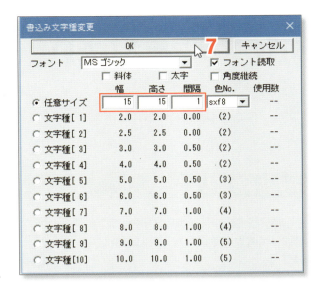

8 「文字入力」ボックスに記入文字（ここでは「2月」）を入力する。

9 文字の基点を「（中中）」に指定し、記入位置を🖱。

白抜きで文字が記入されます。

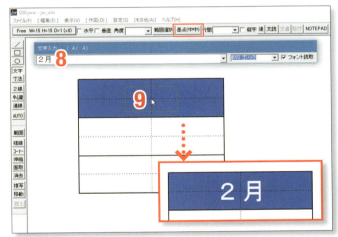

 印刷時の注意点

印刷するときは、必ずコントロールバー「カラー印刷」にチェックを付けて印刷してください。チェックを付けずに印刷（モノクロ印刷）した場合、文字は黒で印刷されます。

　　　　　線色1～8のカラー印刷色の指定方法
　　　　　　　　　　　　　　　　☞ p.208

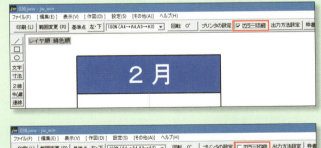

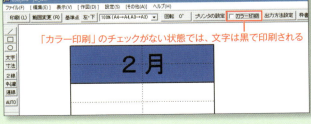

No.037 複数行の文字を記入したい

「文字」コマンドのコントロールバー「行間」ボックスに行間を入力すると、複数行の文字を連続して入力できます。

教材データ：037.jww

複数行の文字を記入する方法

1 「文字」コマンドを選択し、書込文字種（ここでは高さ4mmの文字種4）と「基点（左中）」を指定する。

2 コントロールバー「行間」ボックスに文字の行間として「5」を入力する。

✓ 行間は図寸（mm）で入力します。ここでは、高さ4mmの文字の行間を1mm空けるため、「5」(mm)を入力します。

3 「文字入力」ボックスに1行目の文字（天井：シナ合板　t=6mm）を入力する。

4 1行目の文字の記入位置を🖱。

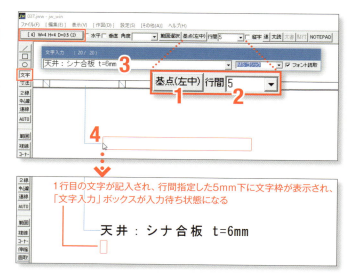

5 「文字入力」ボックスに2行目の文字（「ウレタンクリア塗装」）を入力し、Enterキーを押して確定する。

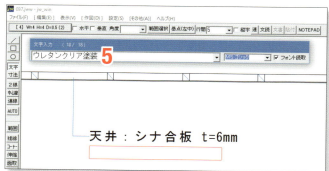

✓ 続けて「文字入力」ボックスに文字を入力し、Enterキーを押して確定することで、3行目の文字を記入できます。3行目以降の文字を記入しない場合は、「文字」コマンド（または他のコマンド）を🖱し、連続行入力を終了します。

6 連続行入力を終了するため、「文字」コマンドを🖱。

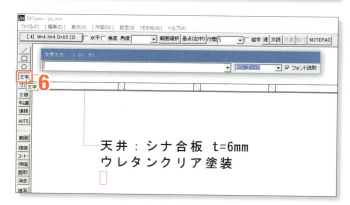

No.038

記入済みの長い文字列を2行に分けたい

「文字」コマンドのコントロールバー「連」ボタンを🖱すると、文字列の連結や切断ができます。

📄 教材データ：038.jww

記入済みの長い文字列を2行に分ける方法

1 「文字」コマンドを選択し、コントロールバー「連」ボタンを🖱。

✅ 「連」ボタンを🖱すると、文字列（文字の最小単位の1行の文字）の連結（🖱指示）、🖱位置での切断、🖱🖱した文字列の移動を行います。

2 2行に分けたい文字列の分ける位置（右図では、「m」と「着」の間）で🖱（切断）。

3 文字「着色の上ウレタンクリア塗装」を🖱🖱（移動）。

4 移動先を🖱。

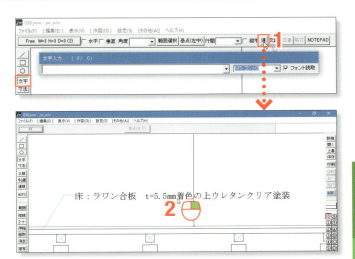

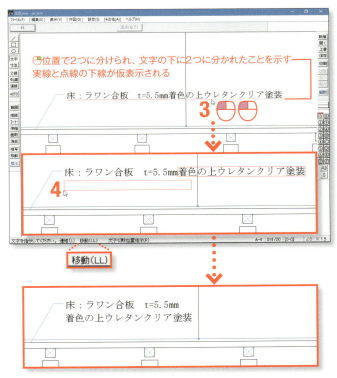

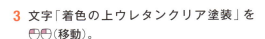

🖱した位置に移動され、2行になります。コントロールバー「〈〈」ボタンを🖱すると「文字」コマンド選択時のコントロールバーに戻ります。

No. 039

縦書きで文字を記入したい

「文字」コマンドのコントロールバー「垂直」と「縦字」にチェックを付けることで、縦書きで文字を記入できます。

教材データ：039.jww

縦書きで文字（バルコニー）を記入する方法

1 「文字」コマンドを選択し、コントロールバー「垂直」にチェックを付ける。

2 コントロールバー「縦字」にチェックを付ける。

3 「文字入力」ボックスに記入文字（バルコニー）を入力する。

☑ 縦書き文字を記入する場合、文字は必ず全角で入力します。半角文字を入力した場合、記入した文字が重なって読めません。また、「バルコニー」の「ー」（音引き）は、「ー」（ハイフン）ではなく ［ほ］ キーの「ー」（全角の音引き）を入力してください。

4 文字の記入位置を🖱。

☑ 「縦字」「垂直」にチェックを付けた場合の文字の基点は下図のようになります。ご注意ください。

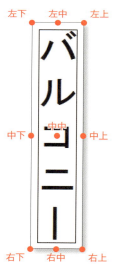

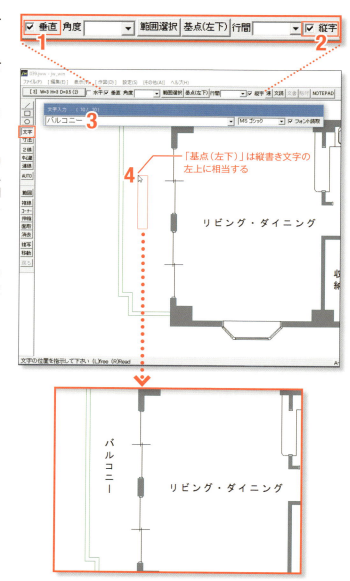

No. 040

隣り合った文字の位置を揃えたい

文字の移動方向を固定して移動することで、隣り合った文字の位置を揃えられます。　　📄 **教材データ：040.jww**

記入済みの文字（浴室）の縦位置を、隣の文字（洗面所）に揃える方法

1 「文字」コマンドを選択する。

2 揃えたい文字「浴室」を🖱（移動・変更）。

✅ 「文字入力」ボックスに入力せず、図面上の文字を🖱することで、文字の移動・変更（書き換え）、🖱することで文字の複写になります。

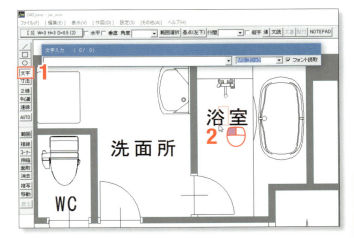

3 コントロールバーの「基点」を確認し、左下でない場合は、「基点」ボタンを🖱して左下にする。

✅ コントロールバー「基点」ボタンを🖱すると、基点は「左下」になります。

4 コントロールバー「任意方向」ボタンを2回🖱し、「Y方向」にする。

✅ コントロールバー「任意方向」ボタンを🖱することで、移動の方向を「X方向」（水平方向に固定）⇒「Y方向」（垂直方向に固定）⇒「XY方向」（水平または垂直に固定）に切り替えできます。

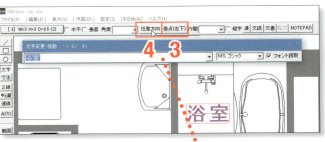

仮表示の文字枠の移動方向が垂直方向に固定される

5 移動先として、揃える先の文字「洗面所」の左下を🖱。

✅ 記入済みの文字の左下と右下は🖱（Read）できます。

2の文字の縦位置が**5**の文字と同じ位置（同じ水平線上）に揃います。

No. 041

記入済みの複数行の文字を中央揃え（左揃え・右揃え）にしたい

「範囲」コマンドで揃えたい文字を選択し、コントロールバー「文字位置・集計」で基準位置を指示することで、左揃え・中央揃え・右揃えにできます。ここでは、複数行の文字を中央揃えにする例でその方法を紹介します。

教材データ：041.jww

複数行の文字を中央揃え（左揃え・右揃え）にする方法

1 「範囲」コマンドを選択する。

2 選択範囲の始点を🖱。

3 表示される選択範囲枠で揃える文字全体を囲み、終点を🖱（文字を含む）。

☑ 選択範囲枠内の文字を選択するには終点を🖱します。選択範囲枠内の文字以外の要素も選択されますが、後の操作に支障はありません。

4 コントロールバー「文字位置・集計」ボタンを🖱。

5 コントロールバー「基点」ボタンを🖱し、「文字基点設定」ダイアログの「中中」を🖱。

☑ 5で「左下」「左中」「左上」のいずれかを選択すると左揃え、「右下」「右中」「右上」のいずれかを選択すると右揃えになります。

6 コントロールバーの「数値入力」ボックスが空白であることを確認する。空白でない場合は、▼を🖱し、リストから「（無指定）」を選択する。

7 文字位置整理の基準点として、文字の中心位置（右図の中心線交点）を🖱。

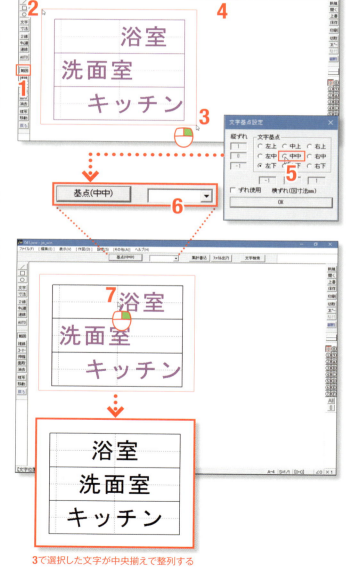

3で選択した文字が中央揃えで整列する

No. 042

記入済みの文字を書き換えたい

文字の書き換えは、「文字」コマンドで書き換える文字を🖱し、「文字変更・移動」ボックスで記入内容を変更します。書き換えの前後で文字数が違う場合、文字の位置がずれるため、その基点に注意しましょう。

📄 教材データ：042.jww

記入済みの文字（洗面室）を（洗面脱衣室に）書き換える方法

1 「文字」コマンドを選択する。

2 書き換える文字「洗面室」を🖱。

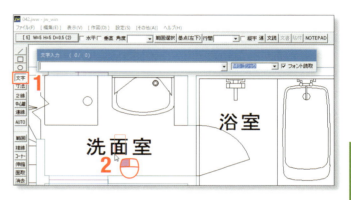

3 「文字変更・移動」ボックスに色反転して表示される「洗面室」の「面」と「室」の間を🖱し、「脱衣」を入力して「洗面脱衣室」にする。

✅ 文字は、現在の基点を基準に書き換えられます。書き換えることで文字の位置がずれないよう、文字の変更を確定する前に基点を確認し、必要に応じて変更してください。

4 コントロールバー「基点」ボタンを🖱。

5 「文字基点設定」ダイアログの「中中」を🖱。

6 [Enter]キーを押し、文字の変更を確定する。

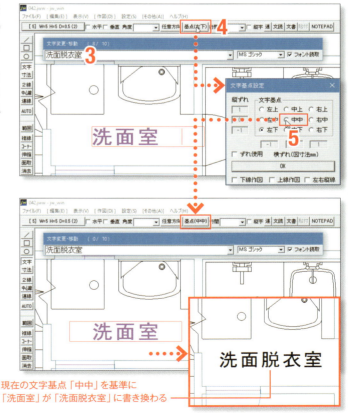

現在の文字基点「中中」を基準に「洗面室」が「洗面脱衣室」に書き換わる

No.043 記入済みの文字の大きさを知りたい

図面に記入済みの文字の大きさは、以下の方法で確認できます。ただし、この方法は寸法図形の寸法値には利用できません。　　　　　　　　寸法値の文字の大きさを知りたい場合 ☞ p.112　　教材データ：043.jww

記入済みの文字の大きさを確認する方法

1 キーボードの[Tab]キーを3回押し、作図ウィンドウ左上に[属性取得]が表示されることを確認する。

[Tab]キーを押すと[図形がありません]と表示される場合は、メニューバー[設定]―「基本設定」を選択し、「jw_win」ダイアログの「KEY」タブの「直接属性取得を行う」のチェックを外し、「OK」ボタンを🖱してください。

2 大きさを知りたい文字（右図では部屋名の「玄関」）を🖱。

作図ウィンドウ左上に**2**で🖱した文字の記述内容・角度・文字種・幅（W＝）・高さ（H＝）・間隔（D＝）・色No.が表示されます。

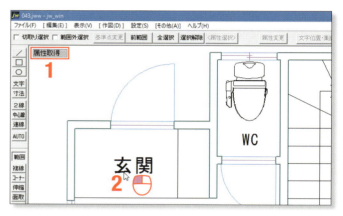

記入済みの文字と同じ大きさで文字を記入するには

文字は記入時の書込文字種（大きさ・色No.）とフォントで記入されるため、書込文字種を記入済みの文字と同じ設定にしたうえで、文字を記入します。
「文字」コマンドを選択して上記**1**～**2**（ただし**1**で[Tab]キーは4回押す）を行うことで、書込文字種が**2**の文字要素と同じになります。

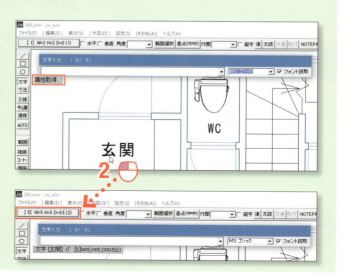

No.044

文字種1～10にない大きさの文字を記入したい

書込文字種として「任意サイズ」を選択し、その大きさを指定することで、文字種1～10にない大きさの文字を記入できます。ここでは、書込文字種として100mm角の大きさの文字を指定する例で説明します。

これから記入する文字を文字種1～10にはない大きさ（100mm角）にする方法

1. 「文字」コマンドを選択し、コントロールバー「書込文字種」ボタンを🖱。

2. 「書込み文字種変更」ダイアログで、これから記入する文字の文字種として「任意サイズ」を🖱。

3. 「任意サイズ」の「幅」ボックスを🖱し、数値を「100」に変更する。同様に、「高さ」ボックスの数値も「100」に変更し、必要に応じて「間隔」ボックスの数値も（右図では「2」に）変更する。

☑ 文字の大きさは、図面の縮尺に左右されない図寸（mm）で指定します。文字の「色No.」は画面上の表示色とカラー印刷時の色を区別するためのもので、文字の太さには関係ありません。

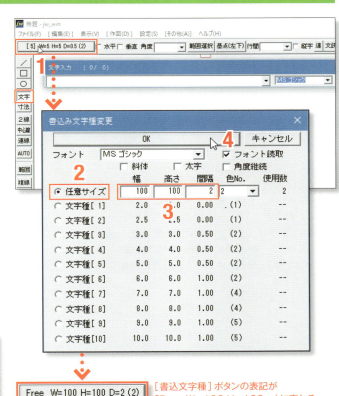

4. 「OK」ボタンを🖱。

5. 「文字入力」ボックスに文字を入力し、記入位置を🖱。

[書込文字種]ボタンの表記が「Free W＝100 H＝100…」に変わる

No.045

文字種1〜10の大きさを変更したい

あらかじめ用意されている文字種1〜10の設定サイズは、基本設定の「jw_win」ダイアログで変更できます。ここでは、文字種[1]の大きさを1.8mmに設定する例で説明します。

あらかじめ用意されている文字種1〜10の大きさ設定を変える方法

1 メニューバー[設定]-「基本設定」を選択する。

2 「jw_win」ダイアログの「文字」タブを🖱。

✅ 「文字」タブでは、文字種1〜10の文字種ごとに大きさ(横・縦・間隔)と色No.を指定します。横(幅)・縦(高さ)・間隔は、図面を印刷したときの大きさ(Jw_cadでは「図寸」と呼ぶ)でmm単位で指定します。色No.は、画面上の表示色およびカラー印刷時の印刷色の種類を表し、線色1〜8を指定できます(文字の太さには関係ない)。

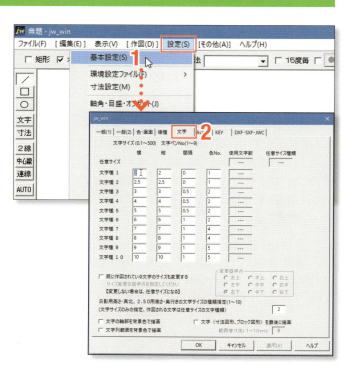

3 大きさ設定を変更する文字種1の「横」ボックスを🖱し、数値を「1.8」に変更する。同様に、「縦」ボックスの数値も「1.8」に変更する。

4 「OK」ボタンを🖱。

✅ ここで設定した文字種ごとの大きさは、図面ファイルに保存されます。ここでは、記入済みの文字の大きさは変更しない前提で、文字種1の大きさ設定を変えました。この図面に文字種1で記入済みの文字がある場合、その文字の大きさは変更されずに、その文字の文字種が任意サイズになります。「既に作図されている文字のサイズも変更する」にチェックを付けると、図面に記入済みの文字種1〜10の大きさも変更されます。

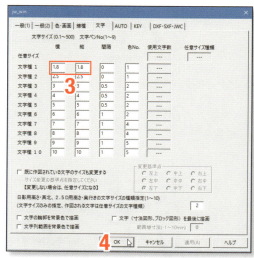

No.046 記入済みの文字の大きさを個別に変えたい

文字の大きさ・色・フォントなど、文字要素が持つ性質を「属性」と呼びます。記入済みの文字の大きさは「属性変更」コマンドで個別に変更できます。ここでは、文字種2で記入済みの文字「洗濯機」をやや小さくするため、文字種1に変更する例で説明します。

教材データ：046.jww

記入済みの文字の大きさを個別に変える方法

1. メニューバー［編集］－「属性変更」を選択する。

2. コントロールバー「書込文字種」ボタンを🖱。

3. 「書込み文字種変更」ダイアログの「文字種[1]」を🖱で選択する。

   ✓ 「属性変更」コマンドでは、指示した文字の属性（文字種およびフォント・斜体・太字）を「書込文字種変更」ダイアログの指定に変更します。

4. コントロールバー「基点」ボタンを🖱。

5. 「文字基点設定」ダイアログで、文字の大きさ変更の基点として「中中」を🖱。

   ✓ 基点を原点として文字の大きさが変更されます。大きさ変更後も文字の中心位置がずれないように、ここでは「中中」を指定します。

6. 文字のレイヤが変更されないよう、コントロールバー「書込みレイヤに変更」のチェックを外す。

7. 大きさ変更する文字「洗濯機」を🖱。

   ✓ 変更対象の文字は🖱で指示します。7の文字「洗濯機」が文字種1に変更されます。

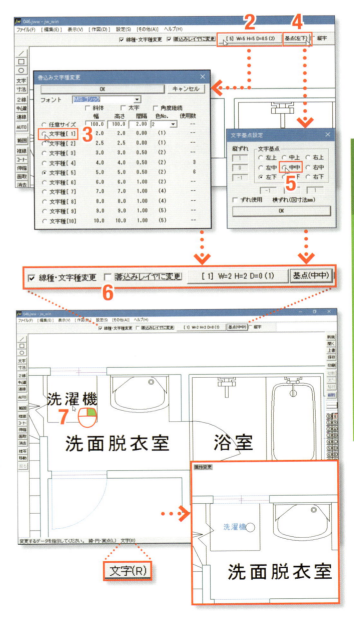

No.047

記入済みの文字の大きさをまとめて変えたい

「範囲」コマンドの「属性変更」で、指定した複数の文字の大きさをまとめて変更できます。ここでは、文字種2〜文字種5で記入済みの複数の文字を、それよりも小さい文字種4にまとめて変える例で説明します。

教材データ：047.jww

記入済みの文字の大きさをまとめて変える方法

1 「範囲」コマンドを選択する。

2 選択範囲の始点を🖱。

3 表示される選択範囲枠で大きさを変更する文字全体を囲み、終点を🖱（文字を含む）。

✓ 選択範囲枠内の文字を選択するため、終点を🖱します。選択範囲枠内の文字以外の要素も選択されますが、今後の操作に支障はありません。

4 コントロールバー「属性変更」ボタンを🖱。

5 属性変更のダイアログの「書込【文字種類】に変更」を🖱。

6 「書込み文字種変更」ダイアログで、変更後の「文字種[4]」を🖱で選択する。

✓ 文字種1〜10にないサイズに変える場合は、「任意サイズ」を選択し、「幅」「高さ」ボックスに1文字の幅と高さ（mm）を指定します。

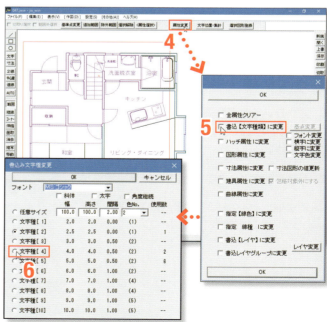

7 属性変更のダイアログの「基点変更」ボタンを🖱。

8 「文字基点設定」ダイアログの「中中」を🖱で選択する。

 大きさを変更する文字の中心位置がずれないよう、ここで文字の大きさ変更の基点を「中中」に指定します。

9 属性変更のダイアログの「OK」ボタンを🖱。

3で選択した複数の文字が、その「中中」を基準に文字種4（4mm角・色No.2）に変更されます。

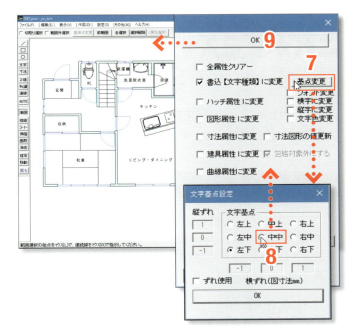

特定の文字種だけを変更対象にするには

前ページ3の後に次の操作をすることで、範囲選択した文字から特定の文字種（ここでは文字種5）の文字だけを選択できます。

1 コントロールバー「〈属性選択〉」ボタンを🖱。

2 属性選択のダイアログで「文字種類指定」を🖱。

3 「文字種選択」ダイアログの「文字種[5]」にチェックを付けて、「OK」ボタンを🖱。

4 属性選択のダイアログの「OK」ボタンを🖱。

前ページ3で選択した文字のなかから、文字種5の文字だけが選択されます。続けて、前ページ4以降の操作を行ってください。

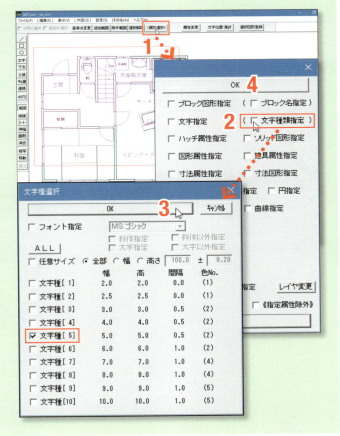

No. 048 これから記入する文字のフォントを変えたい

Jw_cadの初期設定では、文字はMSゴシックで記入されます。文字のフォントは、文字種にかかわりなく、記入する文字ごとに「文字入力」ダイアログの「フォント」ボックスで指定できます。

これから記入する文字のフォントを（MS明朝に）指定する方法

1 「文字」コマンドを選択し、「文字入力」ダイアログの「フォント」ボックスの▼を🖱し、表示されるリストから「MS明朝」を🖱で選択する。

✓ このリストには、使用しているパソコンに入っている日本語のTrueTypeフォントが表示されます。そのため、表示されるフォント名が右図とは異なる場合があります。

2 「文字入力」ボックスに記入文字を入力し、記入位置を🖱。

「文字入力」ダイアログの「フォント」ボックスのフォント（MS明朝）で文字が記入されます。

 他のフォントの指定方法

これから記入する文字のフォントは、コントロールバー「書込文字種」ボタンを🖱して開く「書込み文字種変更」ダイアログの「フォント」ボックスでも指定できます。

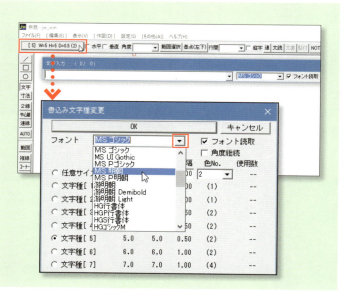

No. 049

記入済みの文字のフォントを変えたい

「文字入力」ダイアログの「フォント」ボックスで変更後のフォントを指定し、記入済みの文字を移動・変更操作することで、その文字のフォントを変更できます。　複数の文字のフォントを一括して変更する方法 ☞ p.214

教材データ：049.jww

記入済みの文字のフォントを個別に（MS明朝に）変える方法

1　「文字」コマンドを選択し、「フォント」ボックスの▼を🖱して、表示されるリストから「MS明朝」を🖱で選択する。

2　「文字入力」ダイアログの「フォント読取」のチェックを外す。

✅　「フォント読取」のチェックを外すことで、文字の移動・変更・複写をするとき、🖱（または🖱）した文字のフォントを読み取らず、現在の「フォント」ボックスで指定されているフォントで移動・変更・複写を行います。

3　フォントを変更する文字を🖱（移動・変更）。

4　[Enter]キーを押す。

✅　ここでは、文字の内容や位置は変更せずにフォントだけを変更するため、「文字変更・移動」ボックスの内容を変更せずに、[Enter]キーを押します。

上記**3**で🖱した文字のフォントが、現在の「フォント」ボックスで指定のフォント（上記**1**で指定したMS明朝）に変更されます。

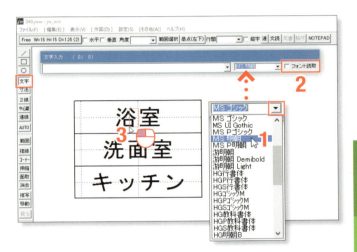

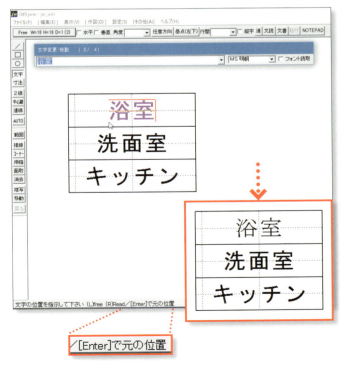

No.050 記入済みの文字の色を変えたい

文字の色の違いは、画面表示色およびカラー印刷色の違いで、文字の太さとは関係ありません。本書の教材図面「50.jww」では、「線色1」の要素はカラー印刷時に赤で印刷されます。文字を黒で印刷するため、線色1の文字を線色2に変更する例で説明します。

教材データ：50.jww

CASE 1　文字種ごとの文字色を変更する方法

カラー印刷色の区別を示す文字の色は、文字種ごとに基本設定の「jw_win」ダイアログの「文字」タブで指定されています。「色No.」が「1」に設定されている文字種の「色No.」を「2」に変更することで、文字色を変更します。

1 メニューバー［設定］−［基本設定］を選択する。

2 「jw_win」ダイアログの「文字」タブを🖱。

3 「色No.」が「1」に設定されている文字種3の「色No.」ボックスを🖱し、「2」に変更する。

☑ 「文字使用数」ボックスに数字が表示されている文字種（右図では文字種3）が図面で使用されています。文字種1・2は図面で使用されていないため、「色No.」が「1」に設定されていても変更する必要はありません。

4 「既に作図されている文字のサイズも変更する」にチェックを付ける。

☑ 「色No.」指定を変更し、4のチェックを付けることで、記入済みの文字種3の文字色を変更できます。

5 「OK」ボタンを🖱。

上記操作で色変更されない文字は「任意サイズ」の文字です。任意サイズの文字の色を変更する方法は、次ページのCASE 2を参照してください。

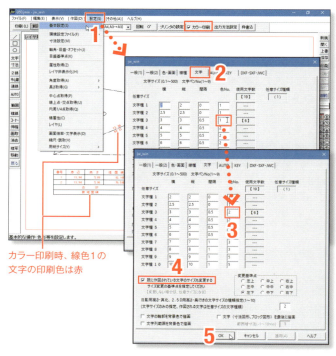

カラー印刷時、線色1の文字の印刷色は赤

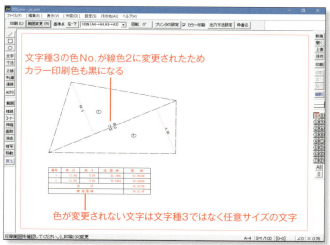

文字種3の色No.が線色2に変更されたためカラー印刷色も黒になる

色が変更されない文字は文字種3ではなく任意サイズの文字

CASE 2　任意サイズの文字の色を変更する方法

前ページの方法で印刷色が変わらない文字は、「任意サイズ」の文字です。書込文字種を「任意サイズ」にして記入した文字のほか、図面の縮尺変更（☞p.170）や他の図面からの「コピー」＆「貼付」（☞p.180）した図面の文字が「任意サイズ」になる場合があります。
任意サイズの文字色を変更するには、以下の手順で行います。

1　「範囲」コマンドを選択する。

2　範囲選択の始点を🖱。

3　表示される選択範囲枠で色変更する文字を囲み、終点を🖱（文字を含む）。

4　選択範囲枠に入るすべての要素が選択色になるので、コントロールバー「属性変更」ボタンを🖱。

5　属性変更のダイアログで、「文字色変更」を🖱。

6　「線属性」ダイアログで、変更後の色No.として「線色2」を選択し、「OK」ボタンを🖱。

7　属性変更のダイアログの「OK」ボタンを🖱。

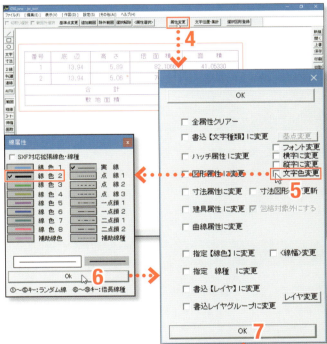

この方法で文字種1～10の文字要素の色No.を変更した場合、それらの文字要素の文字種は「任意サイズ」に変更されます。

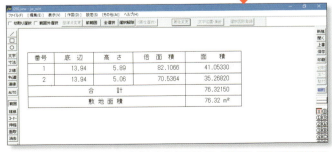

3で選択した文字の色が、6で指定した線色2（カラー印刷色：黒）に変更される

No.051 文字をうまく消去できない

どのような状況でうまくできませんか。いくつかのケースとその原因および対処方法を紹介します。自分の状態と同じと思われるケースを参考にしてください。

CASE 1 「消去」コマンドで文字を🖱すると、文字が消えずに近くの線が消える場合

「消去」コマンドでは、線も文字も🖱で消去するため、文字の近くの線が消去される場合があります。
「消去」コマンドのコントロールバー「選択順切替」ボタンを🖱し、文字を優先的に消すモードに切り替えたうえで、消去対象の文字を🖱して消してください。

CASE 2 「消去」コマンドで🖱しても文字が消えない場合

🖱したときに 図形がありません と表示される場合は、マウスポインタの先を消したい文字に正確に合わせて🖱してください。このメッセージが表示されずに文字が消えない場合は、同じ文字がいくつか重なっています。
p.144を参照し、「データ整理」コマンドの「重複整理」または「連結整理」を行い、重なった同じ文字を1つに整理したうえで、消去してください。

CASE 3 消す対象として文字を選択範囲枠で囲んでも文字が選択されない場合

消去対象の文字を選択範囲枠で囲んでも文字が選択されないのは、選択範囲枠の終点を🖱していることが原因です。終点を🖱（文字を除く）した場合には、選択範囲枠内の文字は選択されません。
文字を選択するには、範囲の終点を🖱（文字を含む）してください。

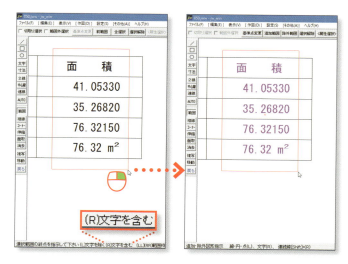

No.052 文字だけをまとめて消したい

他の要素を残して、文字だけをまとめて消すには、「消去」コマンドの「範囲選択消去」で消す対象を範囲選択した後、文字だけを選択して消します。ここでは、表の罫線を残して文字だけをまとめて消す例で、その方法を説明します。

教材データ：052.jww

文字だけをまとめて消す方法

1 「消去」コマンドを選択する。

2 コントロールバー「範囲選択消去」ボタンを🖱。

3 範囲選択の始点を🖱。

4 表示される選択範囲枠に消したい文字が入るよう囲み、終点を🖱（文字を含む）。

> ✅ 終点を🖱した場合、文字は選択されません。終点を🖱することで、文字も含め選択範囲枠に入るすべての要素が選択色になります。次の操作で、選択色の要素から文字要素だけを選択します。

5 コントロールバー「〈属性選択〉」ボタンを🖱。

6 属性選択のダイアログの「文字指定」を🖱し、チェックを付ける。

7 「【指定属性選択】」にチェックが付いていることを確認し、「OK」ボタンを🖱。

8 コントロールバー「選択確定」ボタンを🖱。

選択色の文字要素だけが消去されます。

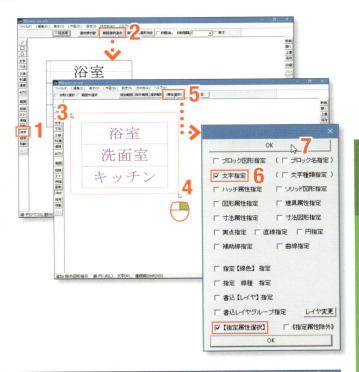

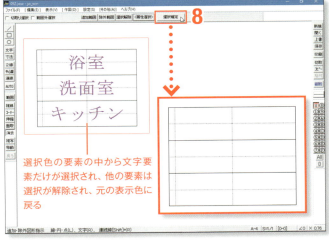

選択色の要素の中から文字要素だけが選択され、他の要素は選択が解除され、元の表示色に戻る

No.053

すべての文字の向きを水平にしたい

図面全体を90°回転すると、記入済みの文字の向きも90°回転します。「データ整理」コマンドで、そうした文字の向きをまとめて水平にできます。

教材データ：053.jww

すべての文字の向きをまとめて水平にする方法

1. メニューバー［編集］−「データ整理」を選択する。

2. 範囲選択の始点を🖱。

3. 表示される選択範囲枠ですべての文字を囲み、終点を🖱（文字を含む）。

   ✓ 選択範囲枠内の文字を選択するため、終点を🖱します。選択範囲枠内の文字以外の要素も選択されますが、今後の操作に支障はありません。

4. コントロールバー「選択確定」ボタンを🖱。

5. ステータスバー「軸角」ボタンが「∠0」になっていることを確認する。

6. コントロールバー「文字角度整理」ボタンを🖱。

   ✓ 「文字角度整理」は、文字の角度を現在の「軸角」の角度に変更します。ステータスバー「軸角」ボタンが「∠0」になっていない場合は、「軸角」ボタンを🖱し、「軸角・目盛・オフセット　設定」ダイアログの「軸角設定」のチェックを🖱して外してステータスバー「軸角」ボタンを「∠0」にしたうえで、**6**の操作を行ってください。

選択したすべての文字の向きが、各文字の「中中」を基準にして水平（0°）になります。

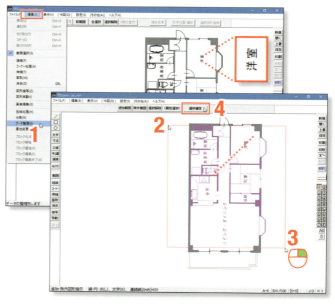

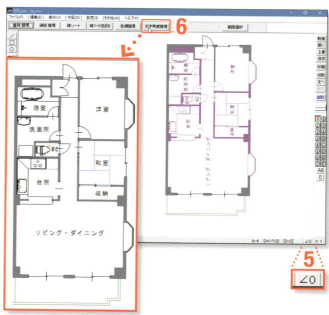

No.054

記入した文字が枠付きになってしまう

文字が枠付きになるのは、2つの原因が考えられます。以下のCHECK 1から順に確認してください。

CHECK 1　「【文字枠】を表示する」設定を無効にする

画面表示上、文字を枠付きで表示する機能が有効になっている可能性があります。この場合の枠は印刷されません。
以下の手順で枠表示機能を無効にできます。

1 ステータスバー「**表示倍率**」ボタン（またはメニューバー[**設定**]-「**画面倍率・文字表示**」）を🖱。

2 「**画面倍率・文字表示　設定**」ダイアログの「**【文字枠】を表示する**」のチェックを外し、「**設定OK**」ボタンを🖱。

画面に表示されていた文字の枠が消えます。この方法で文字の枠が消えない場合はCHECK 2を参照してください。

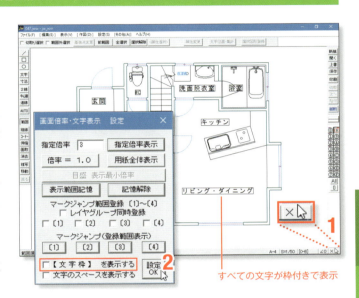

すべての文字が枠付きで表示

CHECK 2　文字の枠作図設定を無効にする

文字記入のとき、文字とともに枠を作図する設定（→p.72）が有効になっています。
設定を無効にしましょう。

1 「**文字**」コマンドを選択し、コントロールバー「**基点**」ボタンを🖱。

2 「**文字基点設定**」ダイアログの「**下線作図**」「**上線作図**」「**左右縦線**」のチェックを外し、「**OK**」ボタンを🖱。

以上で、枠作図の設定は無効になり、これから記入する文字に枠は作図されません。枠作図の設定が有効な状態で記入した文字の枠は、設定を無効にしても消えずに残ります。これらの枠（線）は、「**消去**」コマンドで消してください。

▼文字の枠を作図する設定が有効な場合

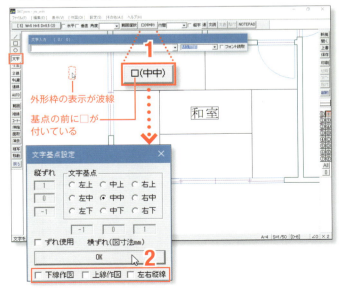

外形枠の表示が波線

基点の前に□が付いている

No.055 斜めの線に傾きを合わせて寸法を記入したい

「寸法」コマンドのコントロールバー「傾き」ボックスに角度を指定すると、寸法を指定角度に傾けて記入できます。寸法の記入対象となる線の角度がわからない場合は、「角度取得」の機能を利用します。　教材データ：055.jww

斜めの線に傾きを合わせて寸法を記入する方法

1 「寸法」コマンドを選択する。

2 メニューバー［設定］-「角度取得」-「線角度」を選択する。

☑ 「線角度」では、次の**3**で🖱した線の角度を取得し、その角度をコントロールバー「傾き」ボックスに自動的に入力します。

3 寸法を記入する斜めの線を🖱。

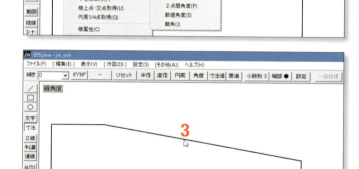

4 コントロールバーで引出線タイプ（ここでは「－」）を指定し、寸法線の作図位置を🖱。

☑ 寸法のガイドラインがコントロールバー「傾き」ボックスの角度で表示されます。**4**で引出線タイプ「＝」を指定した場合は、寸法補助線（引出線）の始点と寸法線の作図位置を、「＝（1）」「＝（2）」を指定した場合は基準点を指示します。

5 寸法の始点を🖱。

6 寸法の終点を🖱。

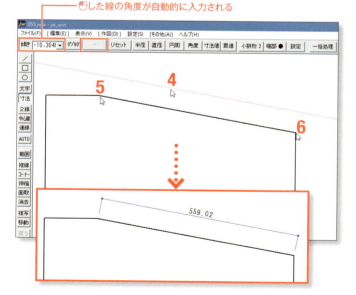

No.056

寸法の指示点から寸法補助線を記入したい

「寸法」コマンドのコントロールバーで引出線タイプ「-」を指定することで、寸法の始点・終点として指示した点から寸法補助線（Jw_cadでは「引出線」と呼ぶ）が作図されます。

教材データ：056.jww

寸法の指示点から寸法補助線を作図する方法

1. 「寸法」コマンドを選択し、コントロールバー引出線タイプボタンを何度か（左クリック）し、「-」にする。

   ✓ 引出線タイプボタンを（左クリック）することで、「=」⇒「=(1)」⇒「=(2)」⇒「-」に切り替わります。

2. 寸法線の作図位置を（左クリック）。

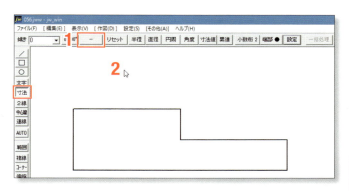

3. 始点を（左クリック）。

4. 終点を（左クリック）。

5. 連続入力の終点を（左クリック）。

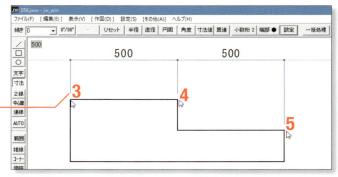

始点・終点の指示点より一定間隔を空けた位置から寸法補助線（引出線）が作図される

指示点から寸法補助線端部までの間隔

寸法の始点・終点として指示した点から寸法補助線までの間隔は、コントロールバー「設定」ボタンを（左クリック）して開く「寸法設定」ダイアログの「指示点からの引出線位置　指定[-]」欄の「引出線位置」ボックスに、図寸（mm：印刷したときの間隔）で指定します。寸法の始点・終点から間隔を空けずに寸法補助線を作図する場合は、「引出線位置」ボックスの値を「0」にして寸法を記入します。

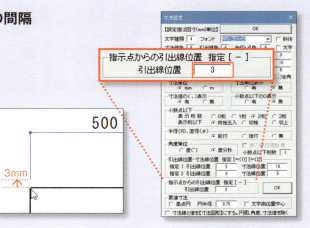

No.057 寸法補助線を常に同じ長さに揃えたい

「寸法」コマンドの引出線タイプ「＝（1）」と「＝（2）」を利用することで、寸法補助線（Jw_cadでは「引出線」と呼ぶ）の長さを指定し、常に同じ長さで記入できます。　　　　　　　　　　　　教材データ：057.jww

寸法補助線の長さを（5mmに）揃える方法

1. 「寸法」コマンドを選択し、コントロールバー「設定」ボタンを🖱。

2. 「寸法設定」ダイアログの「引出線位置・寸法線位置　指定［＝（1）］［＝（2）］」欄の指定1、指定2の「引出線位置」ボックスと、「寸法線位置」ボックスが右図の数値になっていることを確認し、「OK」ボタンを🖱。

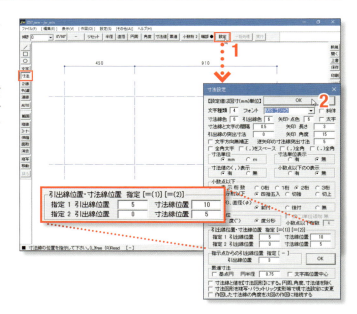

3. コントロールバー引出線タイプボタンを何度か🖱し、「＝（1）」にする。

☑ 引出線タイプボタンを🖱することで、「＝」⇒「＝（1）」⇒「＝（2）」⇒「－」に切り替わります。「＝（1）」と「＝（2）」では、基準点を指示することで、「寸法設定」ダイアログで指定の間隔（図寸mm）離れた位置に、引出線始点のガイドラインと寸法線位置のガイドラインを表示します。

4. 基準点として、右図の端点を🖱。

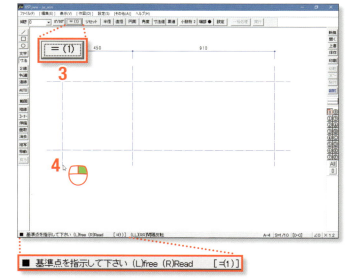

5 始点を🖱。

6 終点を🖱。

7 連続入力の終点を🖱。

8 コントロールバー「リセット」ボタンを🖱し、寸法位置指定を解除する。

4で指示した基準点から5mm離れた位置が引出線始点に、基準点から10mm離れた位置が寸法線位置になり、ガイドラインが表示される

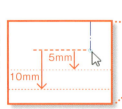

9 コントロールバー引出線タイプ「＝(1)」ボタンを🖱し、「＝(2)」にする。

10 基準点として、右図の寸法線端点を🖱🖱（間隔反転）。

☑ コントロールバー「傾き」ボックスが「0」の場合、「＝(1)」「＝(2)」のガイドラインは、基準点をクリックすることで下側に表示されます。ガイドラインを上側に表示するには、基準点をダブルクリックします。

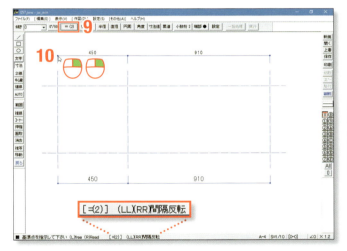

11 始点を🖱。

12 終点を🖱。

10で指示した基準点位置が引出線始点に、基準点から5mm離れた位置が寸法線位置になり、上側にガイドラインが表示される

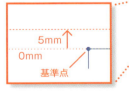

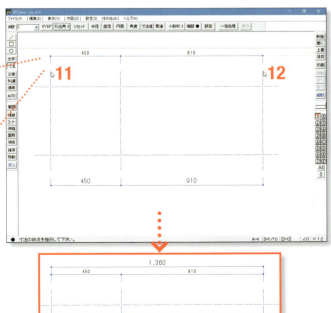

No.058 複数の寸法を一括して記入したい

「寸法」コマンドのコントロールバー「一括処理」は、複数の線間の寸法を一括して記入します。

教材データ：058.jww

複数の線間の寸法を一括して記入する方法

1 「寸法」コマンドを選択し、コントロールバーで引出線タイプ（ここでは「－」）を指定する。

2 寸法線の作図位置を🖱。

3 コントロールバー「一括処理」ボタンを🖱。

4 一括処理の始線として、左端の線を🖱。

5 一括処理の終線として、右端の線を🖱。

☑ 5の終線指示時、赤点線に交差する線がすべて寸法一括処理の対象になります。

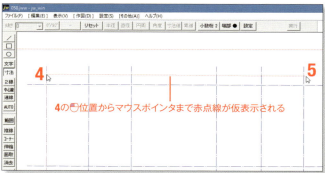

6 コントロールバー「実行」ボタンを🖱。

☑ 6の前の段階で線を🖱することで、対象から除外または追加できます。

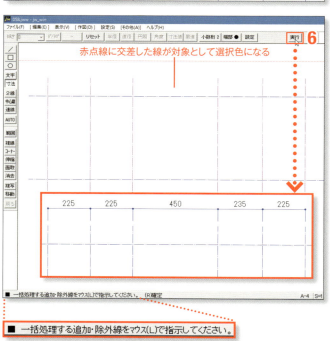

上記6の段階で選択色になっていた線間の寸法が一括記入されます。

No.059

寸法補助線のない寸法を記入したい

「寸法」コマンドで、コントロールバー引出線タイプを「−」にして、寸法の始点・終点をガイドライン上で指示すると、寸法補助線なしの寸法が作図されます。

教材データ：059.jww

寸法補助線のない寸法を記入する方法

1 「寸法」コマンドを選択し、コントロールバー引出線タイプボタンを何度か🖱し、「−」にする。

2 寸法線の作図位置を🖱。

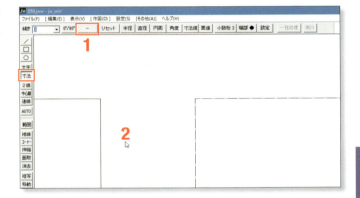

3 寸法の始点として、ガイドラインとの交点を🖱。

4 寸法の終点として、ガイドラインとの交点を🖱。

☑ 寸法の始点・終点は、必ずガイドラインと既存の線との交点を指示してください。ガイドラインから離れた位置を指示すると、その位置からガイドラインまでの寸法補助線（引出線）が作図されます。

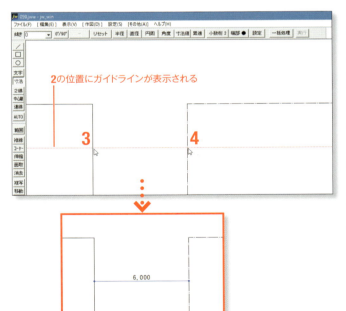

No.060 寸法値だけを記入したい

「寸法」コマンドの「寸法値」で寸法を記入する2点を指示すると、寸法線や寸法補助線がない状態で2点間の寸法値だけを記入できます。

教材データ：060.jww

寸法線と寸法補助線をかかずに寸法値だけを記入する方法

1 「寸法」コマンドを選択し、コントロールバー「寸法値」ボタンを🖱。

☑ 「寸法値」では、2点間の寸法値の記入や寸法値の移動・変更を行います。2点間の寸法値を記入するには、1点目を🖱で指示します。

2 寸法の始点を🖱。

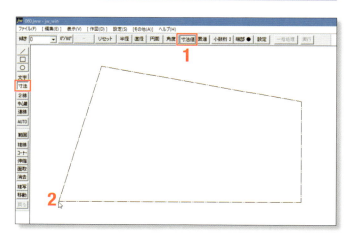

3 寸法の終点を🖱。

☑ 「寸法値」では、始点⇒終点に対し、左側に2点間（**2**-**3**）の寸法値を記入します。次の点を🖱（連続入力の終点）することで、**3**から次の点までの寸法値が記入されます。

4 寸法の次の終点を🖱（連続入力の終点）。

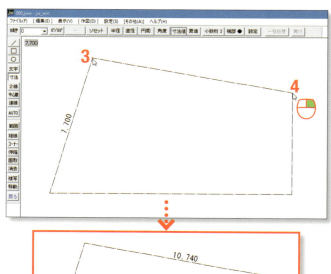

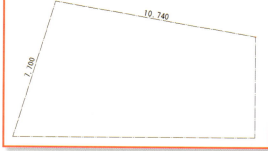

No.061

円の半径寸法・直径寸法を記入したい

「寸法」コマンドの「半径」「直径」を選択して、半径寸法や直径寸法を記入します。

教材データ：061.jww

円の半径寸法を記入する方法

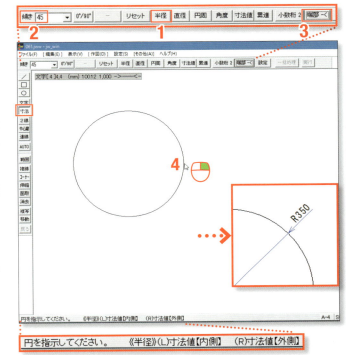

1 「寸法」コマンドを選択し、コントロールバー「半径」ボタンを🖱。

 直径寸法を記入する場合は「直径」ボタンを🖱します。「直径」を選択した場合も、以降の操作は同じです。

2 コントロールバー「傾き」ボックスに、半径寸法を記入する角度（右図では「45」）を入力する。

3 コントロールバー端部形状（右図では「端部ー＜」）を指定する。

4 半径寸法を記入する円を🖱（または🖱）。

 4で🖱した場合は円の内側に、🖱した場合は円の外側に、半径寸法が記入されます。

✏ R、φの指定と寸法端部形状

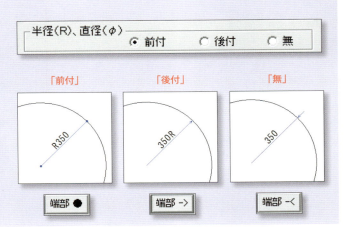

半径の「R」、直径の「φ」は、コントロールバー「設定」ボタンを🖱して開く「寸法設定」ダイアログの「半径(R)、直径(φ)」欄で、「前付」「後付」「無」のいずれかを指定します。
また、3の「端部」ボタンの指定により記入される寸法の端部形状が異なります。
右図は、それぞれ「半径(R)、直径(φ)」欄の3種類の設定と寸法端部の指定で、円を🖱して内側に作図した半径寸法です。

No.062

円・円弧上の2点間の円周寸法を記入したい

円周上の2点間の寸法は、「寸法」コマンドの「円周」で記入します。

教材データ：062.jww

円・円弧上の2点間の円周寸法を記入する方法

1 「寸法」コマンドを選択し、コントロールバー引出線タイプ（右図では「−」）を指定する。

2 コントロールバー「円周」ボタンを🖱。

3 コントロールバー「端部」ボタンで寸法端部の形状（右図では「端部●」）を指定する。

4 円周寸法を記入する対象の円・円弧を🖱。

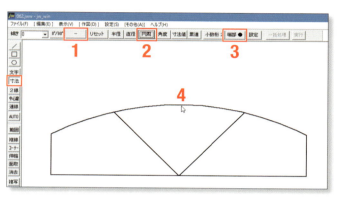

5 寸法線の作図位置を🖱。

> ✓ **1**で引出線タイプ「=」を指定した場合は、寸法補助線（引出線）の始点と寸法線の作図位置を指示します。「=（1）」「=（2）」を指定した場合は、基準点を指示します。

6 寸法の始点を🖱。

7 寸法の終点を🖱。

> ✓ 寸法を記入する2点（始点と終点）は、左回りで指示します。

6−**7**間の円周寸法が、**5**のガイドライン上に記入されます。

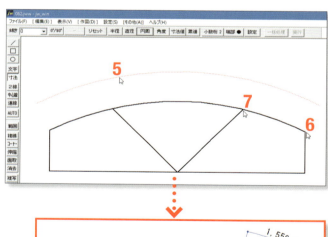

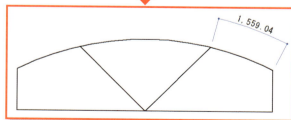

No.063 角度を記入したい

「寸法」コマンドのコントロールバー「角度」で角度を記入できます。

教材データ：063.jww

2本の線間の角度を記入する方法

1 「寸法」コマンドを選択し、コントロールバーで、引出線タイプと端部形状（右図では「ー」・「端部ー＞」）を指定する。

2 コントロールバー「角度」ボタンを。

3 角度測定の原点を。

4 寸法線の作図位置を。

☑ 1で引出線タイプとして「＝」を指定した場合は寸法補助線（引出線）の始点と寸法線の作図位置を、「＝(1)」「＝(2)」を指定した場合は基準点を指示します。

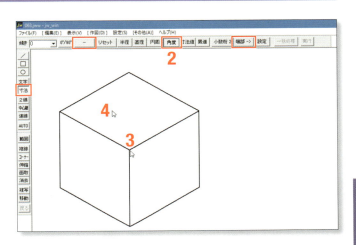

5 角度測定の始点として、対象線とガイドラインの交点を。

6 角度測定の終点として、もう一方の対象線とガイドラインの交点を。

☑ 始点と終点は必ず左回りで指定します。

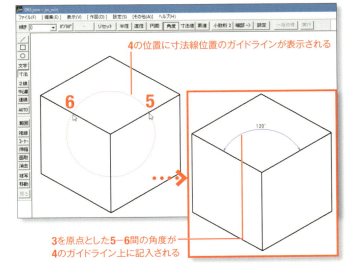

4の位置に寸法線位置のガイドラインが表示される

3を原点とした5ー6間の角度が4のガイドライン上に記入される

 角度表記単位の切り替え

角度寸法の記入前に、コントロールバー「設定」ボタンをで開く「寸法設定」ダイアログの「角度単位」欄で、度（°）⇔度分秒を切り替えできます。

No.064 寸法をm単位で記入したい

寸法の単位は、「寸法設定」ダイアログで「m」と「mm」を切り替えできます。記入する寸法値の小数点以下の桁数の指定も「寸法設定」ダイアログで行います。ここではm単位にし、小数点以下3桁目を切り捨て、2桁までを記入する例で説明します。

教材データ：064.jww

m単位で寸法を記入する設定

1. 「寸法」コマンドを選択し、コントロールバー「設定」ボタンを🖱。

2. 「寸法設定」ダイアログの「寸法単位」欄で「m」を🖱で選択する。

3. 「寸法単位表示」欄で「有」を🖱で選択する。

   ✓ 3で「有」を選択すると、寸法値に単位「m」を付けて記入します。

4. 「小数点以下」欄の「表示桁数」として「2桁」を🖱で選択し、「表示桁以下」の処理として「切捨」を🖱で選択する。

5. 「小数点以下の0表示」欄で、「有」を🖱で選択する。

6. 「OK」ボタンを🖱。

7. 寸法を記入する。

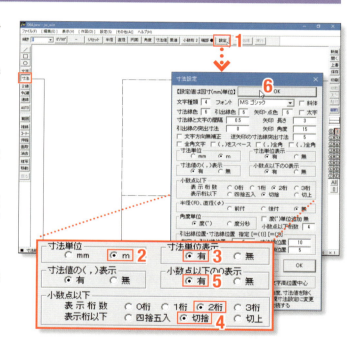

寸法値がm単位で記入されます。3で「寸法単位表示」を「有」にしたため、寸法値の後ろには単位の「m」が記入、小数点以下の桁数は4で指定した2桁（3桁目を切り捨て）となります。5で「小数点以下の0表示」を「有」と指定したため、小数点以下の2桁目が「0」の場合も「0」が記入されます。

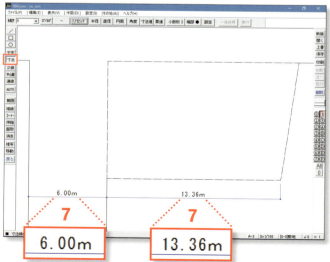

No. 065

寸法線端部の矢印の向きを指定したい

「寸法」コマンドのコントロールバー「端部●」ボタンを🖱することで、寸法端部の形状を「端部●」(実点)⇒「端部ー>」(矢印)⇒「端部ー<」(矢印)に切り替えできます。また、矢印の向きが寸法補助線の外側と内側のどちらに記入されるかは、「端部ー>」「端部ー<」の指定と、寸法の始点⇒終点の指示順によります。

寸法端部の矢印の向きを指定する方法

端部ー> を選択した場合

矢印を寸法補助線の内側に記入するには、始点⇒終点の指示を左⇒右(または下⇒上)の順に行います。

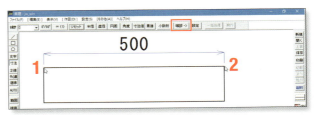

矢印を寸法補助線の外側に記入するには、始点⇒終点の指示を右⇒左(または上⇒下)の順に行います。

※バージョン8.03以降のJw_cadでは、始点⇒終点の順序に関わらず、内側に矢印を記入します。

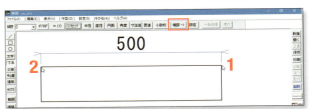

端部ー< を選択した場合

矢印を寸法補助線の内側に記入するには、始点⇒終点の指示を右⇒左(または上⇒下)の順に行います。

矢印を寸法補助線の外側に記入するには、始点⇒終点の指示を左⇒右(または下⇒上)の順に行います。

※バージョン8.03以降のJw_cadでは、外側に矢印を記入します。始点⇒終点の順序によって寸法線が外側まで延長されるか否かの別があります。

記入される矢印の色と大きさ

「寸法」コマンドで、コントロールバー「設定」ボタンを🖱して開く「寸法設定」ダイアログで、「矢印・点色」「矢印長さ」「矢印角度」ボックスで指定します。

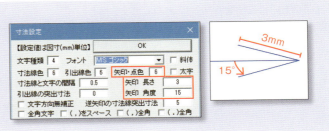

No.066

重なって記入された寸法値をずらしたい

寸法の間隔の狭い部分では、記入された寸法値が隣の寸法値と重なる場合があります。重なった寸法値をずらすには、「寸法」コマンドの「寸法値」で寸法値を🖱して移動します。

📄 教材データ：066.jww

記入済みの寸法値を移動する方法

1 「寸法」コマンドを選択し、コントロールバー「寸法値」ボタンを🖱。

2 移動する寸法値（右図では「25」）を🖱。

❓ 🖱しても 図形がありません と表示される 👉 寸法値の下側（寸法線の側）を🖱してください。

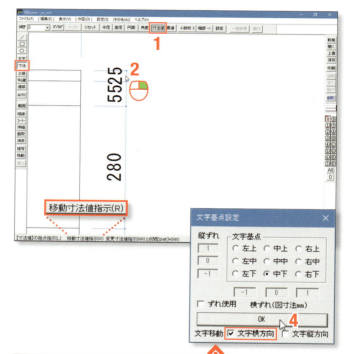

3 移動方向を固定するため、コントロールバー「基点」ボタンを🖱。

4 「文字基点設定」ダイアログの「文字横方向」にチェックを付け、「OK」ボタンを🖱。

✅ 寸法値の移動方向が「文字基点設定」ダイアログでチェックを付けた方向に固定されます。「文字横方向」「文字縦方向」は、画面に対する横と縦ではなく、文字の向きに対する横と縦です。

5 寸法値の移動先を🖱。

🖱位置に寸法値「25」が移動されます。

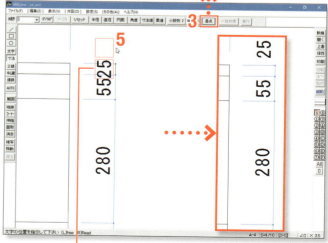

仮表示の文字枠の移動方向が、文字の向きに対して横方向に固定される

No.067

寸法値を書き換えたい

「寸法」コマンドの「寸法値」で書き換えたい寸法値を🖱🖱し、「寸法値を変更してください」ダイアログで寸法値を書き換えます。

教材データ：067.jww

寸法値を（「1,000」を「幅：1,000～1,500」に）書き換える方法

1 「寸法」コマンドを選択し、コントロールバー「寸法値」ボタンを🖱。

2 変更対象の寸法値（右図では「1,000」）を🖱🖱。

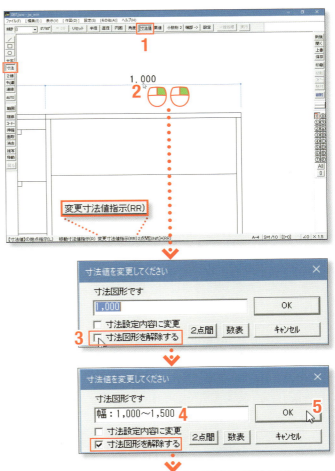

3 「寸法値を変更してください」ダイアログで、「寸法図形を解除する」を🖱し、チェックを付ける。

☑ 2で🖱🖱した寸法値が寸法図形（☞ p.115）の場合、必ずこのチェックを付けます。チェックを付けないで変更すると、移動操作時などに元の寸法値に戻ります。🖱🖱した寸法値が寸法図形ではない場合、「寸法図形を解除する」はグレーアウト表示されるので、3の操作は不要です。

4 キーボードの[半角/全角]キーを押して日本語入力を有効にし、「寸法値」ボックスの数値「1,000」を「幅：1,000～1,500」に書き換える。

5 「OK」ボタンを🖱。

寸法値の変更により、寸法図形は解除され、文字要素（寸法値）と線要素（寸法線）に分解されます。

寸法値が変更され、作図ウィンドウ左上に 幅：1,000～1,500 寸法図形解除 と表示される

No.068

寸法線・寸法補助線（引出線）・端部の点（矢印）の色を変えたい

これから記入する寸法線・寸法補助線（Jw_cadでは「引出線」と呼ぶ）・端部の点（矢印）の線色は、「寸法設定」ダイアログで指定します。記入済みの寸法線・寸法補助線・端部の点（矢印）の線色を変える場合は、通常の線要素の線色変更と同様、「範囲」コマンドで行います（☞ p.172）。

これから記入する寸法線・寸法補助線（引出線）・端部の点（矢印）の色を指定する方法

ここでは、右図の線色で寸法線部を作図するように設定する例で説明します。

1. 「寸法」コマンドを選択し、コントロールバー「設定」ボタンを🖱。

2. 「寸法設定」ダイアログの「寸法線色」ボックスを🖱し、既存の数値を消して、「6」を入力する。同様に、「引出線色」ボックスに「2」を、「矢印・点色」ボックスに「5」を入力する。

   ☑ 「寸法線色」「引出線色」「矢印・点色」ボックスには、線色1～8のいずれかの番号を入力します。

3. 「OK」ボタンを🖱。

以上で完了です。これから記入する寸法の寸法線は線色6、寸法補助線（引出線）は線色2、端部矢印または実点は線色5で作図されます。

☑ 上記2で行った設定は、図面ファイルに保存されます。寸法値の文字の色は、「文字種類」ボックスで指定した文字種の色になります（☞ p.90）。

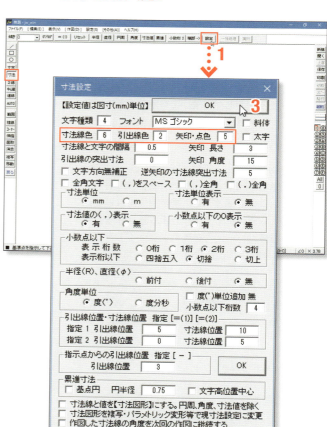

No.069

これから記入する寸法の文字(寸法値)の大きさを指定したい

Jw_cadでは、文字の大きさは文字種1～10の文字種ごとに設定されており、寸法の文字(寸法値)は、それらの文字種1～10の中からいずれかを指定して記入します。

これから記入する寸法値の大きさを(4mm角に)指定する方法

1 寸法を記入する図面ファイルを開き、メニューバー[設定]－「基本設定」を選択する。

2 「jw_win」ダイアログの「文字」タブを🖱し、横・幅4mmの文字の文字種類番号(右図では「文字種4」)を確認し、「OK」ボタンを🖱。

☑ 寸法値として指定したいサイズが文字種1～10にない場合は、文字種1～10のいずれかのサイズを変更(☞ p.84)して、寸法値の文字種として利用してください。

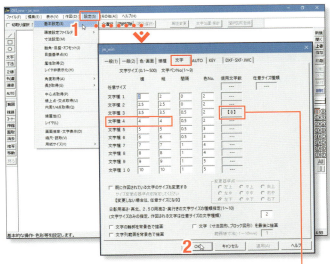

編集中の図面で使用されている文字種は、その使用数が表示される

3 「寸法」コマンドを選択し、コントロールバー「設定」ボタンを🖱。

4 「寸法設定」ダイアログの「文字種類」ボックスを🖱し、既存の数値を消して、**2**で確認した文字種番号「4」を入力する。

5 「OK」ボタンを🖱。

これ以降、記入する寸法の寸法値は、高さ4mmの文字種4で記入されます。**4**で変更した「寸法設定」ダイアログの内容は、図面ファイルに保存されます。

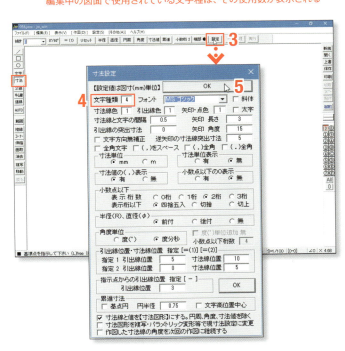

No. 070 記入済みの寸法の文字（寸法値）の大きさを変えたい

印刷した図面の寸法値が小さい（または大きい）と感じた場合、記入済みの寸法値の文字種を確認し、その文字種の大きさを変更することで、記入済みの寸法値の大きさを一度に変更できます。

教材データ：070.jww

記入済みの寸法値の大きさ（4mm角）を（5.5mm角に）変える方法

1 「文字」コマンドを選択する。

2 メニューバー[設定]－「属性取得」を選択する。

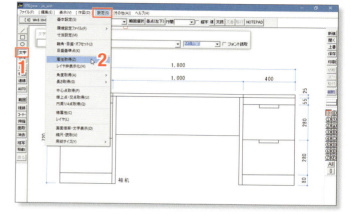

3 作図ウィンドウ左上に 属性取得 と表示されるので、大きさ（文字種）を知りたい寸法値を🖱。

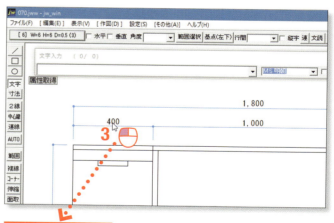

4 コントロールバー「書込文字種」ボタンの表記が**3**で🖱した寸法値の文字種になるので、その表記を確認する（右図では「文字種4」）。

5 メニューバー[設定]－「基本設定」を選択する。

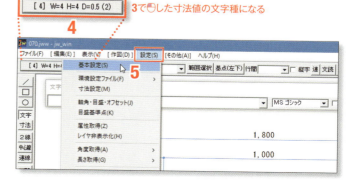

6「jw_win」ダイアログの「文字」タブを🖱。

☑ 「文字」タブでは、文字種1〜10の文字種ごとに大きさ（横・縦・間隔）と色No.を指定します。横（幅）・縦（高さ）・間隔は、図寸（印刷したときの大きさ）mm単位で指定します。

7 文字種4の「横」ボックスを🖱し、「5.5」に変更する。

8 同様に、「縦」ボックスの数値も「5.5」に変更する。

9「既に作図されている文字のサイズも変更する」にチェックを付ける。

10「変更基準点」として「中下」を🖱で選択する。

☑ 記入済みの文字種4の文字の大きさを変えるため、**9**にチェックを付けます。寸法値は寸法線の中央にその中下を合わせて記入されているため、大きさ変更の基準点として、**10**で「中下」を選択します。

11「OK」ボタンを🖱。

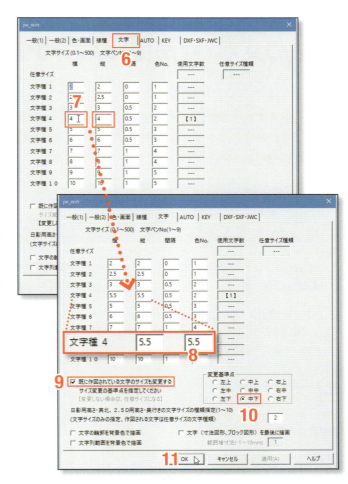

文字種4で記入済みの寸法値の大きさが、その「中下」を基準に、5.5mm角に変更されます。寸法値以外に「文字種4」で記入済みの文字がある場合は、その文字の大きさも5.5mm角に変更されます。

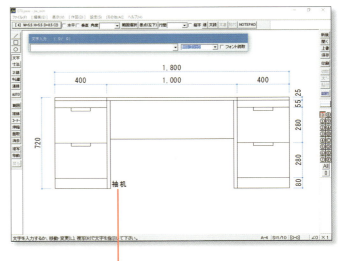

寸法値以外の文字種4の文字の大きさも5.5mm角になる

No.071 寸法の文字（寸法値）のフォントを変えたい

これから記入する寸法の文字（寸法値）のフォントは、「寸法設定」ダイアログで指定します。ここでは、これから記入する寸法値のフォントを「MS明朝」にする例で説明します。記入済みの寸法値のフォントは、通常の文字のフォント変更と同様に、「範囲」コマンドで一度に変更できます。

記入済みの文字のフォントをまとめて変えたい場合 ☞ p.214

これから記入する寸法値のフォントを（MS明朝に）指定する方法

1「寸法」コマンドを選択し、コントロールバー「設定」ボタンを🖱。

2「寸法設定」ダイアログの「フォント」ボックスの▼を🖱し、表示されるリストから「MS明朝」を🖱で選択する。

☑ このリストには、使用しているパソコンに入っている日本語のTrueTypeフォントが表示されます。そのため、表示されるフォント名が右図とは異なる場合があります。

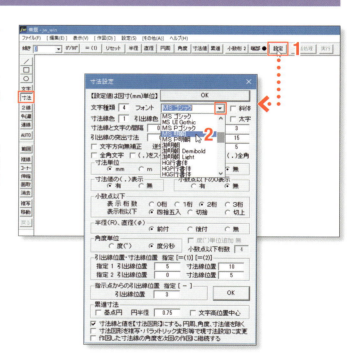

3「OK」ボタンを🖱。

以上で完了です。
これから記入する寸法値のフォントはMS明朝になります。「寸法設定」ダイアログのフォント指定は、図面ファイルには保存されません。再び図面を開いて寸法を記入するときは、「寸法設定」ダイアログで確認・設定してください。

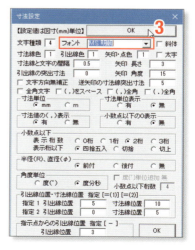

No. 072

寸法値を残して寸法線だけを消したい

寸法線を消すと寸法値も同時に消えてしまうのは、その寸法線と寸法値が1セットの「寸法図形」になっているためです。寸法図形を解除することで、寸法線だけを消すことができます。

教材データ：072.jww

寸法値を残して寸法線だけを消す方法

1 メニューバー［その他］－「寸法図形解除」を選択する。

2 解除対象の寸法線を🖱。

☑ 🖱した寸法図形が解除され、作図ウィンドウ左上に 寸法図形解除 と表示されます。解除された寸法図形の寸法値は文字要素に、寸法線は線要素になります。

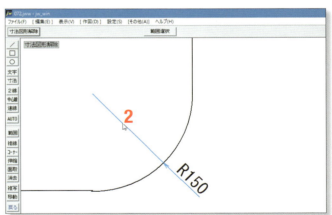

3 「消去」コマンドを選択する。

4 寸法線を🖱。

寸法値を残し、🖱した寸法線だけが消去されます。

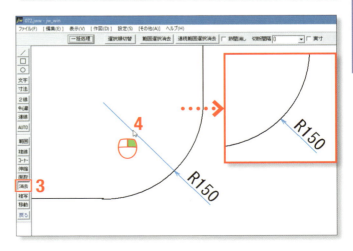

No.073 図面上の距離を知りたい

図面上の2点間の距離は「測定」コマンドで測定します。測定した結果はステータスバーに表示されます。

教材データ：073.jww

図面上の2点間の距離（mm）を測定する方法

1 メニューバー[その他]-「測定」を選択する。

2 コントロールバー「距離測定」が選択されていることを確認し、コントロールバー「mm/【m】」ボタンを🖱して、「【mm】/m」（測定単位mm）にする。

3 測定の始点を🖱。

4 測定の次の点を🖱。

3-4間の距離が表示される

5 測定の次の点を🖱。

別の個所を測定する場合は、コントロールバー「クリアー」ボタンを🖱し、現在の測定結果を消去したうえで測定します。また、コントロールバー「小数桁」ボタンを🖱することで、ステータスバーに表示される数値（測定結果）の小数点以下の桁数を、0、1～4桁、F（有効桁数）に切り替えできます。

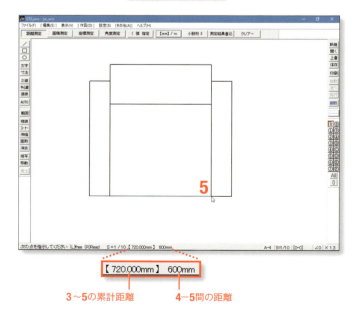

3～5の累計距離　　4-5間の距離

No. 074

2本の線の間隔を知りたい

「測定」コマンドの「距離測定」を選択した状態で以下の操作を行うと、2本の線の間隔を測定できます。

教材データ：074.jww

図面上の2線の間隔（mm）を測定する方法

1. メニューバー［その他］－「測定」を選択する。

2. コントロールバー「距離測定」が選択されていることを確認し、コントロールバー「mm/【m】」ボタンを🖱して、「【mm】/m」（測定単位mm）にする。

3. メニューバー［設定］－「長さ取得」－「間隔取得」を選択する。

4. 基準線として一方の線を🖱。

5. もう一方の線を🖱。

☑ 通常、「間隔取得」では、2本の線（または線と点）の間隔を測定し、選択しているコマンドのコントロールバーの「長さ入力」ボックスに自動入力します。ただし、「測定」コマンドのコントロールバーには「長さ入力」ボックスがないため、測定した間隔はステータスバーに表示されます。

作図ウィンドウ左上とステータスバーに、4－5の間隔が表示されます。

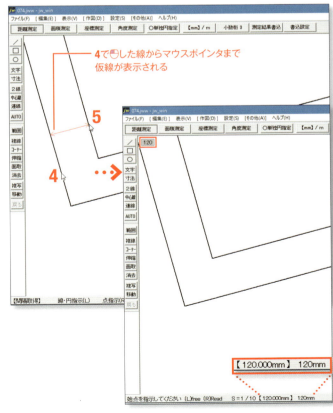

4で🖱した線からマウスポインタまで仮線が表示される

No. 075

円・弧の半径を知りたい

作図済みの円・弧の半径は、「属性取得」で確認できます。

教材データ：075.jww

円・弧の半径を確認する方法

1 キーボードの Tab キーを3回押し、作図ウィンドウ左上に 属性取得 が表示されたことを確認する。

☑ Tab キーを押すと 図形がありません と表示される場合は、メニューバー［設定］—「基本設定」を選択し、「jw_win」ダイアログの「KEY」タブの「直接属性取得を行う」のチェックを外して、「OK」ボタンを🖱してください。

2 半径を確認したい円・弧を🖱。

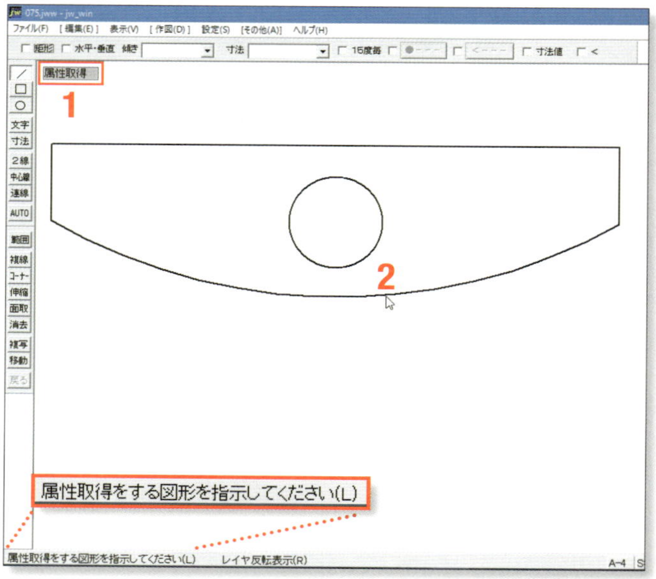

作図ウィンドウの左上に、「円弧r＝」に続けて、**2**で🖱した円・弧の半径が表示されます。

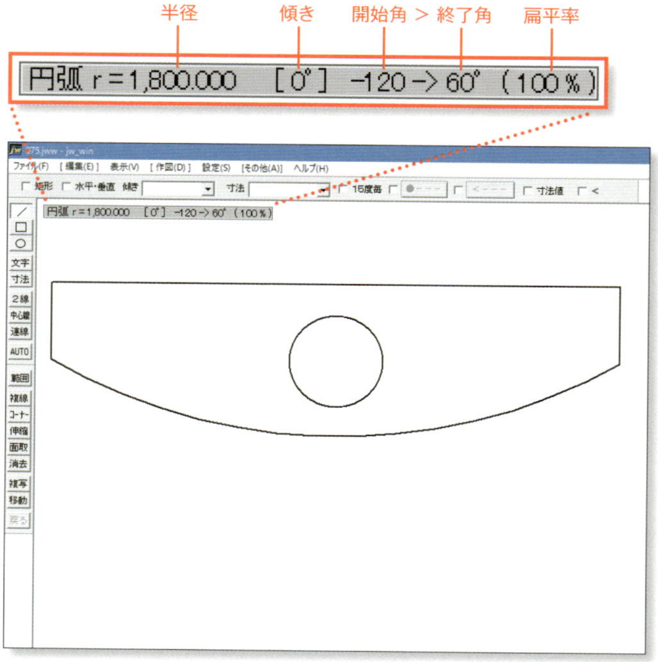

半径　傾き　開始角＞終了角　扁平率

円弧 r＝1,800.000　［0°］　−120→60°　（100％）

No. 076

円・弧の円周の長さを知りたい

作図済みの円・弧の円周の長さは、「測定」コマンドで測定します。

教材データ：076.jww

作図済みの円・弧の円周の長さ（mm）を測定する方法

1 メニューバー［その他］－「測定」を選択する。

2 コントロールバー「mm/【m】」ボタンを🖱し、「【mm】/m」（測定単位mm）にする。

3 コントロールバー「距離測定」が選択されていることを確認し、コントロールバー「○単独円指定」ボタンを🖱。

4 測定対象の円を🖱。

☑ 続けて他の個所を測定する場合は、コントロールバー「クリアー」ボタンを🖱し、現在の測定結果を消去したうえで測定します。

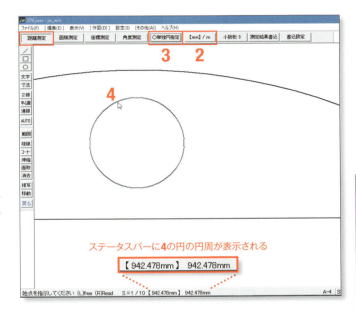

5 コントロールバー「クリアー」ボタンを🖱。

6 測定の始点として弧の端点を🖱。

7 コントロールバー「（ 弧指定」ボタンを🖱。

8 測定対象の弧を🖱。

9 弧のもう一方の端点を🖱。

☑ 続けて他の個所を測定する場合は、コントロールバー「クリアー」ボタンを🖱し、現在の測定結果を消去したうえで測定します。

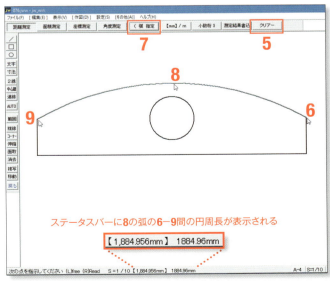

No. 077

図面上の面積を知りたい

面積は、「測定」コマンドの「面積測定」を選択し、面積を測定する範囲（外形）の頂点を順次🖱️していくことで測定します。ここでは、円弧を含む範囲の面積をm単位で測定する例で説明します。

📄 教材データ：077.jww

図面上の面積を測定する方法

1. メニューバー［その他］－「測定」を選択し、コントロールバー「面積測定」ボタンを🖱️。

2. コントロールバーで測定単位をm（「mm/【m】」）にして、小数桁を「2」にする。

3. 測定の開始点を🖱️。

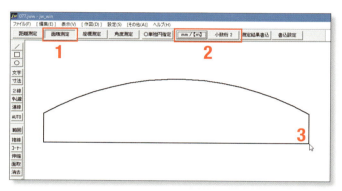

4. 次の点（弧の始点）を🖱️。

5. コントロールバー「(弧指定」ボタンを🖱️。

6. 円弧を🖱️。

7. 円弧の終点を🖱️。

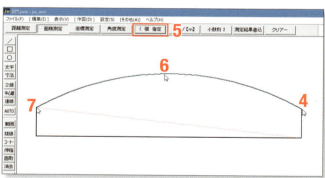

8. 次の点を🖱️。

ステータスバーの【 】内に、3～8で囲まれた範囲内の面積が、小数桁2桁までm単位で表示されます。

☑ コントロールバー「測定結果書込」ボタンを🖱️し、記入先をクリック指示することで、測定結果の数値を図面上に記入できます。記入される数値の文字種や単位表示などは、測定前（3の操作前）にコントロールバー「書込設定」ボタンを🖱️して指定します。

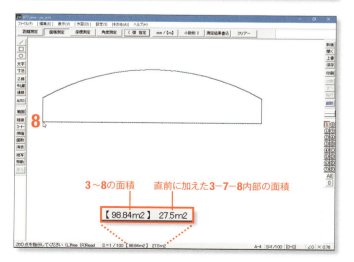

No. 078 曲線の長さを知りたい

「測定」コマンドの「距離測定」では、測定対象要素を範囲選択することで、それらの累計長を測定できます。曲線の長さは、この方法で測定します。

教材データ：078.jww

曲線の長さを測定する方法

1 メニューバー[その他]-「測定」を選択し、コントロールバーで測定単位と小数桁を指定する。

2 コントロールバー「距離測定」ボタンを、Ctrlキーとshiftキーを両方とも押したまま🖱。

3 長さを測定する曲線を🖱（連続線選択）。

☑ 3の代わりに選択範囲枠で測定対象の曲線を囲むことでも選択できます。

4 測定対象が選択色になったことを確認し、コントロールバー「選択確定」ボタンを🖱。

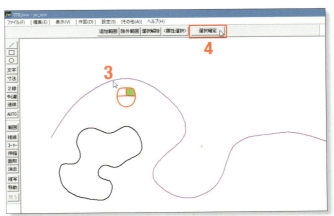

☑ ステータスバーに3で選択した曲線の長さが表示されます（Jw_cadでは、曲線は短い線分の集まりでできている）。コントロールバーでは「測定結果書込」が選択（凹表示）され、ステータスバーに「文字の位置を指示して下さい」と操作メッセージが表示されます。記入位置を指示することで、測定結果を記入できます。記入される数値の文字種や単位表示などは、測定前（2の操作前）にコントロールバー「書込設定」ボタンを🖱して指定します。

5 測定結果の記入位置を🖱。

上記5の位置に測定結果が記入されます。

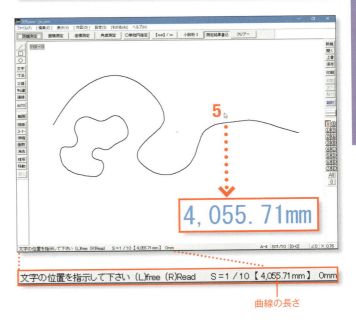

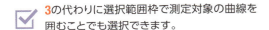

曲線の長さ

No.079 画面の拡大・縮小表示をしたい

マウスの両ボタンドラッグ（左右両方のボタンを押したままマウスを移動）で、画面の拡大・縮小表示などのズーム操作を行います。画面ズーム操作は、コマンドの操作途中いつでも（割り込んで）行えます。また、マウスホイールやキーボードからの指示で、画面を拡大・縮小表示することも可能です。

教材データ：079.jww

CASE 1　マウスドラッグで拡大・縮小表示する方法

両ドラッグ（左右両方のボタンを押したままマウスを移動）することで、画面拡大表示・画面縮小表示、用紙全体表示などを行います。マウスのドラッグ方向により、以下の機能が割り当てられています。

● 囲んだ範囲を拡大表示　　拡大

右下に🖱し、表示される枠で拡大する範囲を囲み、ボタンをはなす。

● 画面を縮小表示　　縮小

左上に🖱し、縮小 が表示されたらボタンをはなす。

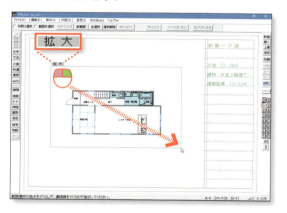

● 用紙全体を表示　　全体

右上に🖱し、全体 が表示されたらボタンをはなす。

● 1つ前の拡大倍率範囲を表示　　前倍率

左下に🖱し、前倍率 が表示されたらボタンをはなす。

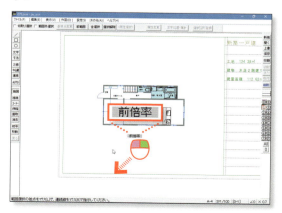

❓ 🖱 範囲 と表示される　👉 p.128 CASE 5

CASE 2　マウスホイールやキーボードで拡大・縮小表示する方法

マウスホイールやキーボードで拡大・縮小表示を行うには、以下の設定が必要です。

1　メニューバー[設定]－「基本設定」を選択し、「jw_win」ダイアログの「一般(2)」タブを🖱。

2　「矢印キーで画面移動、PageUp・PageDownで画面拡大・縮小、Homeで全体表示にする」にチェックを付ける。

☑　「移動率」「拡大・縮小率」ボックスの数値を変更することで、矢印キーで画面を移動する割合や、PageUp PageDown キーで画面を拡大・縮小する割合を調整できます。

3　「マウスホイール」の「＋」または「－」ボックスにチェックを付ける。

4　「OK」ボタンを🖱。

以上で設定は完了です。

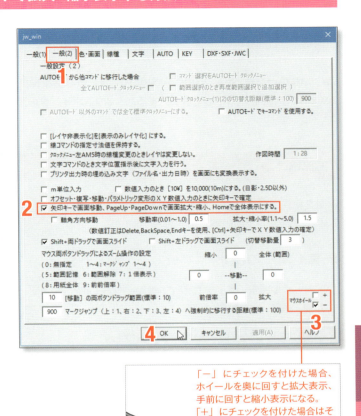

「－」にチェックを付けた場合、ホイールを奥に回すと拡大表示、手前に回すと縮小表示になる。「＋」にチェックを付けた場合はその逆になる

以下のキーを押すことで、拡大・縮小表示、用紙全体表示、画面移動ができます。

拡大表示　　　：PageUp（PgUp）キーを押す
縮小表示　　　：PageDown（PgDn）キーを押す
用紙全体表示　：Home キーを押す

☑　ノートパソコンなどのキーボードでは、矢印キーが PgUp キーや PgDn キー、Home キーを兼ねている場合があります。その場合は、Fn キーを押したまま PgUp（または PgDn Home）キーを押します。

▼ ノートパソコンのキーボードの例

Fn キー

矢印キーを兼ねる Home キー
矢印キーを兼ねる PgUp PgDn キー

No. 080 タッチパネルで操作したい

Jw_cadバージョン8は、Windows 8/10のタッチパネル操作(タップ・ピンチ・スワイプなど)に対応しています。Jw_cadの作図ウィンドウをタッチすると、マウスポインタの形状が一時的にクロスラインカーソルに変わります。

教材データ:080.jww

CASE 1　タップ・ダブルタップで図面ファイルを開く方法

画面を指先で軽くたたくタップが、2回続けてのタップがに相当します。

1. 「開く」コマンドをタップする。
2. 「ファイル選択」ダイアログで、収録先フォルダーをタップする。
3. 必要に応じてスクロールバーをタップしてファイル一覧をスクロールし、図面ファイルをダブルタップする。

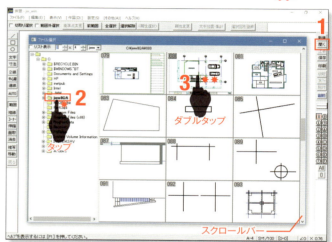

CASE 2　ピンチで図面を拡大・縮小表示する方法

2本の指で画面に触れたまま互いの指をはなすピンチアウト、また、2本の指で画面に触れたまま互いの指を近づけるピンチインで、作図ウィンドウの拡大・縮小表示を行えます。

● ピンチアウトで拡大表示
拡大する個所に2本の指で触れたまま、指を互いにはなす。

● ピンチインで縮小表示
画面に触れた2本の指を互いに近づける。

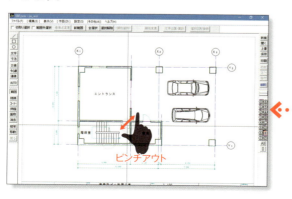
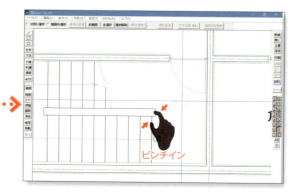

CASE 3　スワイプで図面をスライドする方法

2本の指で作図ウィンドウをスワイプ（画面に触れたまま指を滑らせる）することで、作図ウィンドウの図面をスライドできます。

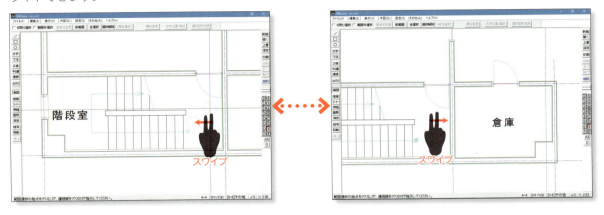

 スワイプによる画面の再表示が遅い 👉 メニューバー［表示］－「Direct2D」にチェックを付けてください。

✎ Jw_cad独自のタッチパネル操作

▶ 1本の指で作図ウィンドウにタッチしてすぐにスワイプ（画面に触れたまま指を滑らせる）することで、クロックメニューに移行する。

▶ 3本の指でタップすると、1本の指のタップの機能を「🖱相当」⇔「🖱相当」に切り替える（暫定対応）。

▶ 1本の指でタッチ後にゆっくりスワイプすると、クロスラインが追従し、指をはなしたポイントが指示点になる。

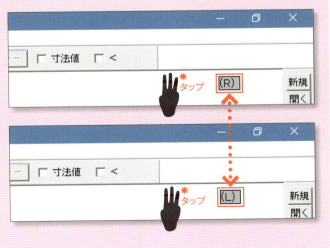

No.081 作図ウィンドウの表示をスクロールしたい

Jw_cadの作図ウィンドウにはスクロールバーがありません。作図ウィンドウで表示倍率を変えずに画面の表示範囲をずらすには、以下の3通りの方法があります。

教材データ：081.jww

CASE 1　キーボードの矢印キーで上下左右に画面表示範囲をスクロールする方法

キーボードの矢印キーを押すことで、画面表示範囲を矢印キーの方向にずらして表示します。
[↑][↓]キーを押すと画面の上下に、[→][←]キーを押すと画面の左右に、同じ拡大率で表示範囲が移動します。この機能を利用するには、基本設定の「jw_win」ダイアログ「一般（2）」タブでの指定が必要です（→下のコラム）。

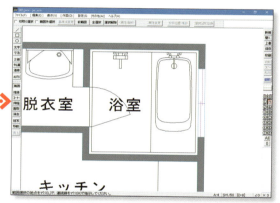

[→]キーを押す　　　　　　同じ拡大率で表示範囲が矢印方向に移動する

「一般（2）」タブでの指定

CASE 1の操作を行うには、メニューバー[設定]-[基本設定]を選択して開く「jw_win」ダイアログの「一般（2）」タブの「矢印キーで画面移動、PageUp・PageDownで画面拡大・縮小、Homeで全体表示にする」（右図**1**）にチェックを付けます。
矢印キーを1回押したときの画面表示範囲の移動率（画面全体を1として指定）は、「移動率」ボックス（右図**2**）で調整します。初期値の「0.5」では画面の半分がスクロールします。

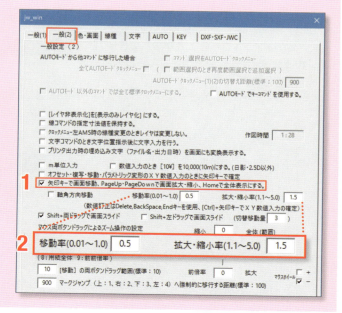

CASE 2 🖱️ 移動 で画面表示範囲を移動する方法

作図ウィンドウで🖱️（両クリック）し、移動 が表示されたらボタンをはなすことで、🖱️ 移動 の位置が作図ウィンドウの中心になるよう、同じ倍率で画面表示範囲が移動します。

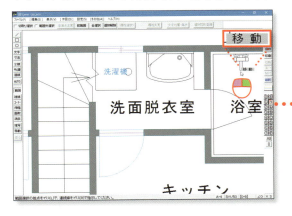 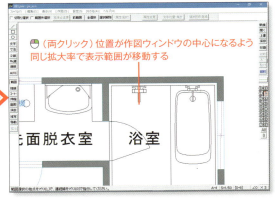

CASE 3 ドラッグ方向に画面をスライドする方法

バージョン **8** の新機能

Shift キーを押したまま🖱️➡️することで、ドラッグ方向に画面がスライドします。

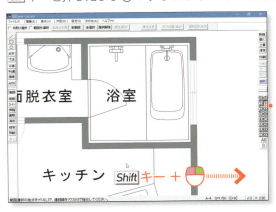

☑ メニューバー［設定］-「基本設定」を選択して開く「jw_win」ダイアログの「一般（2）」タブで、「Shift+左ドラッグで画面スライド」にチェックを付けると、Shift キーを押したまま（🖱️➡️ではなく）🖱️➡️することで、ドラッグ方向に画面がスライドします。

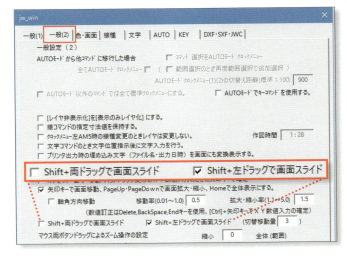

拡大・縮小表示などのズーム操作がうまくいかない

どのようにうまくいきませんか。いくつかの例を挙げ、その原因と対処方法を紹介します。自分の状態と同じと思われる例を参考にしてください。

CASE 1 🖱️で拡大操作をすると、画面から図が消える場合

マウス左右両方のボタンから指をはなすのが早いため、何も作図されていない範囲を囲んで拡大表示しています。🖱️ 全体（☞p.122）し、用紙全体表示にしたうえで、再度、拡大操作を行ってください。

CASE 2 🖱️で拡大操作をすると、拡大されずに図が移動する場合

マウス左右両方のボタンを押してすぐはなしたため、🖱️ 拡大 ではなく 🖱️（両クリック）になったことが原因です。🖱️は 移動 と表示され、🖱️した位置が作区ウィンドウの中心になるよう表示画面が移動されます（☞p.127）。🖱️ 全体（☞p.122）して用紙全体表示にしたうえで、再度、拡大操作を行ってください。

CASE 3 🖱️ 拡大 のズーム枠や 拡大 や 全体 の文字が表示されない場合

画面表示色の一部を変更したことが原因です。
Jw_cadの画面が白背景の場合はp.50、黒背景の場合はp.40を参考に、色彩の初期化を行ってください。

CASE 4 矢印キーでの画面移動や PageUp キーでの拡大操作ができない場合

キーボードからの指示でズーム操作を行うには設定が必要です。p.123 CASE 2を参照してください。
また、「文字」コマンドの選択時には、Tab キーを押したままズーム指示のキーを押してください。

CASE 5 🖱️ 全体 ではなく、🖱️（範囲）と表示され、用紙全体表示にならない場合

開いている図面ファイルで表示範囲が記憶されていることが原因です。表示範囲が記憶されている場合、🖱️は、記憶した範囲の表示になります。
その場合は、メニューバー[設定]－「画面倍率・文字表示」を選択し、「画面倍率・文字表示設定」ダイアログの「用紙全体表示」ボタンを🖱️することで用紙全体表示になります。また、「記憶解除」ボタンを🖱️することで、表示範囲記憶が解除され、🖱️で用紙全体表示になります。

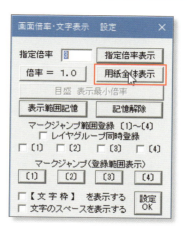

No.083 作図済みの斜線に対して鉛直な線をかきたい

「/」コマンドのコントロールバー「傾き」ボックスに、対象とする斜線に対して鉛直な角度を入力することで鉛直線を作図できます。斜線の角度が不明な場合も「角度取得」機能を利用すれば入力できます。

教材データ：083.jww

作図済みの斜線に対して鉛直な線をかく方法

1 「/」コマンドを選択する。

2 メニューバー［設定］-「角度取得」-「線鉛直角度」を選択する。

☑ 「線鉛直角度」では、次に指示する線に対して鉛直な角度を取得し、その角度をコントロールバーの「傾き」ボックスに自動的に入力します。

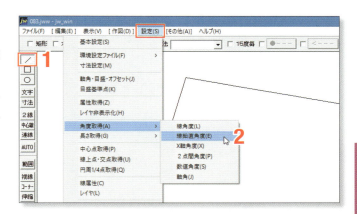

3 対象とする線を🖱。

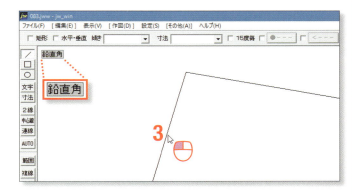

4 コントロールバー「傾き」ボックスに、3の線に対して鉛直な角度が自動入力されるので、線の始点を🖱。

5 終点を🖱。

No.084

指定した2点を端点とする指定半径の円弧をかきたい

「○」コマンドのコントロールバー「円弧」と「3点指示」にチェックを付け、「半径」ボックスに半径を指定することで作図します。

教材データ：084.jww

指定半径（1800mm）の円弧を2点間にかく方法

1 「○」コマンドを選択する。

2 コントロールバーの「円弧」にチェックを付ける。

3 「半径」ボックスに半径寸法「1800」を入力する。

4 コントロールバー「3点指示」にチェックを付ける。

5 1点目（始点）を🖱。

6 2点目（終点）を🖱。

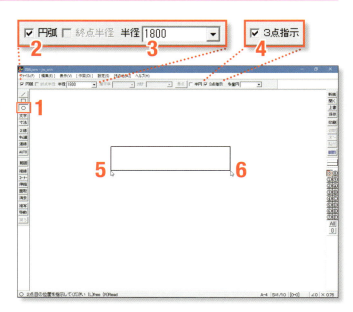

☑ **5**と**6**を両端点とする半径1800mmの円弧が複数、仮表示され、操作メッセージは「必要な円弧を指示してください」になります。この例では、条件に合う円弧が4つあり、マウスポインタに一番近い円弧が仮表示色の実線で、そのほかの円弧は仮表示色の点線で表示されます。作図する円弧にマウスポインタを近づけ、実線表示になった状態で🖱して、確定します。

7 作図したい円弧にマウスポインタを近づけ、実線表示になった状態で🖱。

No.085 接円をかきたい

「接円」コマンドで、接する線・円・点や円の半径などの条件を指定して作図できます。　教材データ：085.jww

2本の線に接する指定半径（500mm）の円をかく方法

1. メニューバー［作図］－「接円」を選択する。
2. コントロールバー「半径」ボックスに半径寸法「500」を入力する。
3. 1番目の線を🖱。
4. 2番目の線を🖱。

✅ 「接円」コマンドでは、3つの条件（ここでは半径寸法と接する2本の線）を指定することで、その条件を満たす接円を作図します。接する対象として線・円・弧を指示する場合は🖱、点を指示する場合は🖱してください。

✅ 2～4の条件を満たす接円が仮表示されます。条件を満たす接円が複数ある場合、マウスポインタを移動することで、マウスポインタに近い接円が仮表示されます。作図したい接円が仮表示された状態で🖱することで、その接円が作図されます。

5. マウスポインタを移動し、作図したい接円が仮表示された状態で🖱。

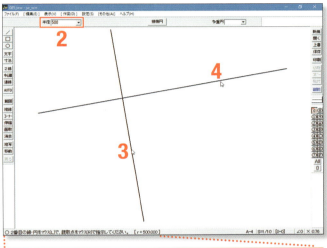

○ 2番目の線・円をマウス(L)で、読取点をマウス(R)で指示してください。［ r＝500.000 ］

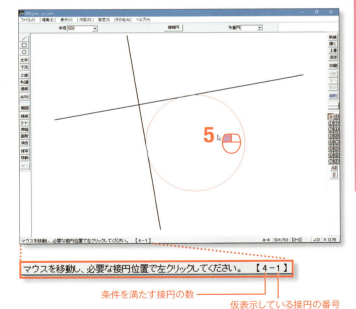

マウスを移動し、必要な接円位置で左クリックしてください。【 4－1 】

条件を満たす接円の数
仮表示している接円の番号

No.086 自由曲線をかきたい

「曲線」コマンドの「スプライン曲線」を利用することで、指示点を通る滑らかな曲線を作図できます。

指示した点を通る自由曲線をかく方法

1 メニューバー［作図］-「曲線」を選択する。

2 コントロールバー「スプライン曲線」を選択する。

3 始点を🖱。

4 中間点を🖱。

5 終点を🖱。

6〜8 順次終点を🖱。

9 閉じた図形を作図するため、終点として、3の始点を🖱。

10 コントロールバー「始・終点連続処理」にチェックを付ける。

> 10のチェックを付けることで、始点・終点の角も滑らかな曲線にします。コントロールバー「分割数」ボックスでは、指示した点間をいくつの線分に分割して作図するかを指定します。大きい数値を指定（多く分割）するほど、滑らかな曲線が表現できます。Jw_cadの曲線は、実際には短い線分が連続したもので、それらをひとまとまりで扱うための「曲線属性」が付加されています。

11 「作図実行」ボタンを🖱。

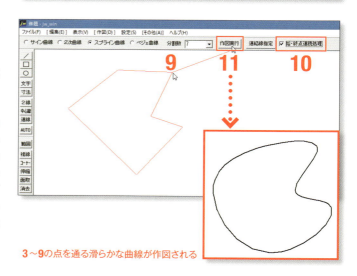

3〜9の点を通る滑らかな曲線が作図される

No.087

同じ間隔・方向に複数本の平行線をかきたい

「複線」コマンドで、複線を作図後、コントロールバー「連続」ボタンを🖱することで、同じ間隔で同じ方向に🖱した回数分の複線を作図できます。

教材データ：087.jww

同じ間隔・方向に複数本の平行線を作図する方法

1 「複線」コマンドを選択する。

2 コントロールバー「複線間隔」ボックスに間隔（右図では227.5）を入力する。

3 基準線を🖱。

4 基準線の右側で作図方向を決める🖱。

5 コントロールバー「連続」ボタンを🖱。

☑ コントロールバー「連続」ボタンを🖱することで、直前に作図した複線と同じ間隔・方向に、🖱した回数分の複線を作図します。

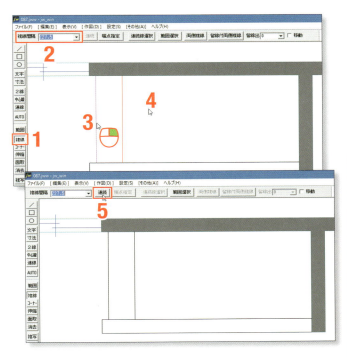

6 コントロールバー「連続」ボタンを必要な回数🖱し、残りの複線を作図する。

☑ コントロールバー「連続」ボタンにマウスポインタを合わせ、マウスの右ボタンを押したままにすると、右ボタンをはなすまで同じ間隔・方向に複線を作図し続けます。

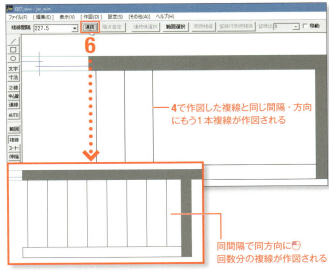

4で作図した複線と同じ間隔・方向にもう1本複線が作図される

同間隔で同方向に🖱回数分の複線が作図される

133

No.088

基準線と違う長さの複線をかきたい

「複線」コマンドでは、基準線として指示した線と同じ長さの複線が仮表示されます。作図方向を指示する前に、コントロールバー「端点指定」ボタンを🖱し、始点・終点を指示することで、基準線とは異なる長さの複線を作図できます。

📄 教材データ：088.jww

基準線と違う長さの複線を作図する方法

1. 「複線」コマンドを選択し、コントロールバー「複線間隔」ボックスに数値（右図では500）を入力する。

2. 基準線を🖱。

3. コントロールバー「端点指定」ボタンを🖱。

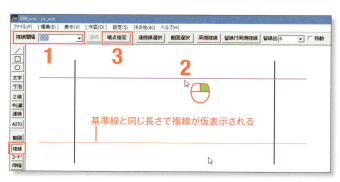

4. 作図する複線の始点位置として左の垂直線の下端点を🖱（何もない位置を指示する場合は🖱）。

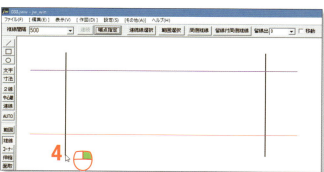

5. 始点位置からマウスポインタまで複線が仮表示されるので、終点位置として右の垂直線の下端点を🖱（何もない位置を指示する場合は🖱）。

6. 基準線に対して作図する側に複線が仮表示された状態で、作図方向を決める🖱。

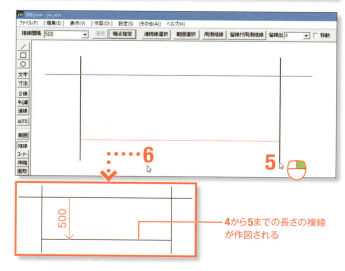

No.089

「伸縮」コマンドで思うように伸縮できない

どのようにできませんか。いくつかの例を挙げ、その原因と対処方法を紹介します。自分の状態と同じと思われる例を参考にしてください。

教材データ：089.jww

CASE 1　縮めたい側とは反対側が縮む場合

「伸縮」コマンドでは、縮める線を🖱する位置が重要です。以下の2つの方法のいずれも、基準線または伸縮点に対して残す側で縮める線を🖱します。

● 方法① 伸縮基準線まで縮める

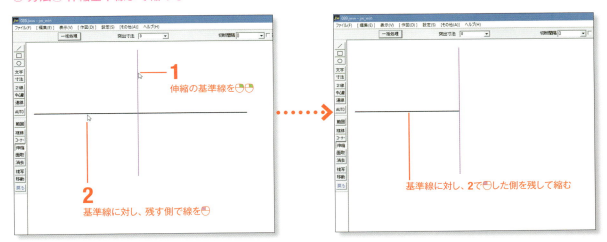

● 方法② 伸縮する線と伸縮位置（伸縮点）を指示して縮める

CASE 2　基準線を🖱🖱しても色が変わらず、赤い○が表示される場合

1回目の🖱と2回目の🖱の間にマウスポインタが動いてしまい、🖱🖱(基準線変更)ではなく、🖱(切断)を2回指示したことになっています。赤い○は線の切断位置を示します。

表示されている赤い○の数(右図では2回)だけ「戻る」コマンドを🖱し、線の切断を取り消したあと、1回目と2回目の🖱の間にマウスポインタが動かないように注意して、再度、伸縮の基準線を🖱🖱してください。

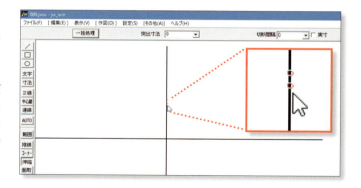

CASE 3　円を伸縮の基準線にしたが、伸縮がうまくいかない場合

円を伸縮の基準線にし、交差する直線の両端点(4カ所)を円まで伸縮しようとする際、右図のように2カ所が伸縮できない場合があります。

円・弧を伸縮の基準線にした場合、円・弧を🖱🖱(基準線指示)した位置から両側90°の範囲が基準線になります。そのため、直線の片側は伸縮されません。

交差する線の両端点を円・弧まで伸縮するには、円・弧を基準線にした後、コントロールバー「指示位置優先」にチェックを付けて、伸縮する線を🖱してください。

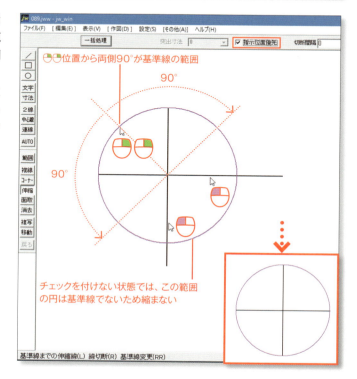

CASE 4　線または点まで伸縮した線や弧が突き出ている場合

いくつかの原因が考えられます。CHECK 1～CHECK 4の確認を順に行い、対処してください。

CHECK 1　「突出寸法」を確認する

「伸縮」コマンドのコントロールバー「突出寸法」ボックスに「0」以外の数値が入っていませんか？
「突出寸法」ボックスを「0」にし、再度伸縮を行ってください。

「突出寸法」ボックスを「0」にして伸縮しても線が突き出る場合
👉 CHECK 2へ進む

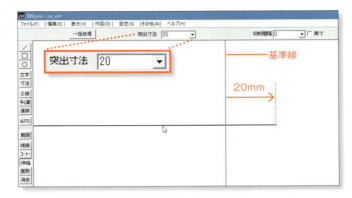

CHECK 2　拡大表示して確認する

画面の拡大率によっては、本来突き出ていない線が突き出て見える場合があります。線が突き出ている部分を拡大表示して確認してください。
拡大表示しても線が突き出る場合 👉 CHECK 3へ進む

CHECK 3　端点形状の設定を確認する

メニューバー[設定]-「基本設定」を選択し、「jw_win」ダイアログの「色・画面」タブで、「端点の形状」を「丸」にしてください。
「平」「四角」の設定になっていると、本来は突き出ていない線が突き出て表示される場合があります。

「端部の形状」を「丸」にしても突き出ている場合
👉 CHECK 4へ進む

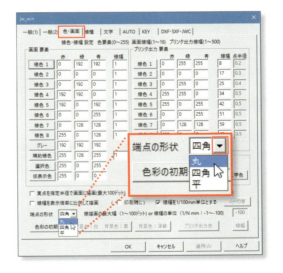

CHECK 4　表示設定を確認する

メニューバー[表示]を🖱し、チェックの付いた「Direct2D」を🖱して、チェックを外してください。

上記をすべて行っても突き出ている場合
👉 突き出ている部分が、伸縮した線とは別の線になっている可能性があります。「消去」コマンドで、突き出ている部分を🖱して消してください。

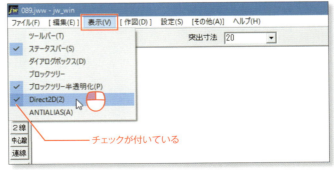

No.090

「伸縮」コマンドなどで線を切断すると線が消えてしまう

「伸縮」「コーナー」「面取」コマンドでの🖱は、その位置で線や円・弧を切断します。🖱した線や円・弧が消えるのは、コントロールバー「切断間隔」ボックスの数値に原因があります。

「伸縮」「コーナー」「面取」コマンドの🖱（切断）で線が消える原因と対処方法

コントロールバー「切断間隔」ボックスに「0」以外の数値が入力されている場合、🖱位置を中心に「切断間隔」ボックスで指定した間隔で線を部分消しします（☞下のコラム）。
🖱した線の長さが「切断間隔」以下の場合、🖱した線が消えます。「戻る」コマンドを🖱して、消えた線を元に戻したうえで、「切断間隔」を「0」にして切断操作をやり直してください。

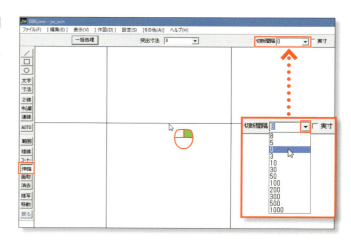

 切断間隔とは

「コーナー」「伸縮」「面取」コマンドのコントロールバー「切断間隔」ボックスに数値を指定し、🖱（切断）すると、🖱位置を中心に指定間隔で切断されます。
「切断間隔」は、図寸mm（印刷したときの間隔）で指定します。コントロールバー「実寸」にチェックを付けることで、実寸法での指定もできます。

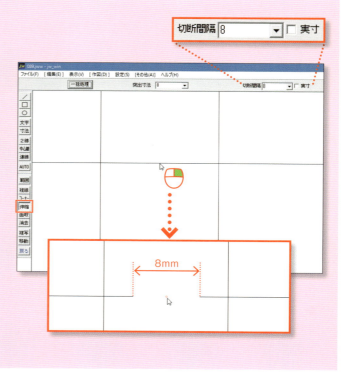

No. 091

複数の線を一括して基準線まで伸縮したい

「伸縮」コマンドの「一括処理」では、複数の直線を一括して基準線まで伸縮できます。　教材データ：091.jww

複数の線を一括して基準線まで伸縮する方法

1 「伸縮」コマンドを選択する。

2 コントロールバー「一括処理」ボタンを🖱。

3 一括伸縮の基準線を🖱。

4 一括処理する始線を🖱。

☑ 4の位置からマウスポインタまでの赤い点線に交差するすべての線が、一括伸縮の対象になります。

5 表示される赤い点線に、一括伸縮対象のすべての線が交差する位置で、一括処理の終線を🖱。

6 一括伸縮対象の線が選択色になったことを確認し、コントロールバー「処理実行」ボタンを🖱。

選択色になったすべての線が、3の基準線まで伸縮されます。

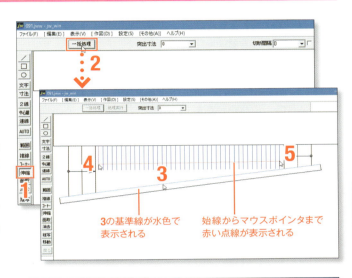

3の基準線が水色で表示される

始線からマウスポインタまで赤い点線が表示される

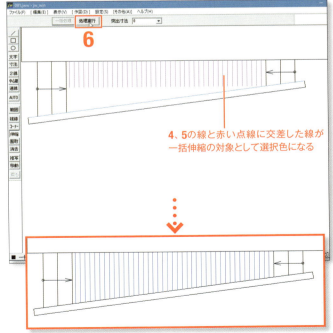

4、5の線と赤い点線に交差した線が一括伸縮の対象として選択色になる

No.092

角を丸めたい

「面取」コマンドの「丸面」で、R部分の半径寸法を指定し、角を構成する2本の線を指示することで、角を丸めることができます。

教材データ：092.jww

角を指定半径（80mm）で丸く面取りする方法

1 「面取」コマンドを選択する。

2 コントロールバー「丸面」を🖱で選択する。

3 コントロールバー「寸法」ボックスに、丸面の半径寸法「80」を入力する。

4 1本目の線を🖱。

5 2本目の線を🖱。

 交差した2本の線を指示するとき、4と5では、2本の線の交点に対して、線を残す側で🖱します。

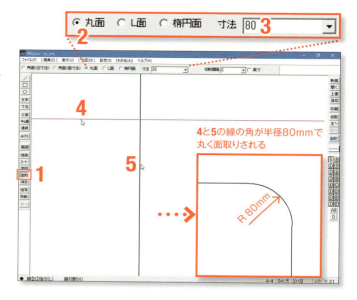

凹面の丸面取りをするには

コントロールバー「寸法」ボックスに入力する半径寸法を−（マイナス）値で指定することで、右図のように凹面で丸く面取りされます。

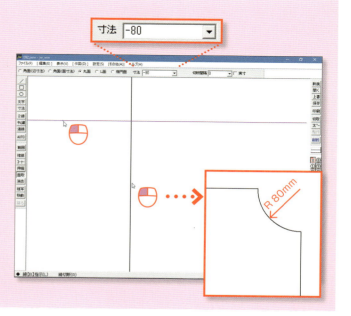

No.093 複数のコーナー連結を一括して行いたい

「包絡処理」コマンドでは、包絡範囲枠で囲むことで、枠内の同一属性（線色・線種・レイヤ）の線どうしを一括整形します。包絡範囲枠に線の端部を含めるか否かで、整形結果が異なります。

教材データ：093.jww

「包絡処理」コマンドでコーナー連結を一括して行う方法

1. メニューバー［編集］－「包絡処理」を選択する。

2. コントロールバー「実線」だけにチェックが付いていることを確認する。

   ☑ 2の指定により、包絡処理の対象は実線だけとなります。一点鎖線が包絡範囲枠に入っても包絡処理されません。

3. 始点として、右図の位置で🖱。

4. 表示される包絡範囲枠に上と右の線端点が入るように囲み、終点を🖱。

5. 始点として、右図の位置で🖱。

6. 表示される包絡範囲枠に上と左の線端点が入らないように囲み、終点を🖱。

   ☑ 包絡範囲枠内に線の端点が入るか否かで、その整形結果は異なります。

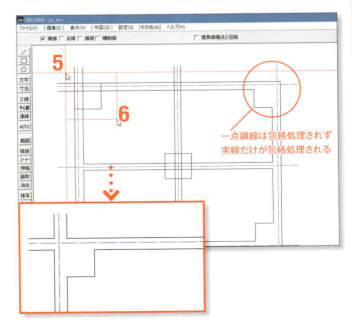

一点鎖線は包絡処理されず実線だけが包絡処理される

No.094 開口部を簡単に作図したい

「包絡処理」コマンドの「中間消去」を利用して、1回の操作で平面図上の開口を開けることができます。

教材データ：094.jww

「包絡処理」コマンドの1回の操作で開口を開ける方法

1. メニューバー［編集］-「包絡処理」を選択する。

   ☑ 「包絡処理」コマンドでは、包絡範囲枠で囲むことで、枠内の同一属性（線色・線種・レイヤ）の線どうしを一括整形します。

2. 始点として右図の位置で 。

3. 表示される包絡範囲枠で、右図のように開口部分を囲み、Shift キーを押したまま終点を 。

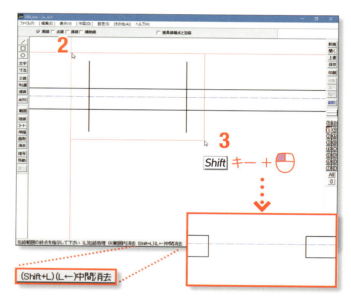

建具属性とは

メニューバー［作図］-「建具平面」を選択して作図した建具には、「建具属性」と呼ばれる属性が付きます。「建具属性」の付いた要素は、包絡処理の対象になりません。そのため、「建具平面」コマンドで作図した建具が包絡範囲枠に入っても、建具は包絡処理されません。

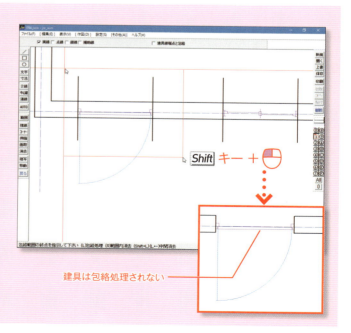

建具は包絡処理されない

No.095 建具平面の線と壁線で包絡処理したい

「包絡処理」コマンドのコントロールバー「建具線端点と包絡」にチェックを付けることで、建具属性を持った建具線の端点と包絡処理ができます。

教材データ：095.jww

建具線端点と包絡処理する方法

バージョン **8** の新機能

1. メニューバー[編集]-「包絡処理」を選択し、コントロールバー「建具線端点と包絡」にチェックを付ける。

   ☑ 「包絡処理」コマンドでは、包絡範囲枠で囲むことで枠内の同一属性（線色・線種・レイヤ）の線どうしを一括整形します（☞ p.141）。コントロールバー「建具線端点と包絡」にチェックを付けることで、建具属性（☞ p.142）を持った建具線の端点と包絡処理をします。

2. 始点として右図の位置で🖱。

3. 表示される包絡範囲枠で、右図のように開口部分を囲み、Shiftキーを押したまま終点を🖱。

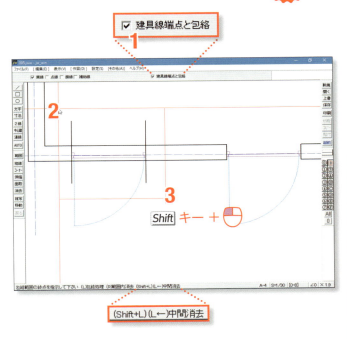

建具線の属性（線色・線種・レイヤ）に関わりなく、右図のように建具線の端点と包絡処理されます。

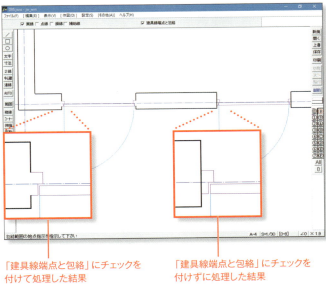

「建具線端点と包絡」にチェックを付けて処理した結果

「建具線端点と包絡」にチェックを付けずに処理した結果

No.096

重ねがきされている線・文字を1つにしたい

「データ整理」コマンドでは、重ねがきされている同一属性（線色・線種・レイヤ）の線・円・弧や文字を1つにします。また、画面上は1本に見えていても、実際には分かれている線を1本に連結することもできます。

教材データ：096.jww

重ねがきされている同一属性の線・文字を1つにする方法

1 メニューバー［編集］－「データ整理」を選択する。

2 範囲選択の始点を🖱。

3 表示される選択範囲枠でデータ整理対象を囲み、終点を🖱（文字を含む）。

☑ 重ねがきされている文字も1つにするには、終点を🖱し、文字要素もデータ整理の対象にします。2〜3で範囲選択する代わりに、コントロールバー「全選択」ボタンを🖱し、図面全体を選択することもできます。

4 コントロールバー「選択確定」ボタンを🖱。

5 コントロールバー「重複整理」ボタンを🖱。

☑ 「重複整理」は選択色の要素を対象に、重ねがきされている同一属性（線色・線種・レイヤ）の線・円・弧・実点や、同一属性（文字種・フォント・レイヤ）で記載内容も同じ文字を1つに整理します。「連結整理」を選択した場合、それに加え、「伸縮」「コーナー」コマンドの🖱で切断した線や、連続して作図された同一線上の線も1本に連結します。

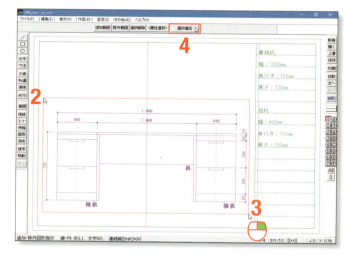

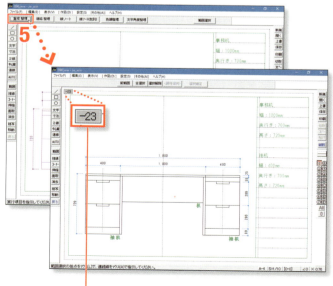

同じ線・円・弧・実点・文字が1つに整理され、作図ウィンドウ左上に整理された要素数が－（マイナス）数値で表示される

No.097 「消去」コマンドで🖱してもうまく消去できない

どのようにできませんか。いくつかの例を挙げ、その原因と対処方法を紹介します。自分の状態と同じと思われる例を参考にしてください。

文字の消去がうまくいかない ☞ p.92

教材データ：097.jww

CASE 1　🖱した線が消えない。🖱した直後は消えてもズーム操作をすると現れる場合

🖱した線は重ねがきされています。1回の🖱で1本の線が消去されるため、重ねがきされている他の線は消えません。
前ページを参照し、「データ整理」コマンドの「重複整理」で重ねがきされている線を1本にしたうえで、「消去」コマンドで消してください。

CASE 2　🖱で消した線に交差していた線が途切れてしまう場合

Jw_cadでは画面表示上、消去した線を背景色で塗るため、途切れたように見えますが、実際には途切れていません。
ズーム操作を行うと正しく再表示されます。また、メニューバー［設定］－「基本設定」を選択して開く「Jw_win」ダイアログの「一般（1）」タブの「消去部分を再表示する」にチェックを付けると、消去後、自動的に正しく再表示されます。

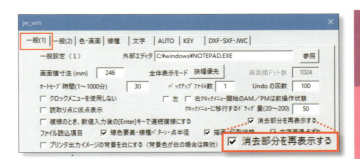

CASE 3　線を🖱すると、その線の一部だけが消える場合

🖱した線は、画面上は1本の線に見えても、別々の線に分かれています。
前ページを参照し、「データ整理」コマンドの「連結整理」で線を連結して1本にしたうえで、線の消去を行ってください。

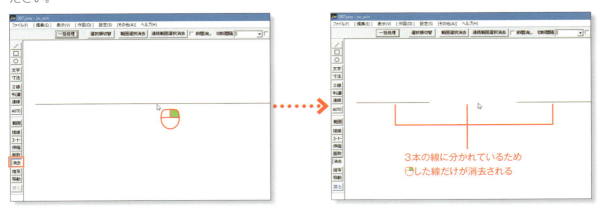

3本の線に分かれているため🖱した線だけが消去される

CASE 4 🖱した線が消えず、それに重なる別の線が消える場合

複数の線が重なっている部分を🖱した場合、そのうち一番長い線が消去されます。重なった線から確実に消したい線を指示する方法を、補助線上に重なった線色2の実線を消す例で説明します。

1 「線属性」コマンドを🖱し、書込線を消したい線と同じ「線色2・実線」にする。

2 「消去」コマンドを選択し、キーボードの[Ctrl]キーを押したまま消したい線を🖱。

☑ 「消去」コマンドに限らず、他のコマンドでも、[Ctrl]キーを押したまま線をクリックすることで書込線と同じ線色・線種の線だけを読み取ります。

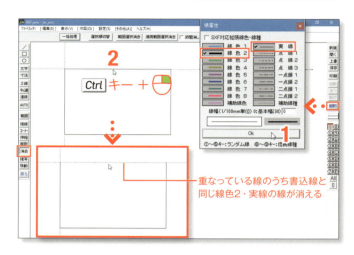

CASE 5 線を🖱すると、🖱した以外の線も消える場合

Jw_cadには、複数の線や円・弧・文字などの要素をひとまとまりとして扱う「ブロック」「曲線属性」と呼ばれる機能があります。ブロックや曲線属性の一部の要素を🖱した場合、ブロック、曲線属性の全体が消去されます。
1本の線だけを消すには、ブロック解除または曲線属性をクリアしたうえで、その線を消します。

ブロック解除、曲線属性クリア 👉 p.196

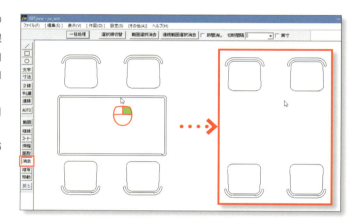

CASE 6 画像を🖱すると、図形がありません と表示されて消えない場合

Jw_cad図面における画像は、その左下に画像表示命令文が記述されています。
画像を消去するには、表示命令文が記述されている、画像の左下を🖱してください。

CASE 7　線を🖱すると、線が消えず近くの文字が消える場合

文字を優先的に消去するモードの[文字]優先選択消去になっていることが原因です。
コントロールバー「選択順切替」ボタンを🖱し、文字以外を優先的に消去するモードの線等優先選択消去に切り替えたうえで、線を🖱してください。

CASE 8　寸法線を🖱すると、寸法値も一緒に消える場合

🖱した寸法線は、寸法線と寸法値を1セットとして扱う寸法図形であるため、寸法線を消すことで寸法値も消えます。

　寸法値を残して寸法線だけを消すには☞ p.115

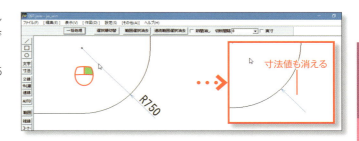

CASE 9　🖱しても点（○）を消せない場合

「消去」コマンドで🖱しても 図形がありません と表示されて消去できないのは仮点（☞ p.184）です。メニューバー［作図］－「点」を選択し、コントロールバー「仮点消去」ボタンを🖱して仮点を🖱することで消します。また、コントロールバー「全仮点消去」ボタンを🖱で、図面上のすべての仮点を消去できます。

CASE 10　塗りつぶし（ソリッド）を🖱すると、その部分だけ三角形状に消える場合

塗りつぶし時（☞ p.190）、コントロールバー「曲線属性化」のチェックを付けずに塗りつぶしたソリッドを「消去」コマンドで🖱すると、🖱した分割部分だけが消去されます。
このようなソリッドは、p.153の方法で消去してください。

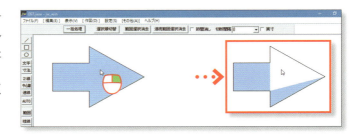

No.098

線や円・弧の一部分を消したい

「消去」コマンドで、一部分を消す対象の線・円・弧を🖱(部分消し)して消します。ここでは、2通りの消し方を紹介します。

教材データ：098.jww

CASE 1　消す範囲の始点と終点を指示して線・円・弧の一部分を消す方法

1　「消去」コマンドを選択する。

2　一部分を消す円を🖱(部分消し)。

☑ 線や円・弧の一部を消す場合は、その線や円・弧を🖱で指示します。ここでは円の一部を消す例でその手順を説明しますが、線の一部を消す場合も手順は同じです。

3　部分消しの始点を🖱。

4　部分消しの終点を🖱。

☑ 点のない位置を始点・終点にする場合は、**3**と**4**で🖱します。円・弧の一部分を消す場合、部分消しの始点⇒終点は左回りで指示してください。

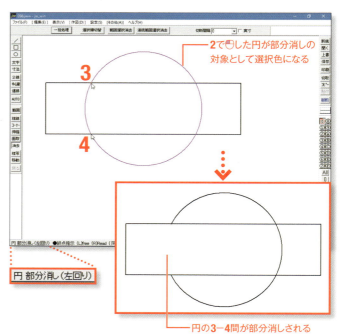

CASE 2　線・円・弧を🖱した位置の両側の点間で部分消しする方法

1 「消去」コマンドを選択する。

2 コントロールバー「節間消し」にチェックを付ける。

3 円を部分消しする位置で🖱。

4 線を部分消しする位置で🖱。

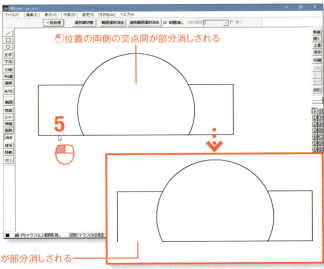

🖱位置の両側の交点間が部分消しされる

5 線を部分消しする位置で🖱。

🖱位置の両側の点（左の端点と右の交点）間が部分消しされる

No.099

文字も含めて複数の要素をまとめて消したい

複数の要素をまとめて消すには、「消去」コマンドの「範囲選択消去」で消去対象の要素を範囲選択して消します。

教材データ：099.jww

文字も含めて複数の要素をまとめて消す方法

1 「消去」コマンドを選択する。

2 コントロールバー「範囲選択消去」ボタンを🖱。

3 範囲選択の始点を🖱。

4 表示される選択範囲枠で消去対象を囲み、終点を🖱（文字を含む）。

☑ 選択範囲枠内の文字を消さない場合は、終点は🖱（文字を除く）で指示します。

5 コントロールバー「選択確定」ボタンを🖱。

選択色の要素が消去されます。

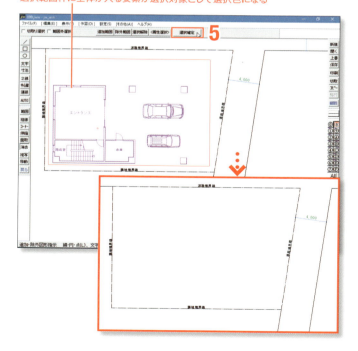

選択範囲枠に全体が入る要素が選択対象として選択色になる

No. 100

不要になった補助線をまとめて消したい

範囲選択で対象とした要素の中から、補助線だけを選択して消すことができます。　　教材データ：100.jww

補助線だけをまとめて消す方法

1 「消去」コマンドを選択する。

2 コントロールバー「範囲選択消去」ボタンを🖱。

3 範囲選択の始点を🖱。

4 表示される選択範囲枠で消去対象を囲み、終点を🖱（文字を除く）。

5 コントロールバー「〈属性選択〉」ボタンを🖱。

6 属性選択のダイアログの「補助線指定」を🖱してチェックを付ける。

7 「【指定属性選択】」にチェックが付いていることを確認し、「OK」ボタンを🖱。

8 補助線だけが選択色になり、他の要素は元の表示色に戻るので、コントロールバー「選択確定」ボタンを🖱。

上記4で範囲選択した要素のうち、補助線だけが消去されます。

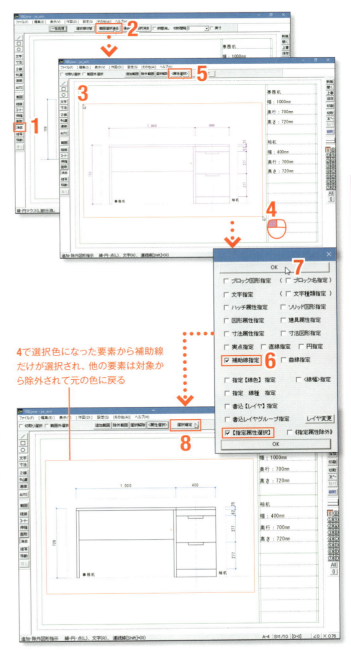

4で選択色になった要素から補助線だけが選択され、他の要素は対象から除外されて元の色に戻る

151

No. 101 塗りつぶし(ソリッド)を消したい

塗りつぶし(Jw_cadでは「ソリッド」と呼ぶ)も、線要素と同様に、「消去」コマンドで消去できます。ここでは、1カ所ずつ消す方法(CASE 1)と、まとめて消す方法(CASE 2)を紹介します。　教材データ:101.jww

CASE 1　塗りつぶし(ソリッド)を1カ所ずつ指示して消す方法

1 「消去」コマンドを選択する。

2 消去対象のソリッドを🖱。

❓ 下図のように、🖱した個所だけが三角形状に消える 👉 p.147 CASE 10

🖱した個所の塗りつぶし(ソリッド)が消去される

CASE 2　図面内の塗りつぶし（ソリッド）だけをまとめて消す方法

1 「消去」コマンドを選択する。

2 コントロールバー「範囲選択消去」ボタンを🖱。

3 範囲選択の始点を🖱。

4 表示される選択範囲枠で図面全体を囲み、終点を🖱（文字を除く）。

5 コントロールバー「〈属性選択〉」ボタンを🖱。

6 属性選択のダイアログの「ソリッド図形指定」にチェックを付ける。

7 「【指定属性選択】」にチェックが付いていることを確認し、「OK」ボタンを🖱。

8 ソリッドだけが選択色になっていることを確認し、コントロールバー「選択確定」ボタンを🖱。

上記4で範囲選択した要素のうち、塗りつぶし（ソリッド）だけが消去されます。

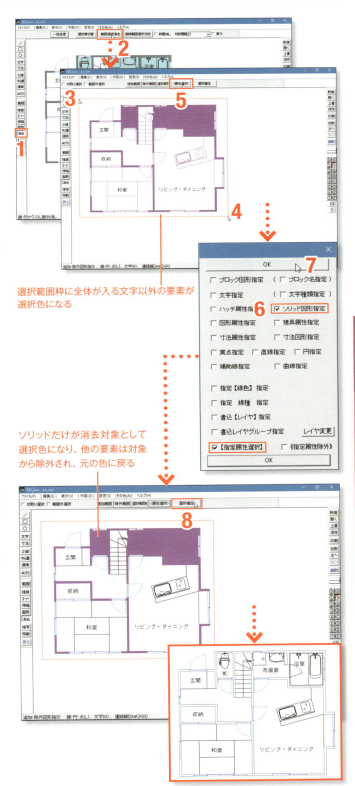

選択範囲枠に全体が入る文字以外の要素が選択色になる

ソリッドだけが消去対象として選択色になり、他の要素は対象から除外され、元の色に戻る

No. 102 枠内を切り取って消したい

「消去」コマンドの「範囲選択消去」では、通常、選択範囲枠にその全体が入る要素だけが消去対象として選択されます。コントロールバー「切取り選択」にチェックを付けることで、選択範囲枠に全体が入っていない要素も切り取って消去します。ここでは、テーブルに隠れる椅子の部分を切り取り、消去する例で説明します。

教材データ：102.jww

選択範囲枠内を切り取って消す方法

1 「消去」コマンドを選択する。

2 コントロールバー「範囲選択消去」ボタンを🖱。

3 コントロールバー「切取り選択」を🖱し、チェックを付ける。

4 範囲選択の始点として、テーブルの左上角を🖱。

☑ 「切取り選択」にチェックを付けた場合、範囲選択の始点・終点ともに🖱(free)/🖱(Read)となり、選択範囲枠内の文字を含めます。

5 範囲選択の終点として、テーブルの右下角を🖱。

☑ 選択範囲枠に全体が入る要素が消去対象として選択色になり、その一部が入る要素が切り取り消去の対象として選択色の点線で表示されます。切り取り消去の対象になるのは、線・円・弧です。文字・ソリッド（塗りつぶし）および寸法図形・ブロック・画像は切り取り選択の対象にはなりません。

6 コントロールバー「選択確定」ボタンを🖱。

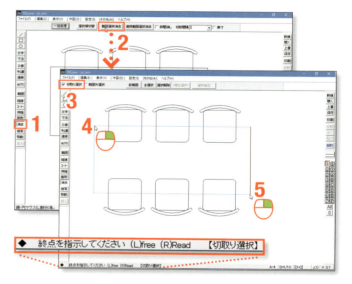

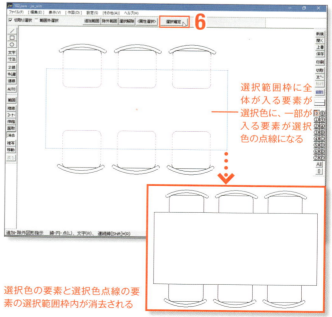

選択範囲枠に全体が入る要素が選択色に、一部が入る要素が選択色の点線になる

選択色の要素と選択色点線の要素の選択範囲枠内が消去される

No.103 誤った操作をやり直したい

🖱する点が違った、必要な線を消したなど、操作指示を誤ったときには、ツールバーの「戻る」コマンドを🖱することで1つ前の操作を取り消せます。ここでは、前ページNo.102の消去を行った直後に、その操作を取り消す例で説明します。

1つ前の操作を取り消す方法

1「戻る」コマンドを🖱。

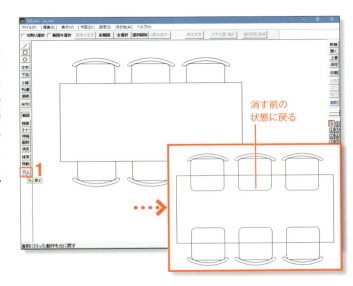

☑ 「戻る」コマンドを🖱することで、🖱した回数分の操作を取り消し、操作前の状態に戻せます。戻せる回数は、メニューバー[設定]−[基本設定]を選択し、「jw_win」ダイアログの「一般(1)」の「Undoの回数」ボックスで指定します(初期設定は「100」)。「戻る」コマンドを🖱する代わりに、キーボードの ESC キーを押しても同じです。ただし、画面の拡大・縮小操作、用紙サイズ、縮尺、基本設定などの設定変更の操作は、「戻る」コマンドでの取り消しはできません。

 「戻る」で戻しすぎた場合は

「戻る」コマンドを🖱して戻しすぎた場合は、メニューバー[編集]−[進む]を選択することで戻す前の状態に復帰できます。復帰する内容がない場合、「進む」はグレーアウトされて選択できません。

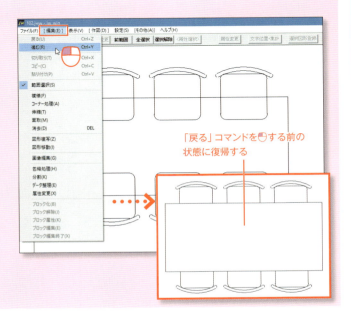

No.104

範囲選択で要素を思うように選択できない

どのようにうまくできませんか？　いくつかの例を挙げ、その原因と対処方法を紹介します。自分の状態と同じと思われる例を参考にしてください。

教材データ：104.jww

CASE 1　範囲枠に全体が入るように囲んでも選択されない要素がある場合

仮点（ p.147 CASE 9）は編集不可な要素のため選択できません。それ以外で選択範囲枠内に全体を入れても選択されない要素は、ブロック図形（ p.241）です。ブロック図形の場合、要素全体が選択範囲枠内に入っても、その基準点が選択範囲枠の外にあると選択されません。
その場合は、Shiftキーを押したまま🖱することで追加選択してください。

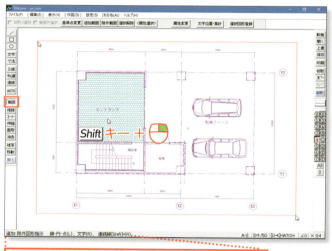

CASE 2　選択範囲枠に不要な要素が入ってしまう場合

選択範囲枠で囲んで選択色にした後、不要な要素を🖱（文字要素は🖱）することで、対象から除外することや、対象に追加することができます。除外（または追加）する要素が複数の場合、コントロールバー「除外範囲」（または「追加範囲」）ボタンを🖱することで、除外対象（または追加対象）を範囲選択できます。

追加範囲の利用例　 p.158

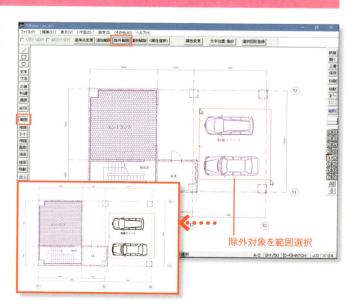

CASE 3　選択範囲枠で囲んだ文字が選択されない場合

選択範囲の終点を🖱️したことが原因です。
範囲選択枠内の文字要素を選択する場合は、
終点を🖱️してください。

　文字も含めて選択する方法 👉 p.92　CASE 3

CASE 4　選択範囲枠で囲んだ画像が選択されない場合

Jw_cadでの画像は、その左下に画像表示命令
文が記載されており、文字要素として扱います。
範囲選択枠で、画像底辺部の画像表示命令文部
分を囲み、終点を🖱️（文字を含む）してください。
画像表示命令文が選択色になります。

画像表示命令文が選択色になれば
画像は選択されている

CASE 5　選択範囲枠内の特定の線色・線種の要素だけを選択したい場合

選択を確定する前に、コントロールバー「〈属性選
択〉」ボタンを🖱️し、属性選択のダイアログで指定
することで、特定の要素だけを選択できます。

　　　　　補助線だけを選択 👉 p.151
　　　　　ソリッドだけを選択 👉 p.153
　特定の線色・線種の要素だけを選択 👉 p.173

No.105 範囲選択後、複数の要素を追加・除外したい

範囲選択後に、線や円・弧を🖱、文字は🖱することで、対象に追加することや対象から除外することができます。この追加や除外は、複数の要素をまとめて行うこともできます。ここでは「消去」コマンドの「範囲選択消去」で、テーブル片側の椅子を範囲選択したあと、反対側の椅子を範囲選択で追加する例で説明します。ここで紹介する方法は、「消去」コマンドに限らず、他のコマンドの範囲選択時にも共通して利用できます。

📄 教材データ：105.jww

複数の要素を範囲選択して追加する方法

1 「消去」コマンドを選択する。

2 コントロールバー「範囲選択消去」ボタンを🖱。

3 範囲選択の始点を🖱。

4 表示される選択範囲枠で上側の椅子を囲み、終点を🖱。

5 コントロールバー「追加範囲」ボタンを🖱。

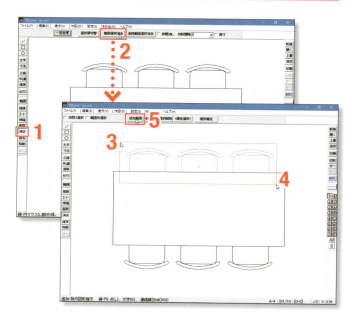

6 追加範囲の始点を🖱。

✅ 「追加範囲」は対象に追加する要素を範囲選択できます。**5**で「除外範囲」ボタンを🖱した場合は、対象から除外する要素を範囲選択で指定できます。

7 表示される選択範囲枠で下側の椅子を囲み、終点を🖱。

選択範囲枠で囲んだ椅子が対象に追加され、選択色になります。コントロールバー「選択確定」ボタンを🖱すると、選択色の要素が消去されます。

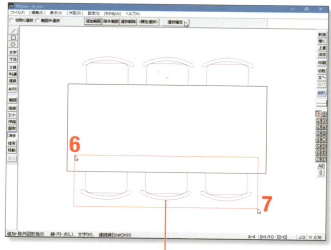

選択範囲枠に全体が入る要素が対象に追加され、選択色になる

No.106 上下(左右)の位置を揃えて複写したい

「複写」コマンドで、複写方向を水平(または垂直)に固定して複写位置を指示することで、複写元の図と上下(または左右)の位置を揃えて複写できます。

教材データ：106.jww

上下の位置を揃えて複写する方法

1. 「複写」コマンドを選択する。
2. 範囲選択の始点を🖱。
3. 表示される選択範囲枠で複写対象を囲み、終点を🖱。

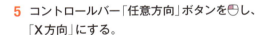
選択範囲枠内の文字を複写対象にする場合は、終点を🖱(文字を含む)します。

4. コントロールバー「選択確定」ボタンを🖱。

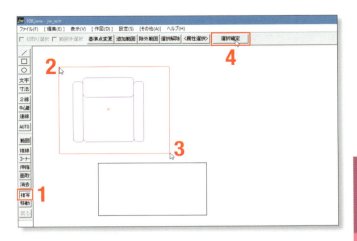

5. コントロールバー「任意方向」ボタンを🖱し、「X方向」にする。

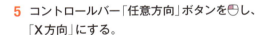
コントロールバー「任意方向」ボタンを🖱することで、「X方向」(水平方向固定)⇒「Y方向」(垂直方向固定)⇒「XY方向」(水平および垂直方向固定)に変更されます。

6. 複写要素の仮表示の移動方向が水平方向に固定されるので、複写位置を🖱。

複写元の図と上下の位置を揃えて**6**の位置に複写されます。

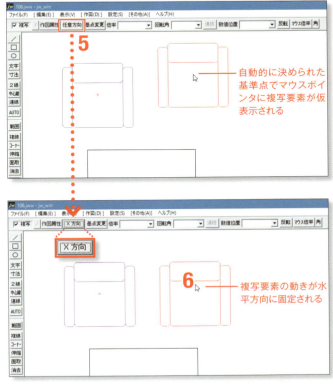

No. 107

斜線と同じ向きに図を回転したい

「移動」コマンドで、回転の原点を移動の基準点として指定し、コントロールバー「回転角」ボックスに回転角度を入力することで図を回転できます。作図済みの斜線と平行にしたいなど、回転角度が不明な場合は、以下の手順で作図済みの斜線の角度を「回転角」ボックスに取得します。

教材データ：107.jww

図（ソファとテーブル）を斜めの（壁）線と同じ向きに回転する方法

1 「移動」コマンドを選択する。

2 範囲選択の始点を🖱。

3 表示される選択範囲枠で回転移動の対象を囲み、終点を🖱。

4 コントロールバー「選択確定」ボタンを🖱し、移動対象を確定する。

☑ ここでは、自動的に決められた基準点で回転移動します。基準点を変更する場合は、4で「基準点変更」ボタンを🖱し、基準点を指示します。

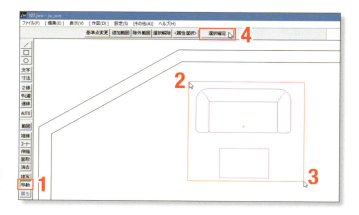

5 メニューバー［設定］－「角度取得」－「線角度」を選択する。

☑ 「線角度」では、次に🖱する線の角度を取得し、その角度をコントロールバー「回転角」ボックスに自動的に入力します。

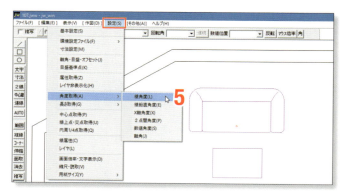

6 角度取得の基準線として壁線を🖱。

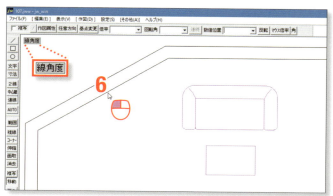

7 コントロールバー「回転角」ボックスに**6**の線の角度が自動入力され、その角度に回転した移動要素が仮表示されるので、移動先を🖱。

❓ 回転したい向きと180°逆に仮表示される
　➡ 下のコラム

6の線の角度が自動的に入力される

 回転角を180°変えるには

上記**7**で移動先を🖱する前に次の操作を行うことで、仮表示のソファの向きを180°変更できます。

1 コントロールバー「回転角」ボックスの ▼ を🖱。

☑ 「数値入力」ボックスの ▼ を🖱すると、「数値入力」ダイアログが開きます。「数値入力」ダイアログでは、数値を🖱して入力することや、電卓欄で計算した結果を入力することができます。

2 「数値入力」ダイアログ「±180°OK」ボタンを🖱。

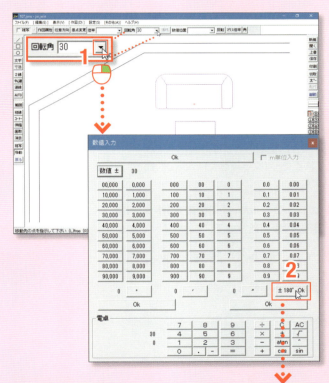

コントロールバー「回転角」ボックスの角度が-180°変更され、仮表示のソファの向きが上記**7**の時点から180°回転します。

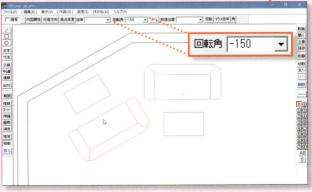

No.108

図を反転したい

「移動」コマンドのコントロールバー「反転」を選択し、反転基準線を指示することで、基準線を軸として反転することができます（CASE 1）。また、左右反転・上下反転の場合に限り、基準線を作図せずに、「移動」コマンドの「倍率」での指定で反転できます（CASE 2）。

教材データ：108.jww

CASE 1　基準線を軸に図を反転する方法

1　「移動」コマンドを選択する。

2　範囲選択の始点を🖱。

3　表示される選択範囲枠に図全体が入るように囲み、終点を🖱。

> ✓ 文字も含めて反転する場合は、終点を🖱（文字を含む）します。文字の位置は移動しますが、文字自体が裏返しになることはありません。教材データの図面の寸法は寸法図形になっているため、終点を🖱（文字を除く）しても寸法値は選択されます。

4　コントロールバー「選択確定」ボタンを🖱し、移動対象を確定する。

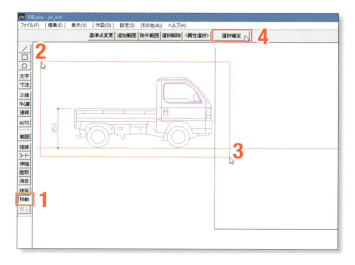

5　コントロールバー「反転」ボタンを🖱。

6　反転の基準線を🖱。

移動要素が、6の線を軸に反転して移動されます。

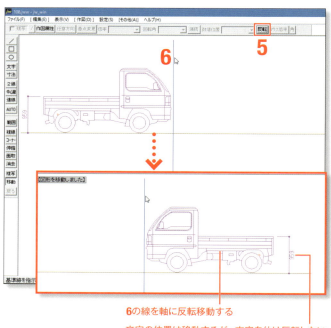

6の線を軸に反転移動する
文字の位置は移動するが、文字自体は反転しない

CASE 2　倍率指定で図を左右反転する方法

1 「移動」コマンドを選択する。

2 範囲選択の始点を🖱。

3 表示される選択範囲枠に図全体が入るように囲み、終点を🖱。

4 コントロールバー「基準点変更」ボタンを🖱。

☑ コントロールバー「基準点変更」ボタンを🖱することで、移動対象が確定し、移動の基準点を指示する段階になります。

5 移動の基準点を🖱。

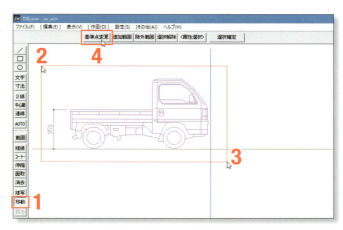

6 コントロールバー「倍率」ボックスの▼を🖱し、リストから「-1,1」を🖱で選択する。

☑ 「倍率」ボックスに、移動元を「1」とした倍率「X（横），Y（縦）」を入力することで大きさを変更して移動できます。ここでは、大きさは変更せずに左右を反転するため、横方向の倍率を「-1」（マイナス値は反転）、縦方向の倍率を「1」とします。上下反転する場合は「1,-1」を指定します。

7 移動先の点を🖱。

移動要素が左右反転して移動されます。

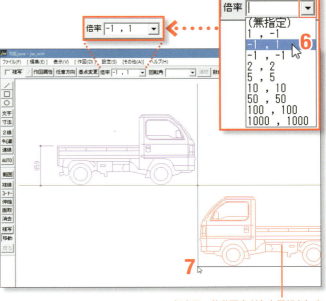

仮表示の移動要素が左右反転される

No. 109

図の一部を切り取って複写したい

「複写」コマンドで、コントロールバー「切取り選択」にチェックを付けて範囲選択することで、選択範囲枠内部を切り取って複写できます。

教材データ：109.jww

図の一部を切り取って複写する方法

1 「複写」コマンドを選択する。

2 コントロールバー「切取り選択」にチェックを付ける。

3 切り取る範囲の始点を🖱(free)。

☑ コントロールバー「切取り選択」にチェックを付けた場合、範囲の始点と終点を指示するクリックは🖱(free)／🖱(Read)になり、選択範囲枠に入る文字も選択します。

4 表示される選択範囲枠で切り取り複写の対象を囲み、終点を🖱(free)。

☑ 選択範囲枠に全体が入る要素が選択色で、その一部が入る要素（切り取られる要素）が選択色の点線で表示されます。切り取り複写できるのは線・円・弧で、文字やソリッド（塗りつぶし）・寸法図形・ブロック・画像の一部を切り取り複写することはできません。

5 コントロールバー「選択確定」ボタンを🖱。

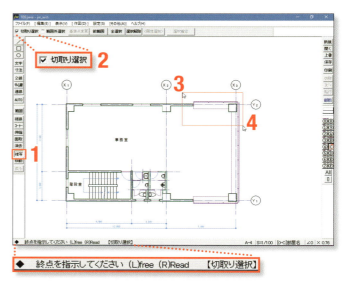

6 切り取り複写要素がマウスポインタに仮表示されるので、複写先を🖱。

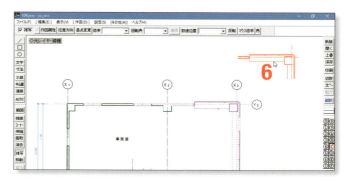

No. 110 図の大きさを変えたい

図の大きさをどのように変えたいですか。ここでは、倍率を指定して図全体の大きさを変更する方法（CASE 1）と、図の一部を伸縮（パラメトリック変形）して幅や高さを変更する方法（CASE 2）の、2通りの方法を説明します。なお、図の縮尺を変えたい場合はp.170を参照してください。

教材データ：110.jww

CASE 1　倍率を指定して、幅を（1000mm⇒1500mmに）変更する方法

1 「移動」コマンドを選択する。

2 範囲選択の始点を🖱。

3 テーブル全体を選択範囲枠で囲み、終点を🖱。

4 コントロールバー「選択確定」ボタンを🖱。

☑ 教材図面の寸法は寸法図形になっているため、終点を🖱（文字を除く）しても寸法値は選択されます。また、寸法線の長さが変わると、その寸法値も寸法線の実寸値に変更されます。

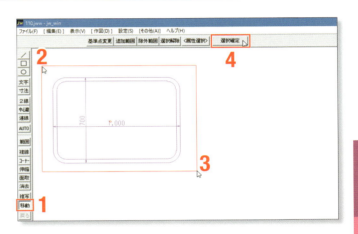

5 コントロールバー「倍率」ボックスを🖱し、「1.5，1」を入力する。

☑ 「倍率」ボックスには、対象とした図の大きさを「1」とした「横（X），縦（Y）」の倍率を入力します。1000×700mmのテーブルを1500×700mmに変更するには、横を1.5倍、縦を等倍（変更なし）にするため、「1.5，1」を入力します。

6 移動先を🖱。

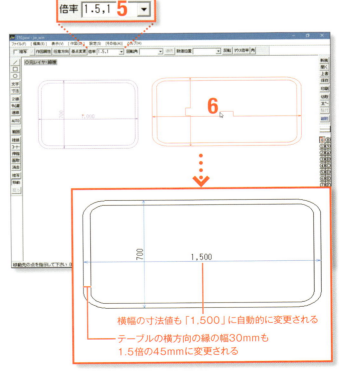

横幅の寸法値も「1,500」に自動的に変更される

テーブルの横方向の縁の幅30mmも1.5倍の45mmに変更される

CASE 2　図の一部を伸縮して、幅を（1000mm⇒1500mmに）変更する方法

1 メニューバー［その他］－「パラメトリック変形」を選択する。

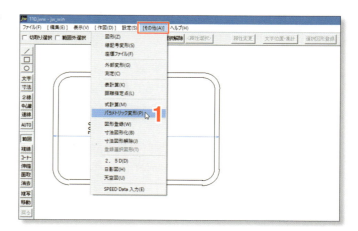

2 範囲選択の始点として、右図の位置で🖱。

3 右図のように、選択範囲枠でテーブルの右側を囲み、終点を🖱。

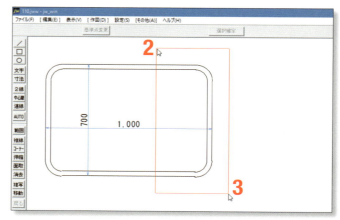

☑ 選択範囲枠に全体が入る要素が選択色に、一方の端点が入る線が選択色の点線になります。この後の指示で、選択色の要素が移動し、それに伴い、点線表示の線が伸び縮みします。練習図面の寸法は寸法図形のため、選択色の点線表示になった寸法線の寸法値も選択色で表示されます。寸法線の長さが変わると、その寸法値も寸法線の実寸値に変更されます。

4 コントロールバー「選択確定」ボタンを🖱。

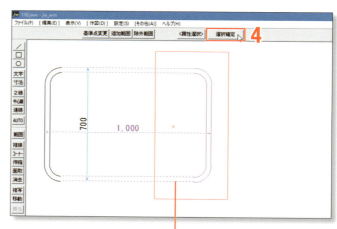

選択範囲枠に全体が入る要素が選択色の実線になり、一方の端点が入る線が選択色の点線になる

☑ 自動的に決められた基準点をマウス位置として、点線表示部分がマウスポインタに従って伸縮します。ここで移動先をクリック指示することでもパラメトリック変形できます。基準点を変更する場合は、コントロールバー「基点変更」ボタンを🖱します。

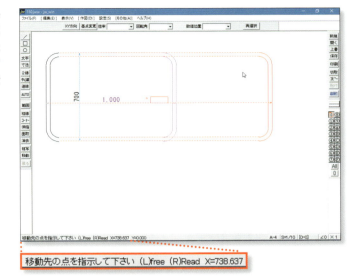

5 コントロールバー「**数値位置**」ボックスに「500，0」を入力し、Enterキーを押して確定する。

☑ 「数値位置」ボックスには、「水平方向（X），垂直方向（Y）」の移動距離（mm）を入力します。移動距離は、右と上に移動する場合は「+」（プラス）数値、左と下に移動する場合は「−」（マイナス）数値で指定します。ここでは、テーブルの右端を右へ500mm移動することでテーブルの幅を500mm伸ばすため、「500，0」を入力します。

6 作図ウィンドウ左上に【図形をパラメトリック変形しました】(500,0) と表示され、テーブルの右側が500mm伸びるので、コントロールバー「**再選択**」ボタンを🖱して確定する。

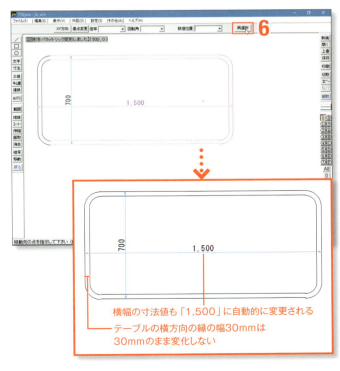

横幅の寸法値も「1,500」に自動的に変更される
テーブルの横方向の縁の幅30mmは30mmのまま変化しない

No.111 倍率指定で、文字も一緒に大きさ変更したい

文字を含めた図をp.165のCASE 1の方法で大きさ変更した場合、図寸で管理されている文字の大きさは変更されません。ここでは、表を0.6倍の大きさに変更する例で、文字の大きさも一緒に変更する方法を紹介します。

教材データ：111.jww

「移動」コマンドの倍率指定で文字も一緒に大きさ変更する方法

1 「移動」コマンドを選択する。

2 範囲選択の始点を🖱。

3 表示される選択範囲枠で移動対象を囲み、終点を🖱（文字を含む）。

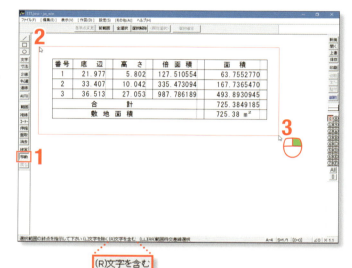

4 選択範囲枠に入るすべての要素が選択色になったことを確認し、コントロールバー「選択確定」ボタンを🖱。

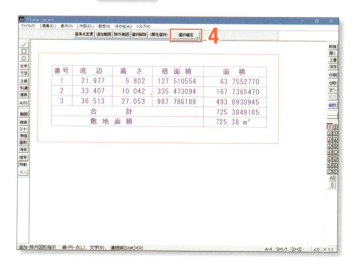

5 コントロールバー「倍率」ボックスを🖱し、「0.6」を入力する。

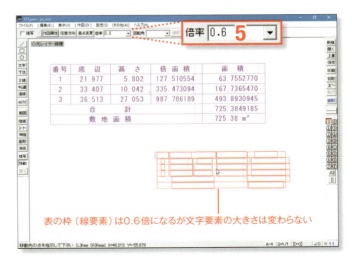

表の枠（線要素）は0.6倍になるが文字要素の大きさは変わらない

6 コントロールバー「作図属性」ボタンを🖱。

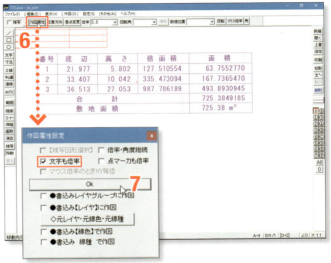

7 「作図属性設定」ダイアログの「文字も倍率」にチェックを付け、「OK」ボタンを🖱。

✓ 「作図属性設定」ダイアログの「文字も倍率」にチェックを付けることで、文字の大きさも5で指定した0.6倍の大きさに変更されます。この指定は、Jw_cadを終了するまで有効です。

8 移動先を🖱。

上記3で選択した表全体（罫線と文字）が0.6倍の大きさに変更されます。0.6倍の大きさに変更された文字の文字種は任意サイズになります。

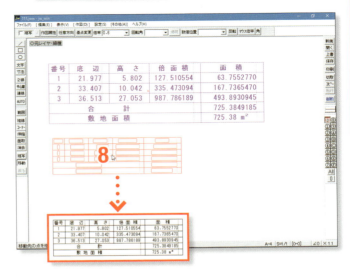

No. 112

図面の縮尺を変更したい

図面の縮尺は、ステータスバー「縮尺」ボタンを🖱して開く「縮尺・読取　設定」ダイアログで変更できます。

教材データ：112.jww

図面の縮尺を（1/100から1/200に）変更する方法

1 ステータスバー「縮尺」ボタン（またはメニューバー［設定］－「縮尺・読取」）を🖱。

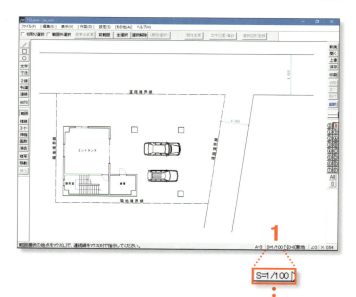

2 「縮尺・読取　設定」ダイアログの「縮尺変更時」欄で、「実寸固定」を選択し、「文字サイズ変更」にチェックを付ける。

☑ 「文字サイズ変更」にチェックを付けることで、縮尺変更に伴い、図面上の文字の大きさも変更されます。チェックを付けない場合、文字の大きさは変更されません。

3 縮尺の「分母」ボックスを「200」に変更し、「OK」ボタンを🖱。

図面の実寸法を保ち、用紙中心を原点にして1/200に変更されます。上記**2**で「文字サイズ変更」にチェックを付けたため、図面の大きさ変更に伴い、文字の大きさも変更されます。大きさが変更された文字の文字種は任意サイズになります。

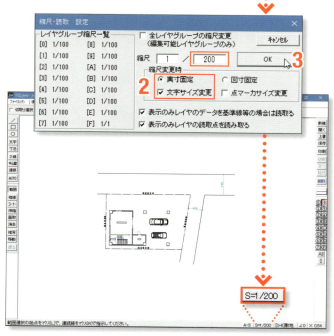

No.113 図面枠の大きさを変えずに縮尺だけを変更したい

例えば、A4用紙にS＝1/100の設定で作図した図面枠を利用してS＝1/200の図面をかきたいといった場合は、図面枠のA4用紙に対する大きさを変えずに、縮尺だけを1/200に変更します。

教材データ：113.jww

図面枠の大きさを変えずに縮尺だけを（1/200に）変更する方法

1. ステータスバー「縮尺」ボタン（またはメニューバー［設定］－「縮尺・読取」）を🖱。

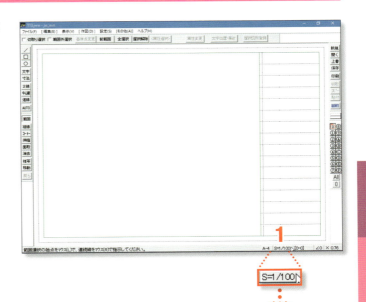

2. 「縮尺・読取　設定」ダイアログの「図寸固定」を選択する。

☑ 「図寸固定」を選択することで、作図済みの図は縮尺変更に連動せずに、用紙に対する大きさ・長さを保ったまま、縮尺だけが変更されます。

3. 縮尺の「分母」ボックスに「200」を入力し、「OK」ボタンを🖱。

用紙に対する図面枠の大きさは変わらず、縮尺設定だけが1/200に変更されます。

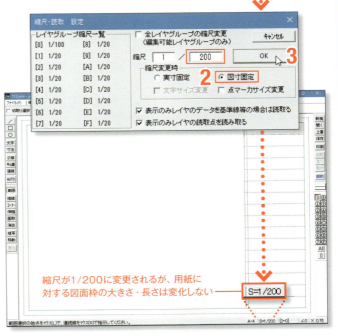

縮尺が1/200に変更されるが、用紙に対する図面枠の大きさ・長さは変化しない

No. 114

作図済みの図の線色をまとめて変えたい

「範囲」コマンドで、線色を変更する対象を選択して線色を変更します。ここでは、範囲選択した要素すべてを「線色4」に変更する例で説明します。

教材データ：114.jww

作図済みの線の色をまとめて変える方法

1 「範囲」コマンドを選択する。

2 範囲選択の始点を🖱。

3 表示される選択範囲枠で、線色を変更する対象を囲み、終点を🖱（文字を含む）。

☑ 本来は3で🖱して文字を対象にする必要はありませんが、ここでは、線色変更の性質を理解するため、🖱で文字も対象に含めます。

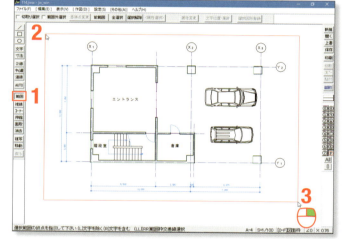

4 コントロールバー「属性変更」ボタンを🖱。

5 属性変更のダイアログの「指定【線色】に変更」を🖱。

6 「線属性」ダイアログで、変更後の線色（ここでは「線色4」）を選択し、「OK」ボタンを🖱。

☑ 線種を変更する場合は、5で「指定 線種 に変更」を選択し、6で変更後の線種を指定します。

7 属性変更のダイアログの「OK」ボタンを🖱。

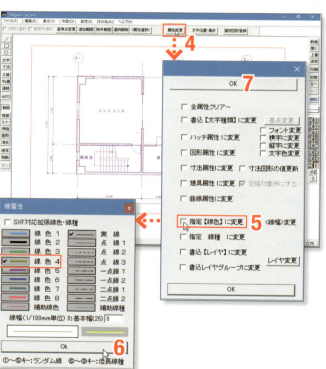

3で選択した要素の線色が、**6**で指定した線色4に変更されます。

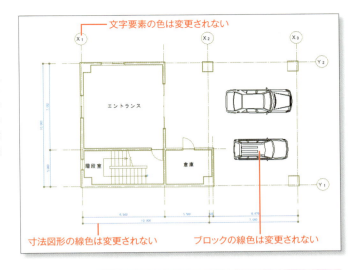

❓ **選択した線の色が変わらない** 👉

文字要素の色は変更されません（文字色の変更 👉 p.90）。また、ブロックや寸法図形要素の線色も変更されません。それらの線色を変更するには、ブロック解除（👉 p.197）、寸法図形解除（👉 p.115）をしたうえ、**1**〜の操作を行います。

 特定の線色や線種の要素だけを選択して色変更するには

前ページ**4**の操作前に以下の操作を行い、選択色の要素から特定の要素だけを選択します。ここでは、線色6の要素だけを選択する例で説明します。

1 コントロールバー「〈属性選択〉」ボタンを🖱。

2 属性選択のダイアログの「指定【線色】指定」を🖱。

3 「線属性」ダイアログで、「線色6」を選択し、「OK」ボタンを🖱。

4 属性選択のダイアログの「【指定属性選択】」にチェックが付いていることを確認し、「OK」ボタンを🖱。

選択色の要素の中から、**3**で指定した線色6の要素だけが選択色になり、他の要素は元の色に戻ります。
続けて前ページの**4**からの操作を行うことで、線色6の要素だけを線色4に変更できます。

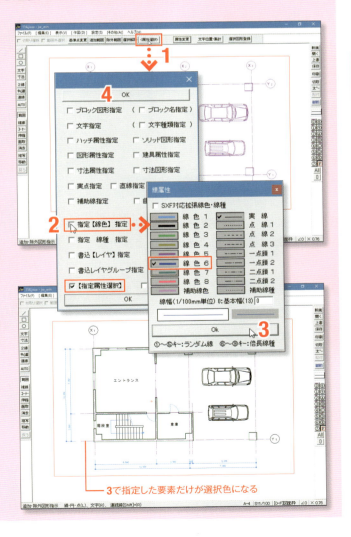

No. 115 線・円・弧の一部分を異なる線種に変更したい

線・円・弧の一部分の線色・線種を変えることはできません。線色・線種を変える個所で線・円・弧を切断して2つの線（または弧）に分けたうえ、線色・線種を変更します。ここでは、矩形に重なる円弧部分の線種を「点線3」に変更する例で説明します。

教材データ：115.jww

線・円・弧の一部を異なる線種に変更する方法

1 「消去」コマンドを選択する。

2 切断対象の円弧を🖱（部分消し）。

3 部分消しの始点として切断位置の交点を🖱。

4 部分消しの終点として3と同じ点を🖱。

☑ 部分消しの始点と終点で同じ点を🖱することで、対象とした線・円・弧をその位置で2つに切断します。

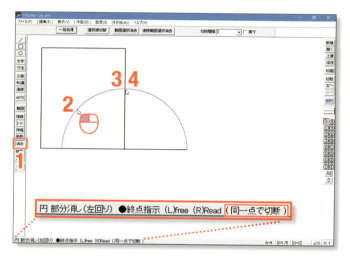

5 「線属性」コマンドを選択し、書込線を変更後の線色・線種（ここでは線色6・点線3）にする。

6 メニューバー［編集］-「属性変更」を選択する。

7 コントロールバー「線種・文字種変更」にチェックが付いていることを確認し、「書込みレイヤに変更」のチェックを外す。

☑ コントロールバー「書込みレイヤに変更」にチェックが付いていると、線色・線種の変更と一緒にレイヤも書込レイヤに変更します。ここではレイヤは変更しないため、チェックを外します。

8 変更対象の円弧を🖱。

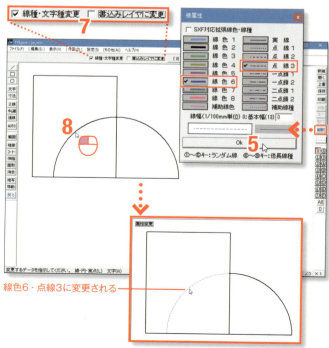

線色6・点線3に変更される

No. **116**

作図済みの要素と同じレイヤに同じ線色・線種で作図したい

書込レイヤと書込線（線色・線種）を作図済み要素と同じ設定にしたうえで作図します。「属性取得」コマンドでは、作図済みの要素を🖱することで、書込レイヤと書込線を🖱した要素と同じ設定にします。この方法は、作図済みの要素の作図されているレイヤを知りたい場合や線色・線種を知りたい場合にも利用できます。

教材データ：116.jww

🖱した要素と同じ書込線（線色・線種）と書込レイヤにする方法

1 メニューバー［設定］－「属性取得」を選択する。（または Tab キーを押す ☞ p.82）。

2 作図ウィンドウ左上に 属性取得 と表示されるので、対象とする線（または円・弧）を🖱。

✓ 作図済みの要素の線色・線種（または文字種）・レイヤなどを「属性」と呼びます。「属性取得」コマンドでは、🖱した要素の属性を取得し、書込レイヤと書込線（または書込文字種）を同じ設定にします。

❓「選択されたブロックを編集します」ダイアログが表示される ☞ 🖱した要素はブロック図形（☞ p.196）です。「キャンセル」ボタンを🖱してダイアログを閉じてください。書込線と書込レイヤは🖱した要素と同じ設定に変わっています。

🖱した要素が作図されているレイヤが書込レイヤになり、書込線は🖱した要素と同じ線色・線種になります。

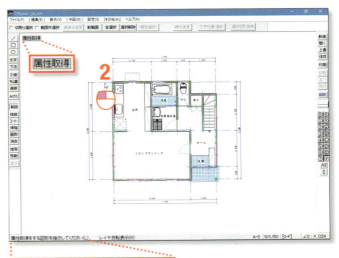

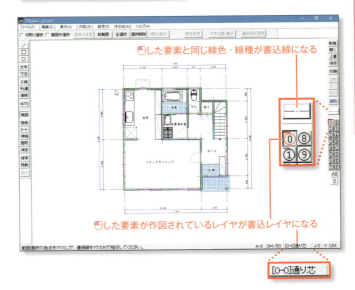

No.117

図面がどのようにレイヤ分けされているかを知りたい

レイヤバーで凹表示になっている書込レイヤボタンを🖱することで、「レイヤ一覧」ウィンドウが開き、どのレイヤに何が作図されているかを一覧できます。

📄 教材データ：117.jww

「レイヤ一覧」ウィンドウで各レイヤに作図されている要素を確認する方法

1 レイヤバーの書込レイヤ（凹表示のレイヤ）ボタンを🖱。

☑ レイヤバーの書込レイヤボタンを🖱することで、各レイヤの要素が一覧表示される「レイヤ一覧」ウィンドウが開きます。「レイヤ一覧」ウィンドウの各レイヤ枠内では、🖱➘ 拡大 や 🖱➚ 全体 などの両ボタンドラッグによるズーム操作（☞p.122）が行えます。

2 レイヤ枠内で、拡大したい範囲を🖱➘ 拡大 し、拡大表示する。

3 同じレイヤ枠内で🖱➚ 全体 し、全体表示する。

4 レイヤ分けを確認できたら、「レイヤ一覧」ウィンドウの右上の✕（閉じる）を🖱し、ウィンドウを閉じる。

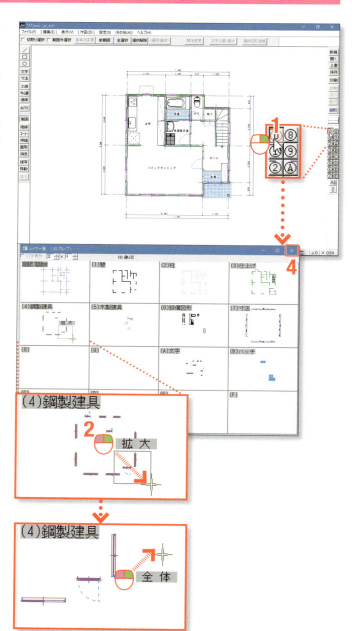

No.118 レイヤ番号に付いた「×」や「／」を外したい

レイヤ番号に「×」や「／」が付いたレイヤを「プロテクトレイヤ」と呼びます。プロテクトレイヤの要素を編集することはできません。また、×が付いたプロテクトレイヤは、その表示状態を変更することもできません。プロテクトレイヤの要素を編集するには、×や／を外してプロテクトレイヤを解除します。

教材データ：118.jww

プロテクトレイヤを解除する方法

1 レイヤバーの「／」の付いたレイヤ番号ボタンを、Ctrlキーを押したまま🖱。

2 レイヤバーの「×」の付いたレイヤ番号ボタンを、Ctrlキーを押したまま🖱。

☑ ×、／のいずれのプロテクトレイヤも、Ctrlキーを押したままレイヤ番号を🖱することで解除できます。

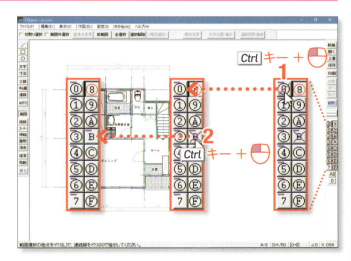

プロテクトレイヤを設定するには

以下の操作で、書込レイヤ以外のレイヤをプロテクトレイヤに設定できます。

- ◉ 🅰 ／の付いたプロテクトレイヤ
  Ctrlキーを押したままレイヤ番号を🖱。

- ◉ 🅱 ×の付いたプロテクトレイヤ
  CtrlキーとShiftキーを両方とも押したままレイヤ番号を🖱。

No.119 特定の線色・線種の要素をレイヤ変更したい

「範囲」コマンドで、レイヤを変更する対象を選択して書込レイヤに変更します。特定の線色や線種の要素だけをレイヤ変更する場合は、レイヤ変更指示前に、コントロールバー「〈属性選択〉」ボタンを🖱し、対象とする要素の属性を指定して選択します。ここでは、「線色6・一点鎖2」の要素を「0」レイヤに変更する例で説明します。教材図面を開いたら、「レイヤ一覧」ウィンドウ（☛ p.176）でレイヤ分けを確認したうえで以下の練習を行ってください。

教材データ：119.jww

特定の線色・線種（線色6・一点鎖2）のすべての要素を「0」レイヤに変更する方法

1 属性取得を利用して、レイヤ変更対象要素（ここでは通り芯）の線色・線種を確認する。
   属性取得 ☛ p.175

2 「範囲」コマンドを選択する。

3 範囲選択の始点を🖱。

4 表示される選択範囲枠でレイヤを変更する対象を囲み、終点を🖱。

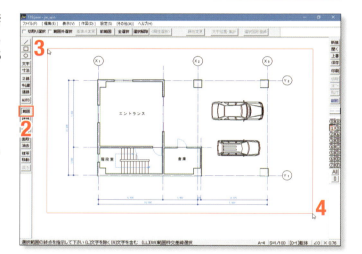

5 コントロールバー「〈属性選択〉」ボタンを🖱。

6 属性選択のダイアログの「指定【線色】指定」を🖱。

7 「線属性」ダイアログで、「線色6」が選択されていることを確認し、「OK」ボタンを🖱。

✓ 1で通り芯を属性取得したことで、「線属性」ダイアログでは、通り芯と同じ「線色6」「一点鎖2」が選択されています。

8 属性選択のダイアログの「指定　線種　指定」を🖱。

9 「線属性」ダイアログで、「一点鎖2」が選択されていることを確認し、「OK」ボタンを🖱。

10 属性選択のダイアログで「【指定属性選択】」のチェックを確認し、「OK」ボタンを🖱。

☑ 5〜10の指定により、4で選択した要素から「線色6」かつ「一点鎖2」の要素だけを選択します。

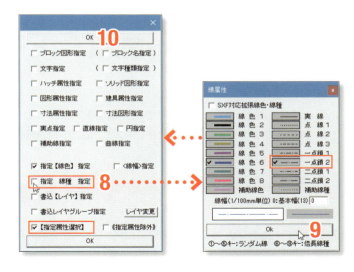

11 指定した条件（線色6・一点鎖2）の要素だけが選択されたことを確認し、レイヤ変更先の「0」レイヤを🖱して書込レイヤにする。

12 コントロールバー「属性変更」ボタンを🖱。

13 属性変更のダイアログで「書込【レイヤ】に変更」にチェックを付け、「OK」ボタンを🖱。

線色6でも実線の要素は選択されない

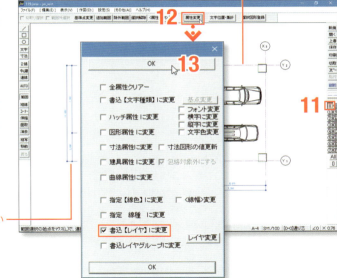

線色6・一点鎖2の要素だけが選択色になる

14 書込レイヤ（ここでは「0」レイヤ）ボタンを🖱し、「レイヤ一覧」ウィンドウで、線色6・一点鎖2の要素が「0」レイヤに変更されたことを確認する。

線色6・一点鎖2の要素が「0」レイヤに変更される

No. 120

図面の一部を別の図面にコピーしたい

Jw_cadを2つ起動して、それぞれで別の図面を開き、「コピー」&「貼付」を行うことで、一方の図面の一部（または全部）を他方の図面にコピーできます。ここでは、敷地図と平面図をそれぞれ開き、敷地図の図面に平面図をコピーする例で説明します。

教材データ：120a.jww／120b.jww

敷地図に平面図をコピーする方法

1 敷地図「120a.jww」を開き、平面図のコピー先として指示する点を作成し（「120a.jww」では作図済）、タイトルバー右上の ■（最小化）を🖱し、最小化する。

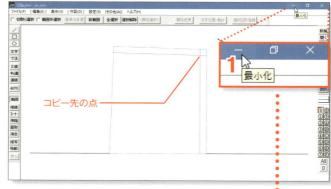

2 Jw_cadをもう1つ起動する。

☑ Windowsのデスクトップに「Jw_cad」のショートカットアイコンがある場合は、そのアイコンを🖱🖱してください。Windows 10/8では、タスクバーに最小化されたJw_cadアイコンを🖱し表示されるリストの「Jw_cad」を🖱することでもJw_cadをもう1つ起動できます。

3 起動したもう1つのJw_cadで、「開く」コマンドを選択し、コピー元の平面図「120b.jww」を開く。

4 「範囲」コマンドを選択し、範囲の始点を🖱。

5 表示される選択範囲枠で平面図を囲み、終点を🖱（文字を含む）。

6 コントロールバー「基準点変更」ボタンを🖱。

7 コピーの基準点を🖱。

8 「コピー」コマンドを🖱。

9 タスクバーにあるJw_cadのアイコンを🖱し、表示されるリストから敷地図「120a.jww」を開いたJw_cadを🖱。

☑ Jw_cadのアイコンが下図のように並んで表示される場合は、敷地図を開いた「120a-jw_win」を🖱してください。

10 敷地図を開いたJw_cadで、「貼付」コマンドを🖱。

☑ 「コピー」&「貼付」では、コピー元図面の実寸法を保持して貼り付けます（2つの図面の縮尺が異なっても実寸法はそのまま）。このとき、文字要素の大きさは変わりません。図と同じ割合で文字の大きさも変更するには、以下12の指定が必要です。作図ウィンドウ左上に ●書込レイヤに作図 と表示されるとき、コピー要素はすべて書込レイヤに貼り付けられます。コピー元と同じレイヤ分けで貼り付けるには、以下13の指定が必要です。

11 コントロールバー「作図属性」ボタンを🖱。

12 「作図属性設定」ダイアログの「文字も倍率」にチェックを付ける。

13 「◆元レイヤに作図」にチェックを付ける。

14 「OK」ボタンを🖱。

15 貼り付け位置として、あらかじめ作成した点を🖱。

🖱位置に平面図がコピー元と同じレイヤ分けで貼り付けられます。貼り付け完了後は、「／」コマンドを選択し、「貼付」コマンドを終了してください。また、タスクバーの平面図を開いているJw_cadは🖱で表示してから、終了してください。

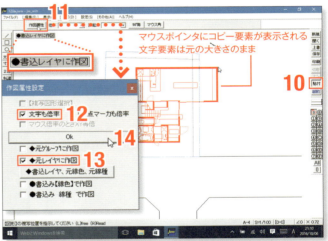

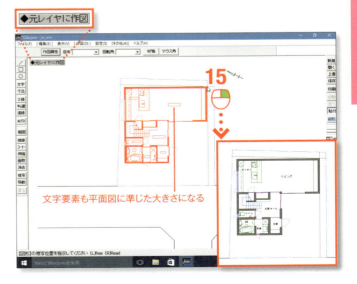

文字要素も平面図に準じた大きさになる

No.121 「コピー」&「貼付」がうまくいかない

Jw_cadはWindowsのOLE機能（☞ p.240）に未対応のため、Word、Excelなどの他アプリケーションとの間で「コピー」&「貼付」はできません。「コピー」&「貼付」は、Jw_cadで開いた図面間で行います（☞ p.180）。

教材データ：121a.jww／121b.jww

CASE 1　貼り付けた図や図に対する文字の大きさがおかしい場合

「コピー」&「貼付」では、コピー対象とした図（線・円・弧などの要素）の実寸法を保持して貼り付けられます。ただし、文字要素（図寸で管理されている）に限り、コピー元と同じ図寸で貼り付けられます。そのため、コピー元の図面と貼り付け先の図面の縮尺が異なる場合、図に対する文字の大きさがコピー元と異なります。

文字の大きさをコピー元と同じバランスにする方法 ☞ p.181の**11**～**12**

CASE 2　画像が貼り付けできない場合

コピー元図面でコピー対象を選択したとき、その画像も選択できているか確認してください（画像の選択 ☞ p.157 CASE 4）。貼り付け操作を行った後、画像の代わりに枠と文字だけが表示されるのであれば、コピー元図面の画像が同梱されていることが原因です。
コピー元の図面で以下の操作を行い、同梱されている画像を分離したうえ、「コピー」&「貼付」を行ってください。画像分離後にコピー元図面を上書き保存する必要はありません。

1 メニューバー［編集］－［画像編集］を選択する。

2 コントロールバー「画像分離」ボタンを🖱。

3 画像分離を確認するウィンドウの「OK」ボタンを🖱。

4 分離結果を示すウィンドウの「OK」ボタンを🖱。

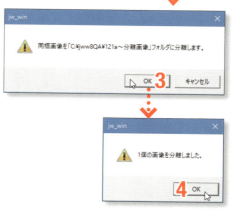

CASE 3　一部の線が貼り付けられない場合

貼り付けられない線はSXF対応拡張線色・線種の「ユーザー定義線種」の線です。コピー元図面で定義されていたユーザー定義線種が、コピー先の図面ではないため、貼り付けられても表示されません。以下の手順で、コピー元図面と同じユーザー定義線種を設定してください。

1 コピー元の図面「121a.jww」で、貼り付けられない線を属性取得する（☞ p.175）。

2 「線属性」コマンドを🖱し、書込線になっているユーザー定義線種の番号を確認し、「線種」ボタンを🖱。

3 「ユーザー定義線種設定」ダイアログで、「セグメント数」と「ピッチ」の数字を確認し、「キャンセル」ボタンを🖱。「線属性」ダイアログも閉じる。

4 コピー先の図面「121b.jww」を開き、「線属性」コマンドを🖱。

5 ユーザー定義線種の番号ボックスの▼を🖱して2で確認した番号にし、「線種」ボタンを🖱。

6 「ユーザー定義線種設定」ダイアログの「セグメント」の▼を🖱し、3で確認した数値（4）を選択する。

7 ピッチの数値を3で確認した数値に変更する。

8 「OK」ボタンを🖱。

9 「線種名設定」ダイアログの「OK」ボタンを🖱。

10 「線属性」ダイアログの「ユーザー定義線種」ボタンを🖱し、5～8で指定した線種が表示されるのを確認し、「OK」ボタンを🖱。

🖱↗全体し、作図ウィンドウを再表示することで設定したユーザー定義線種が表示されます。

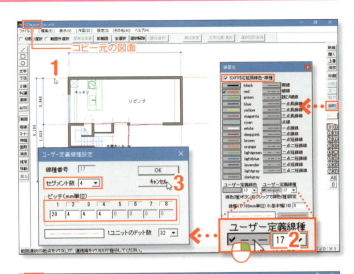

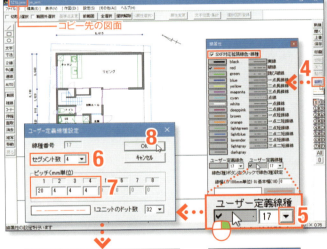

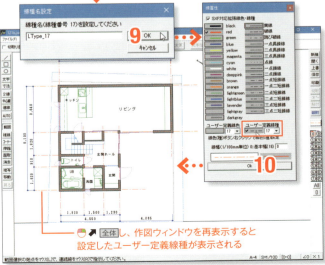

No.122

2点間を等分割する点をかきたい

「分割」コマンドで行います。ここでは、図面枠の対角を2等分する仮点を作図する例で説明します。

教材データ：122.jww

2点間を等分割する点を作図する方法

1 メニューバー[編集]-「分割」を選択する。

2 コントロールバー「分割」ボックスに分割数「2」を入力する。

3 コントロールバー「仮点」にチェックを付ける。

> コントロールバー「仮点」にチェックを付けると、書込線色の仮点を作図します。チェックを付けない場合は、書込線色の実点を作図します。仮点は編集対象にならない点で、印刷もされません。仮点の消去方法については、p.147 CASE 9 を参照してください。

4 分割の始点として、枠の左下角を🖱。

5 分割の終点として、枠の右上角を🖱。

6 2点間を分割するため、作図ウィンドウの何もない位置で🖱。

4-**5**間を2等分する仮点が作図されます。

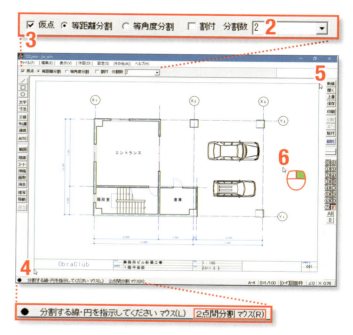

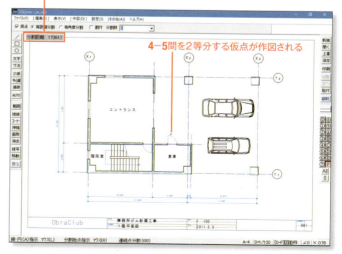

2等分した距離が表示される

4-5間を2等分する仮点が作図される

No.123 円を等分割したい

「分割」コマンドで行います。ここでは、円を13分割する実点を円周上に作図する例で説明します。

教材データ：123.jww

円を等分割する点を作図する方法

1 あらかじめ分割の始点として指示できる読取点を作図しておく（「123.jww」では作図済み）。

2 「線属性」コマンドを選択し、書込線を作図する点の色にする。

3 メニューバー［編集］－「分割」を選択する。

4 コントロールバー「分割」ボックスに分割数「13」を入力する。

5 コントロールバー「仮点」にチェックが付いていないことを確認し、分割の始点を🖱。

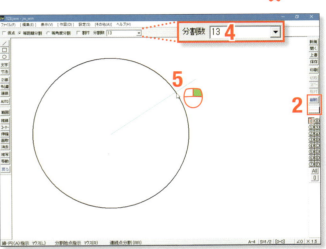

6 分割する円を🖱。

☑ 円周上の2点間や弧を等分割する点を作図する場合は、6で分割の終点を🖱し、その後で分割する円・弧を🖱します。

右下図のように、円を13分割する書込線色の実点が作図されます。

☑ コントロールバー「仮点」にチェックがない状態では、書込線色の実点を作図します。「仮点」にチェックを付けた場合は、書込線色の仮点（編集・印刷対象にならない点）を作図します。

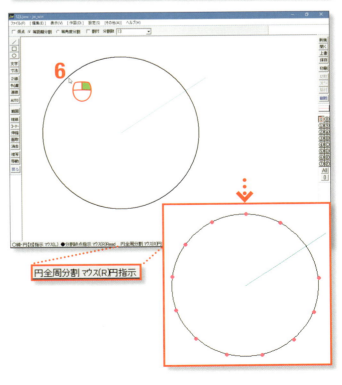

No. 124

円周上の指定距離の位置に点をかきたい

「距離指定点」コマンドで、始点から指定距離の位置に点を作図できます。ここでは、弧の端点から弧の円周上に800mmの位置に実点を作図する例で説明します。

教材データ：124.jww

円周上の指定距離の位置に点をかく方法

1 メニューバー［その他］－「距離指定点」を選択する。

2 コントロールバー「距離」ボックスに指定距離「800」を入力する。

3 始点を。

4 円・弧を。

☑ 4で線や円・弧をすることで、線上または円周上の始点から指定距離の位置に点を作図します。コントロールバー「仮点」にチェックがない場合は書込線色の実点を、チェックを付けた場合は書込線色の仮点（編集・印刷対象にならない点）を作図します。

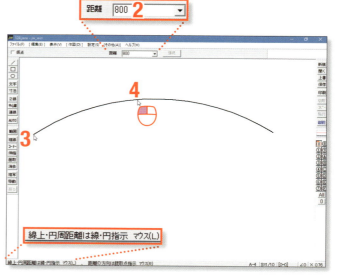

5 コントロールバー「連続」ボタンを。

☑ コントロールバー「連続」ボタンをすることで、4で作図した点からコントロールバー「距離」ボックスで指定の位置にさらに点を作図します。

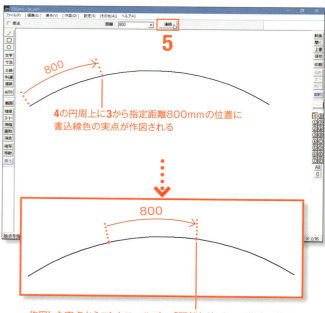

4の円周上に3から指定距離800mmの位置に書込線色の実点が作図される

作図した実点からコントロールバー「距離」ボックスで指定の位置にさらに実点が作図される

No.125 既存点からの相対座標で点指示したい

「オフセット」を利用することで、既存点からの相対座標で点指示できます。ここでは、既存の交点から右へ300mm、下へ200mmの位置に点を作図する例で説明します。

教材データ：125.jww

既存点から右へ300mm、下へ200mmの位置に点を作図する方法

1 メニューバー[作図]－[点]を選択する。

2 点位置として、右図の交点にマウスポインタを合わせ🖱⬇（右ボタンを押したまま下方向へドラッグ）し、右図のクロックメニューAM6時[オフセット]が表示されたらボタンをはなす。

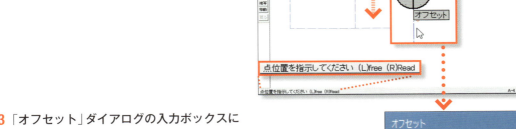

3 「オフセット」ダイアログの入力ボックスに「300,-200」を入力する。

☑ 「オフセット」ダイアログの入力ボックスに、**2**の点を原点としたX方向の距離とY方向の距離を、「,」（半角カンマ）で区切って入力します。原点から右方向と上方向は＋（プラス）、左方向と下方向は－（マイナス）数値で入力します。

4 「OK」ボタンを🖱。

上記**2**の点から右へ300mm、下へ200mmの位置に書込線色の実点が作図されます。

☑ ここでは「点」コマンドを例に説明しましたが、🖱⬇AM6時[オフセット]は、選択したコマンドに関わらず、点指示時に共通して利用できます。

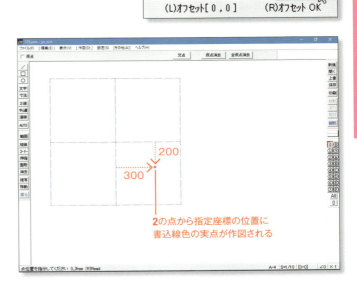

2の点から指定座標の位置に書込線色の実点が作図される

No.126 ハッチングを作図したい

「ハッチ」コマンドで、範囲とハッチングの種類・角度・ピッチを指定してハッチングを作図します。ハッチングの範囲を囲む連続線が閉じている場合（CASE 1）と、閉じていない場合（CASE 2）では、範囲の指示方法が異なります。

教材データ：126.jww

CASE 1　閉じた連続線内にハッチングを作図する方法

1 メニューバー［作図］-「ハッチ」を選択する。

2 書込線をハッチングの線色・線種にする。

3 ハッチングを作図する範囲として、外側の閉じた連続線を🖱。

☑ 🖱した線に連続するすべての線が選択色になり、それらの線に囲まれた内部がハッチングを作図する範囲になります。中抜きしてハッチングを作図する場合は、さらに中抜き範囲を指定します。

4 中抜き範囲の外形線（右図では円）を🖱。

5 コントロールバーでハッチングの種類・角度・ピッチ（右図では「1線」、角度「45」、ピッチ「5」）を指定する。

☑ コントロールバー「実寸」にチェックがない状態では、ピッチは図寸mm（印刷したときの寸法）で指定します。

6 コントロールバー「実行」ボタンを🖱。

右下図のようにハッチングされます。続けて他の範囲にハッチングを作図する場合は、コントロールバー「クリアー」ボタンを🖱して、現在のハッチ範囲を解除したうえで、新しいハッチング範囲を指定します。

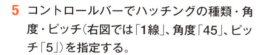

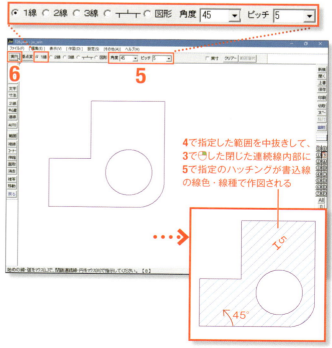

4で指定した範囲を中抜きして、3で🖱した閉じた連続線内部に5で指定のハッチングが書込線の線色・線種で作図される

CASE 2　連続線が閉じていない範囲にハッチングを作図する方法

1 メニューバー[作図]-「ハッチ」を選択する。

2 ハッチングを作図する範囲の開始線を🖱。

3 開始線につながる次の線を🖱。

4 次の線を🖱。

> ☑ 4で、3の延長上の線を🖱すると 計算できません と表示され、次の線として選択されません。
> 4では、3の線の延長上で交差する線を指示します。

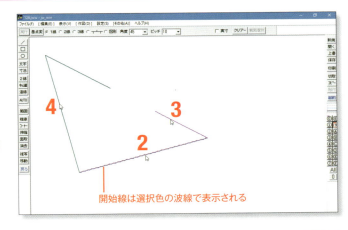

5 再び開始線を🖱し、ハッチング範囲を確定する。

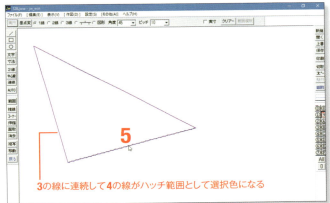

6 コントロールバーでハッチングの種類・角度・ピッチ（右図では「2線」、角度「45」、ピッチ「5」、線間隔「1」）を指定する。

7 コントロールバー「実行」ボタンを🖱。

右下図のようにハッチングが作図されます。

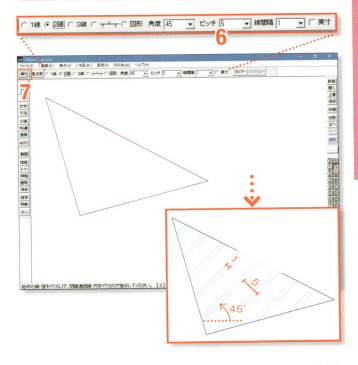

No.127 図面の一部を塗りつぶしたい

塗りつぶしは、「多角形」コマンドの「任意」の「ソリッド図形」で行います。塗りつぶす範囲の指示方法には、外周点を指示してその内部を塗りつぶす方法（CASE 1）と、閉じた連続線に囲まれた内部を塗りつぶす方法（CASE 2）があります。Jw_cadでは塗りつぶしを「ソリッド」と呼びます。

教材データ：127.jww

CASE 1　外周点を指示してその内部を塗りつぶす方法

1. メニューバー［作図］－「多角形」を選択し、コントロールバー「任意」ボタンを🖱。

2. コントロールバー「ソリッド図形」にチェックを付ける。

3. コントロールバー「任意色」にチェックを付け、「任意■」ボタンを🖱。

4. 「色の設定」パレットで、塗りつぶし色を🖱で選択し、「OK」ボタンを🖱。

☑ 上記3の「任意色」にチェックを付けることで、塗りつぶし色を自由に指定できます。チェックを付けない場合は、書込線色で塗りつぶします。任意色で塗りつぶしたソリッドは、「印刷」コマンドのコントロールバー「カラー印刷」にチェックを付けない場合も、塗りつぶした色（カラー）で印刷されます。

5. コントロールバー「曲線属性化」にチェックを付ける。

☑ 塗りつぶし（ソリッド）は、指定範囲を三角形や四角形に分割して塗りつぶします。5のチェックを付けることで、1回の操作で塗りつぶしたソリッドをひとまとまりとして扱います。

6. 始点として、右図の角を🖱。

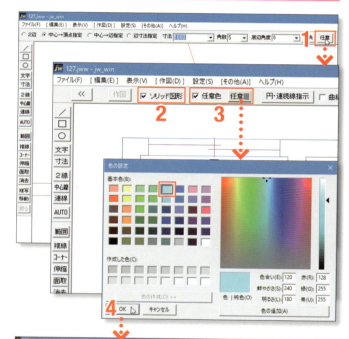

7 中間点として、次の角を🖱。

8 終点として、次の角を🖱。

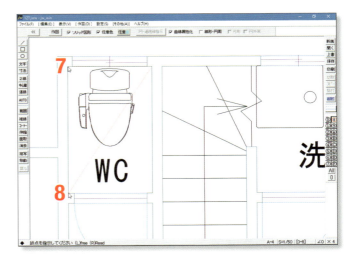

9 終点として、その次の角を🖱。

10 コントロールバー「作図」ボタンを🖱。

前ページ**4**で指定した塗りつぶし色で、**6**〜**9**に囲まれた範囲が塗りつぶされます。

 塗りつぶし（ソリッド）に重なる線や文字が、ソリッドに隠れて表示されない 👉 下のコラム

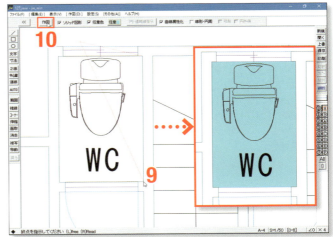

✏️ 塗りつぶし（ソリッド）に重なる線や文字を表示するには

メニューバー［設定］-「基本設定」を選択し、「jw_win」ダイアログの「一般（1）」タブの「画像・ソリッドを最初に描画」にチェックを付け、「OK」ボタンを🖱してください。
塗りつぶし（ソリッド）に重なる線や文字が隠れることなく、表示・印刷されます。

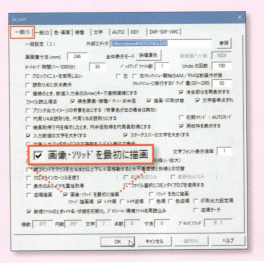

CASE 2　閉じた連続線に囲まれた内部を塗りつぶす方法

1 メニューバー[作図]－「多角形」を選択し、コントロールバー「任意」ボタンを🖱。

2 コントロールバー「ソリッド図形」と「任意色」にチェックを付ける。

3 コントロールバー「任意■」ボタンを🖱し、「色の設定」パレットで塗りつぶし色を🖱で選択し、「OK」ボタンを🖱。

4 コントロールバー「曲線属性化」にチェックを付ける。

5 コントロールバー「円・連続線指示」ボタンを🖱。

☑ 塗りつぶし範囲の指定方法として、外周点を指示する方法（☞ p.190）と、閉じた外形線を指示する2つの方法があります。コントロールバー「円・連続線指示」ボタンを🖱することで、その2つの方法が切り替わります。

6 壁線を🖱。

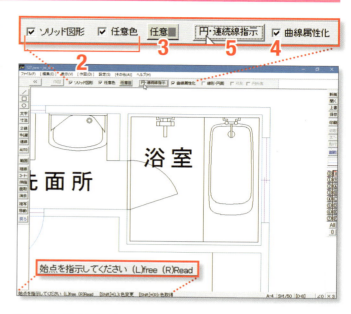

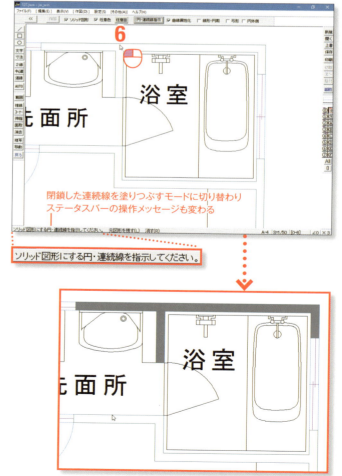

🖱した線とそれに連続する線に囲まれた内部が、3で指定した色で塗りつぶされます。連続する線に他の線が交差している個所がある場合や、凹面の弧がある場合など、塗りつぶし対象の形状によっては、正しく塗りつぶされないことがあります。

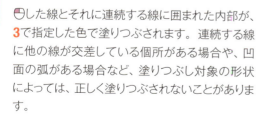

No.128 中抜きをして塗りつぶしたい

塗りつぶしを行う「ソリッド」コマンドでは、基本的に中を抜いて塗りつぶすことはできません。外形を塗りつぶしたあと、中抜き部分を白で塗りつぶすことで表現します。

教材データ：128.jww

中抜きをして塗りつぶす方法

1. メニューバー[設定]-「基本設定」を選択し、「jw_win」ダイアログの「一般(1)」タブを🖱。

2. 「画像・ソリッドを最初に描画」にチェックを付け、ソリッド描画順の「レイヤ順」にチェックを付ける。

   ✓ 2の指定により、重ねて作図したソリッドはレイヤ順（後ろのレイヤのソリッドが手前）に表示されます。

3. 「OK」ボタンを🖱。

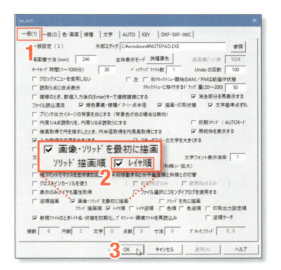

4. 「ソリッド」コマンドを選択し、書込レイヤ（ここでは「8」レイヤ）を確認して、外形を塗りつぶす。　塗りつぶし☞ p.192

5. 外形のソリッドより後ろのレイヤ（ここでは「9」レイヤ）を🖱し、書込レイヤにする。

6. コントロールバー「任意□」ボタンを🖱し、「色の設定」パレットで塗りつぶし色として「白」を選択し、「OK」ボタンを🖱。

7. 中抜きする範囲（ここでは円）を🖱し、塗りつぶす。

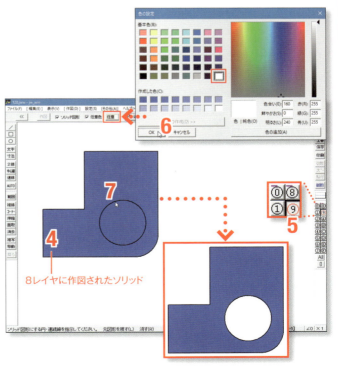

8レイヤに作図されたソリッド

No.129 画像を図面に貼り付けたい

BMP形式の画像に限り、Jw_cad図面に挿入することができます。デジタルカメラやインターネットなどで広く利用されているJPEG形式の画像は、標準では挿入できません（JPEG形式の画像 👉 p.234）。

教材データ：129.jww／129.bmp

BMP形式の画像を図面に挿入する方法

1 画像を挿入する図面「129.jww」を開き、メニューバー［編集］－「画像編集」を選択する。

2 コントロールバー「画像挿入」ボタンを🖱。

3 「開く」ダイアログのフォルダーツリーで、画像の収録先（「jww8QA」フォルダー）を指定する。

4 画像「129(.bmp)」を🖱で選択する。

5 「開く」ボタンを🖱。

6 基準点（画像の左下角）として、右図の角を🖱。

上記**6**で指示した基準点に画像の左下角が位置するよう、画像が横幅100mm（図寸）で挿入されます。画像の大きさ調整は挿入後に行います。
画像の大きさを変更する 👉 p.195

✓ 挿入した画像と図面ファイルは別々のファイルです。挿入元の画像ファイルを移動・削除したり、図面ファイルを別のパソコンで開いた場合、画像は表示されなくなります。画像と図面ファイルを1つのファイルにするには、「画像同梱」を指示します。　　画像同梱 👉 p.51

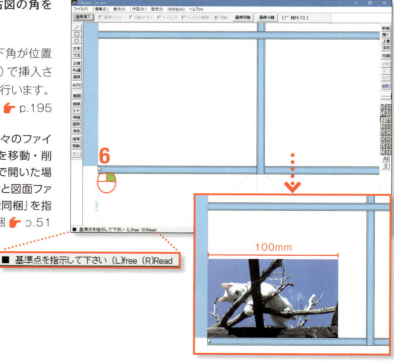

図面上の画像の大きさを変更したい

Jw_cadの「画像挿入」では、画像の横幅が図寸100mmになる大きさで挿入されます。画像の大きさの調整は「画像編集」コマンドの「画像フィット」で、画像上の2点とそれに対応する大きさ変更後の2点を指示することで変更します。そのとき、画像の縦横比は変更されません。

教材データ：130.jww

画像の大きさを変更する方法

1 メニューバー［編集］－「画像編集」を選択する。

2 コントロールバー「画像フィット」を🖱し、チェックを付ける。

3 大きさ変更する元画像の範囲の始点として、画像左下角を🖱。

4 大きさ変更する元画像の終点として、画像右上角を🖱。

5 大きさ変更後の範囲の始点として、右図の左下角を🖱。

6 大きさ変更後の範囲の終点として、右図の右上角を🖱。

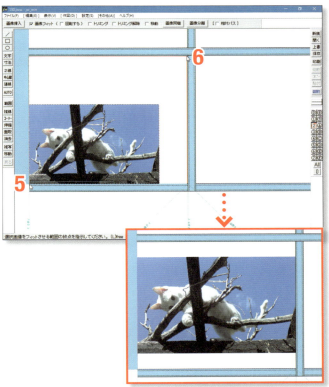

画像の横幅（3－4）を枠の横幅（5－6）に合わせ、右下図のように大きさ変更されます。

☑ 大きさ変更する元画像と5－6で指定した範囲の縦横比が異なる場合、画像の縦横比を保ち、画像の長い辺の方向（この例では横）を5－6で指定した範囲の長さに合わせて大きさ変更します。

No.131 ひとまとまりになっている要素を分解したい

「消去」コマンドで線を🖱すると、🖱した以外の線も一緒に消えることがあります。これは、その線を含めた複数の要素に、それらをひとまとまりとして扱う属性（曲線属性・ブロック図形・寸法図形）があるためです。ひとまとまりの要素を個々の要素に分解するには、以下のCHECKで属性を判別したうえ、属性の解除を行ってください。

教材データ：131.jww

CHECK　ひとまとまりの要素の属性を確認する方法

1　「コーナー」コマンドを選択する。

2　属性を確認する要素を🖱。

ひとまとまりの要素の一部をコーナー連結することはできないため、メッセージが表示されます。そのメッセージから、🖱した要素の属性を確認できます。

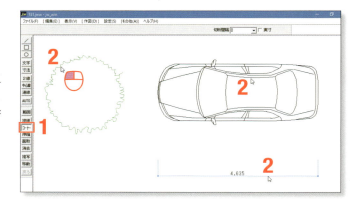

「曲線です」

連続する複数の線分をひとまとまりとして扱う曲線です。曲線属性は、「曲線」コマンドで作図した曲線や「日影図」で作図した日影図の曲線に付随します。

　　　　曲線属性のクリアー 👉 p.197 CASE 1

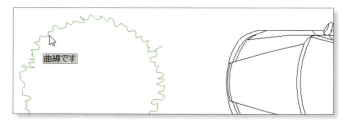

「ブロック図形です」

複数の要素をひとまとまりとし、基準点とブロック名情報を付加したブロック図形です。

　　　　ブロック図形の解除 👉 p.197 CASE 2

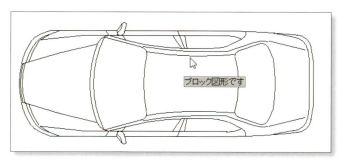

「寸法図形です」

寸法線と寸法値をひとまとまりとして扱う寸法図形です。

　　　　寸法図形の解除 👉 p 115

CASE 1　曲線属性を解除（クリアー）する方法

1　「範囲」コマンドを選択する。

2　曲線属性を解除する要素を🖱（連続線）し、選択する。

> ☑ ひとまとまりとして扱われる曲線属性要素は、連続線と同様に、🖱で選択できます。

3　コントロールバー「属性変更」ボタンを🖱。

4　属性変更のダイアログの「全属性クリアー」にチェックを付け、「OK」ボタンを🖱。

曲線属性が解除され、個々の要素に分解されます。これにより、曲線属性以外の属性も解除されます。

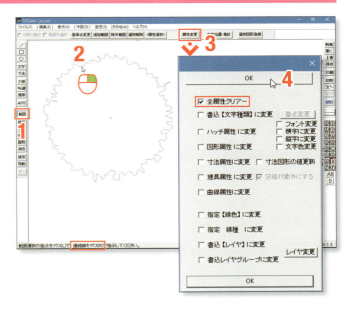

CASE 2　ブロック図形を解除する方法

1　「範囲」コマンドを選択する。

2　解除対象のブロック図形を🖱（連続線）して選択する。

> ☑ 要素を🖱することで、🖱した要素を含むブロック図形を選択できます。

3　メニューバー［編集］-「ブロック解除」を選択する。

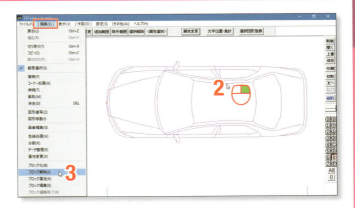

以上でブロックが解除されます。
ブロックは二重、三重に適用されている場合もあります。上記の操作後、ブロックが残っている場合には、再度**1**～**3**の操作を行ってください。
図面内のブロックの有無は、メニューバー［設定］-「基本設定」を選択し、「jw_win」ダイアログの「一般（1）」タブの最下行の「ブロック.ソリッド」ボックスの数値（図面内のブロック数を示す）で確認できます。

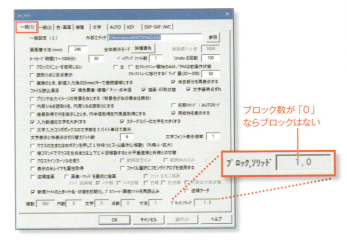

ブロック数が「0」ならブロックはない

No.132

寸法端部の点をはっきり印刷したい

印刷すると寸法端部の点が印刷されなかったり、小さくて見えにくいことがあります。これは、寸法線の太さに対して、寸法端部の実点の印刷サイズが小さいことが原因です。実点の印刷サイズ（半径）を基本設定のダイアログの「色・画面」タブで指定することで調整します。

教材データ：132.jww

実点の印刷サイズを指定する方法

1 図面ファイルを開き、メニューバー［設定］
－「基本設定」を選択する。

2 「jw_win」ダイアログの「色・画面」タブを
🖱。

3 「実点を指定半径（mm）でプリンタ出力」を
🖱し、チェックを付ける。

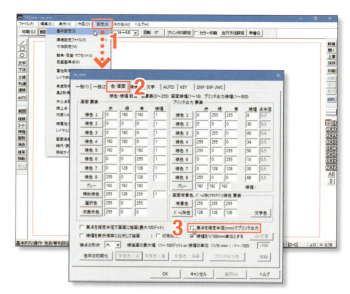

☑ **3**のチェックを付けることで、「線色1」～「線色8」の「点半径」ボックスが入力可能になります。この「点半径」ボックスに、線色ごとの点の印刷半径を図寸mm単位で指定します。入力できる数値は「0.1～10（mm）」です。点は「点半径ボックスの点半径（mm）×2＋点の線色の太さ（mm）」の大きさで印刷されます。寸法端部の点をはっきり印刷するには、寸法線の線色の太さ（mm）以上の数値（mm）を指定します。

4 印刷サイズを指定する点の線色（右図では「線色1」）の「点半径」ボックスを🖱し、既存の数値を消して、「0.4」を入力する。

線色1の寸法線端部に作図されている線色1の点をはっきり印刷するため、「線色1」の「点半径」として、その「線幅：8（0.08mm）」よりも大きい「0.4（mm）」を指定

5 「OK」ボタンを🖱。

以上で完了です。
図面を印刷した結果、点がはっきりしないとか、大きすぎる場合は、**4**で指定した「点半径」ボックスの数値を変更することで調整してください。
図面を上書き保存することで、点半径の設定も保存されます。

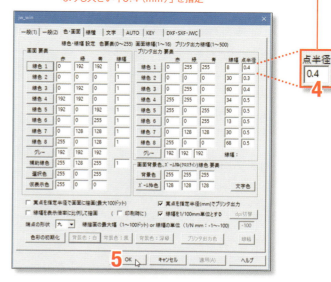

No.133

線の太さをmm単位で指定して印刷したい

Jw_cadでは、線色1～8の8色の線を使い分けて作図することで、線の太さの違いを表現します。線色1～8を何mmの太さで印刷するかは、基本設定のダイアログの「色・画面」タブで指定します。　教材データ：133.jww

線色ごとの印刷線の太さをmm単位で指定する方法

1 図面ファイルを開き、メニューバー[設定]−「基本設定」を選択する。

2 「jw_win」ダイアログの「色・画面」タブを🖱。

3 「線幅を1/100mm単位とする」を🖱し、チェックを付ける。

> ☑ 線の太さをmm単位で指定するため、「線幅を1/100mm単位とする」にチェックを付けます。「線色1」～「線色8」の「線幅」ボックスには、「印刷する線の幅×100」の数値を入力します（0.1mmで印刷するには10を入力）。

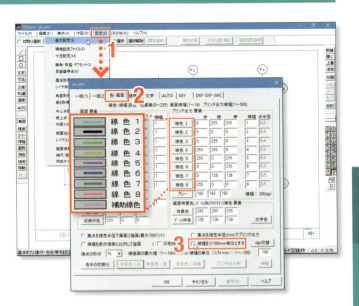

4 「プリンタ出力要素」欄の「線色1」～「線色8」の「線幅」ボックスを🖱し、既存の数値を消して、「印刷する線の幅mm×100の数値」を入力する。

5 「OK」ボタンを🖱。

以上で完了です。
図面を上書き保存することで、印刷する線の太さの設定も保存されます。

> ☑ 基本設定のダイアログの「一般（1）」タブで、「線色要素・線種パターン・点半径」にチェックを付けると、それぞれの図面に保存されている線の太さ・カラー印刷色の設定で図面を開くことができます。

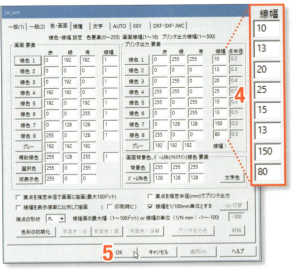

＜線色を以下のように指定＞
線色1：0.1mm　　線色2：0.13mm　　線色3：0.2mm
線色4：0.25mm　　線色5：0.15mm　　線色6：0.13mm
線色7：1.5mm　　線色8：0.8mm

No.134

破線・鎖線をイメージどおりに印刷したい

図面上の線の長さが極端に短かったり、印刷される線が太い場合、印刷された破線・鎖線が実線のように見えることがあります。そのような破線・鎖線の印刷ピッチ（1パターンの長さ）は基本設定のダイアログで変更し、調整します。ここでは、教材図面の通り芯の一点鎖線のピッチを変更する例で、その方法を説明します。

教材データ：134.jww

印刷される破線・鎖線のピッチを調整する方法

1 「属性取得」コマンドで、イメージどおりに印刷できない線の線種（ここでは通り芯の一点鎖線）を確認する。

属性取得 ➡ p.175

2 メニューバー［設定］－「基本設定」を選択する。

3 「jw_win」ダイアログの「線種」タブを🖱。

4 「プリンタ出力」欄で、ピッチを変更する線種（ここでは「一点鎖2」の「線種6」）の「ピッチ」ボックスを🖱し、現在の数値を消して、新しい数値を入力する。

☑ 「線種」タブの「線種1」～「線種8」は、「線属性」ダイアログの「実線」～「二点鎖2」を示します。「ピッチ」ボックスに入力できる数値は「1」～「160」です。図面上の線が短いために実線に見える場合は現在の数値よりも小さい数値を入力してピッチを短く、線の太さが太いために空白部がつぶれて実線に見える場合には現在の数値よりも大きい数値を入力してピッチを長くします。

5 「OK」ボタンを🖱。

以上で完了です。
図面を上書き保存することで、破線・鎖線の印刷ピッチの設定も保存されます。この方法でピッチを変更できるのは、標準線種の破線・鎖線です。SXF対応拡張線種（➡ p.240）のピッチは変更できません。

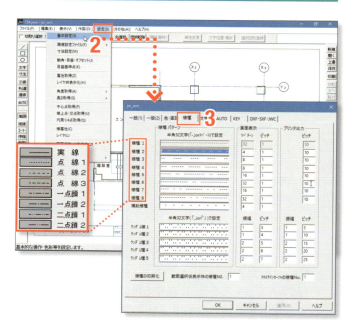

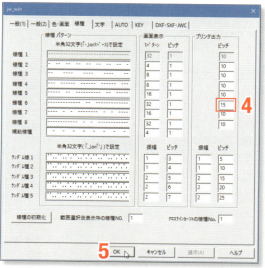

No. 135

印刷可能な範囲をあらかじめ知っておきたい

プリンターには上下左右の印刷できない範囲（マージン）があります。そのため、「印刷」コマンドで表示される印刷枠の大きさは、設定している用紙サイズよりも小さくなります。マージンはプリンター機種によっても異なります。印刷可能な範囲を把握するため、図面に印刷枠を作図する方法を紹介します。

印刷可能な範囲を示す印刷枠を図面に作図する方法

1. これから作図する図面の用紙サイズ、縮尺を設定する。
2. 「印刷」コマンドを選択し、「印刷」ダイアログの「OK」ボタンを🖱。
3. コントロールバー「プリンタの設定」ボタンを🖱。
4. 「プリンターの設定」ダイアログで、「プリンター名」が印刷するプリンタであることを確認し、印刷する用紙のサイズおよび印刷の向きを設定する。
5. 「線属性」コマンドを🖱し、「線属性」ダイアログで「補助線種」を選択して、「OK」ボタンを🖱。

    補助線種は、印刷されない線種です。

6. コントロールバー「枠書込」ボタンを🖱。

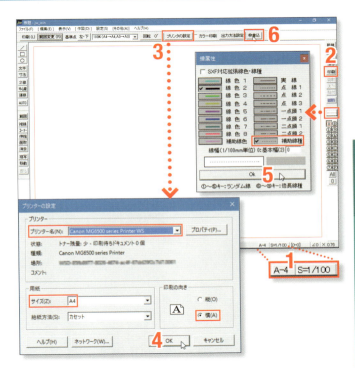

補助線種の印刷枠が書込レイヤに作図されます。「／」コマンドを選択し、「印刷」コマンドを終了してください。
ここでは、図面を作図する前に印刷枠を書き込むことを前提に説明しましたが、印刷枠の書き込みは、作図途中や作図完了後の図面に対しても同様に行えます。

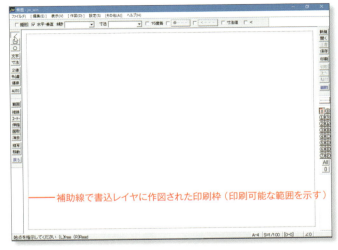

補助線で書込レイヤに作図された印刷枠（印刷可能な範囲を示す）

No.136

用紙の中央に図面を印刷したい

「印刷」コマンドで印刷枠の中央に図面が入るように調整することで、用紙の中央に図面を印刷できます。あらかじめ、図面中心に🖱(Read)できる点を作図しておきます。

📄 教材データ：136.jww

図面を用紙の中央に印刷する方法

1 あらかじめ、図面枠の中心に仮点を作図しておく。
　　　2点間を2分割する点を作図 👉 p.184

2 「印刷」コマンドを選択し、「印刷」ダイアログの「OK」ボタンを🖱。

3 コントロールバー「プリンタの設定」ボタンを🖱し、用紙や印刷の向きなどを適宜、指定する。

4 コントロールバー「範囲変更」ボタンを🖱。

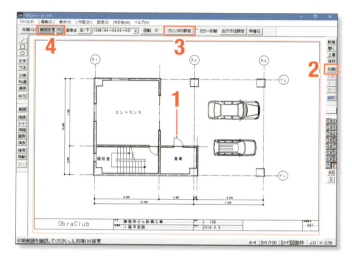

5 コントロールバー「基準点」ボタンを何度か🖱し、「中・中」にする。

✅ 印刷枠に対するマウスポインタの位置（基準点）は、基準点ボタンを🖱することで、下図9カ所に変更できます。

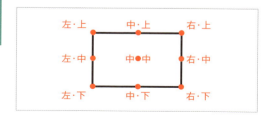

6 図面の中心点（1で作成した点）を🖱し、印刷範囲を確定する。

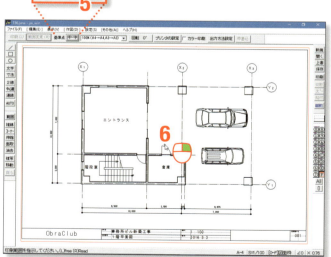

7 コントロールバー「印刷」ボタンを🖱。

以上で、用紙の中央に図面が印刷されます。図面を上書き保存することで、印刷枠の位置も保存されます（用紙サイズと向きの設定は保存されません）。

❓ 印刷した図面の上下・左右それぞれの余白が均一でない 👉 下のコラム

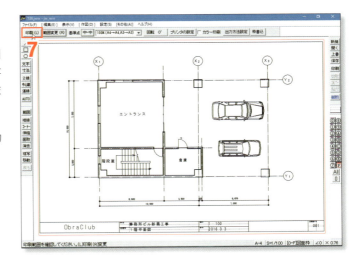

🖉 上下・左右それぞれの余白を均一にするには

プリンター機種によって上下・左右のマージン（印刷できない範囲の幅）が異なるため、印刷した図面の上下・左右それぞれの余白が均一にならない場合があります（右の上図）。上下・左右のそれぞれの余白を均一にするには、印刷枠を余白の差の1/2数値分、余白の少ない側に移動して印刷します。仮に、印刷した図面の上下・左右の余白が右図のような場合、印刷枠を左に1mm、下に0.5mm移動することで用紙の上下・左右の余白がそれぞれ均一になります。ただし、この図面はS＝1/100なので、移動距離もS＝1/100に換算して指示します。

具体的には、前ページ**6**の指示時に「オフセット」機能を利用して、中心の交点から左に100mm（1×100）、下に50mm（0.5×100）の位置を点指示します（右の下図）。

オフセット機能 👉 p.187

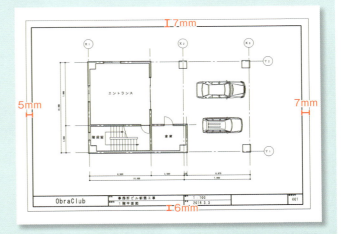

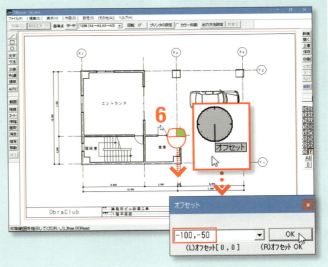

No.137
A3サイズの図面を2つに分けて A4用紙2枚に印刷したい

A3サイズの図面を左右2つに分けて印刷するための目安として、用紙の中心に🖱(Read)できる点をあらかじめ作成しておきます。そのうえで「印刷」コマンドの「範囲変更」を利用して印刷します。　📄 教材データ：137.jww

A3サイズの図面を左右に分けてA4用紙2枚に印刷する方法

1　あらかじめ、図面枠の中心に仮点を作図しておく（「137.jww」では作図済み）。
　　2点間を2分割する点を作図 ☛ p.184

2　「印刷」コマンドを選択し、「印刷」ダイアログの「OK」ボタンを🖱。

3　コントロールバー「プリンタの設定」ボタンを🖱し、用紙サイズ「A4」、印刷の向き「縦」に設定する。

4　コントロールバー「範囲変更」ボタンを🖱。

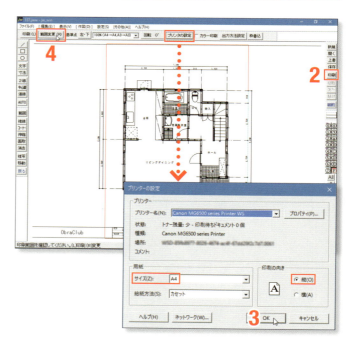

5　コントロールバー「基準点」ボタンを何度か🖱し、「左・中」にする。

✓ 印刷枠に対するマウスポインタの位置（基準点）は基準点ボタンを🖱することで、下図の9カ所に変更できます。

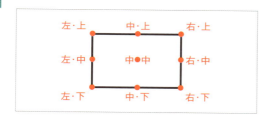

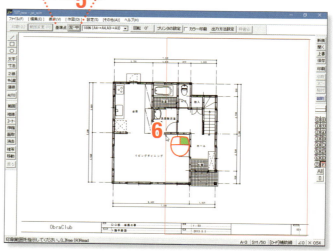

6　図面中央の目安の点を🖱し、印刷範囲を確定する。

7 図面の右半分が印刷枠に入ることを確認し、コントロールバー「印刷」ボタンを🖱。

図面の右半分が印刷されます。続けて、図面の左半分を印刷しましょう。

8 コントロールバー「範囲変更」ボタンを🖱。

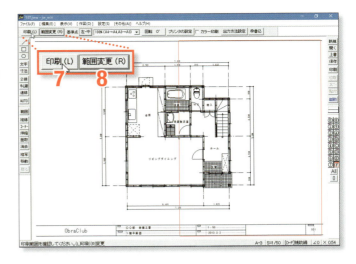

9 コントロールバー「基準点」ボタンを2回🖱し、「右・中」にする。

10 図面中央の目安の点を🖱し、印刷範囲を確定する。

11 図面の左半分が印刷枠に入ることを確認し、コントロールバー「印刷」ボタンを🖱。

図面の左半分が印刷されます。

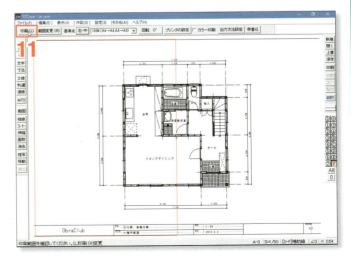

No.138

A3サイズの図面をA4用紙に縮小印刷したい

A3サイズの図面を「印刷」コマンドのコントロールバーの印刷倍率指定で71％に縮小して、A4用紙に印刷します。

　教材データ：138.jww

A3サイズの図面をA4用紙に縮小印刷する方法

1 「印刷」コマンドを選択し、「印刷」ダイアログでプリンタ名を確認して、「OK」ボタンを🖱。

2 コントロールバー「プリンタの設定」ボタンを🖱し、用紙「A4」、印刷の向き「横」に設定する。

3 コントロールバー「印刷倍率」ボックスの▼を🖱し、プルダウンリストから「71％（A3→A4,A2→A3）」を🖱して選択する。

☑ コントロールバー「印刷倍率」ボックスで倍率を指定することで、縮小印刷や拡大印刷が行えます。リストにない倍率で印刷する場合は、リストから「任意倍率」を選択し、「印刷倍率入力」ボックスに倍率（％）を数値入力してください。

4 指定した印刷倍率に準じてA4の印刷枠の大きさが変化するので、必要に応じてコントロールバー「範囲変更」ボタンを🖱し、印刷枠の位置を調整する（→ p.202）。

5 コントロールバー「印刷」ボタンを🖱。

☑ 縮小印刷により、細かい部分がつぶれることがあります。その場合は、メニューバー［設定］-「基本設定」を選択し、「jw_win」ダイアログの「色・画面」タブで「（印刷時に）」にチェックを付け、縮小印刷してください。線の太さも印刷の縮小率に合わせて細くなります。

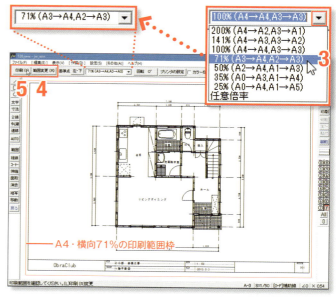

No.139 用紙設定にないA3用紙縦やB4用紙に作図・印刷したい

Jw_cadでは、ステータスバーの「用紙サイズ」ボタンを🖱してサイズを選択しますが、この用紙サイズのリストにはA3縦やBサイズは用意されていません。A3縦やBサイズの用紙に図面を作図して印刷するには、それよりも大きい用紙サイズに設定し、A3縦やBサイズの印刷枠を書き込み、その枠内に図面を作図します。

A3縦の用紙の印刷枠を書き込む方法

1. 作図する図面の縮尺を設定する。

2. ステータスバー「用紙サイズ」ボタンを🖱し、作図する図面よりも大きいサイズ（ここではA-2）を選択する。

3. 「印刷」コマンドを選択し、「印刷」ダイアログの「OK」ボタンを🖱。

4. コントロールバー「プリンタの設定」ボタンを🖱。

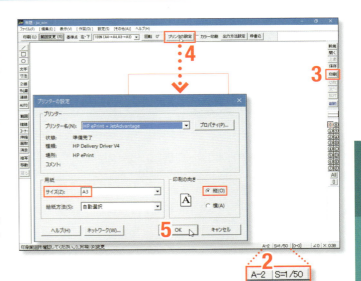

5. 「プリンターの設定」ダイアログで、用紙のサイズ「A3」、印刷の向き「縦」を指定して「OK」ボタンを🖱。

6. 「線属性」コマンドを🖱し、書込線を「補助線種」（印刷されない線種）にする。

7. コントロールバー「枠書込」ボタンを🖱。

以上で、A3用紙縦の印刷枠が補助線で書込レイヤに作図されます。「／」コマンドを選択し、「印刷」コマンドを終了してください。図面は、この補助線の枠内に作図します。作図した図面を印刷するときは、4～5と同様の操作で、A3用紙の縦を指定して印刷してください。

☑ B4用紙横にしたい場合は、2で用紙サイズ「A-3」にし、5で用紙のサイズ「B4」、印刷の向き「横」を指定して、B4の印刷枠を書き込んでください。

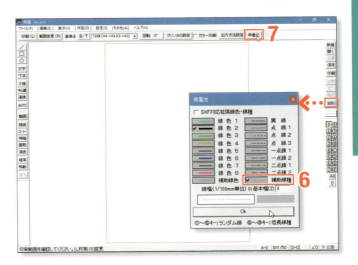

No. 140

図面を好きな色で印刷したい

「印刷」コマンドのコントロールバー「カラー印刷」にチェックを付けることで図面をカラーで印刷できます。印刷色は、線色1〜8の線色ごとに、基本設定のダイアログの「色・画面」タブで指定します。ここでは、線色6で作図された要素を赤、その他の要素を黒で印刷する例で説明します。

教材データ：140.jww

線色6を赤、その他を黒で印刷する方法

1 「印刷」コマンドを選択し、「印刷」ダイアログでプリンター名を確認し、「OK」ボタンを🖱。

2 用紙サイズ・向き・印刷範囲などを指定し、コントロールバー「カラー印刷」にチェックを付ける。

☑ コントロールバー「カラー印刷」にチェックがない状態では図面の各線・文字は黒で表示・印刷されます。「カラー印刷」にチェックを付けると、基本設定のダイアログの「色・画面」タブで指定した印刷色で表示・印刷されます。

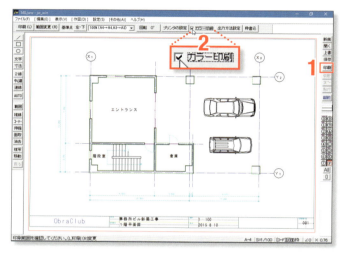

3 メニューバー［設定］−「基本設定」を選択する。

4 「jw_win」ダイアログの「色・画面」タブを🖱。

☑ 「色・画面」タブで、右側「プリンタ出力要素」欄にある各線色の「赤」「緑」「青」ボックスの数値がカラー印刷色を示します。線色ごとのカラー印刷色は、線色ボタンを🖱して開く「色の設定」パレットで指定できます。

5 「線色6」ボタンを🖱。

6 「色の設定」パレットで「赤」を🖱で選択し、「OK」ボタンを🖱。

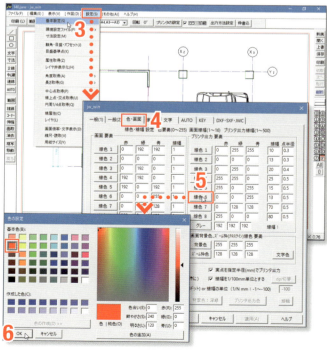

7 「線色1」ボタンを🖱。

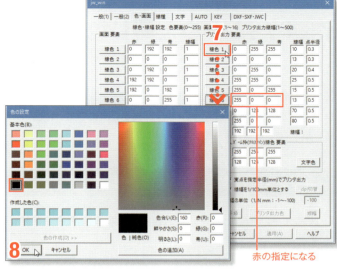

8 「色の設定」パレットで「黒」を🖱で選択し、「OK」ボタンを🖱。

9 同様に、残りの線色（「線色2」〜「線色5」「線色7」「線色8」）の印刷色も「黒」に指定する。

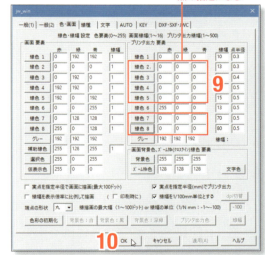

☑ 「線色」ボタンを🖱し、「色の設定」パレットで、「黒」を選択する代わりに各線色の「赤」「緑」「青」ボックスの数値を「0」に変更することでも、印刷色を「黒」に指定できます。

10 「jw_win」ダイアログの「OK」ボタンを🖱。

赤の指定になる
黒の指定になる

11 「色・画面」タブで指定したカラー印刷色で図面が表示されることを確認し、コントロールバー「印刷」ボタンを🖱。

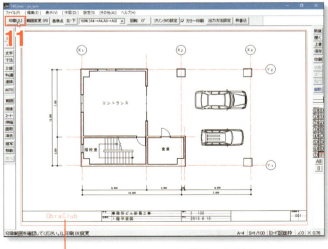

以上で図面が指定した色でカラー印刷されます。図面を上書き保存することで、印刷色の設定も保存されます。
線色（色No.）6の文字は、線色6の通り芯と同じく赤で印刷されます。これらの文字を黒で印刷するには、文字の色No.（6）を他の色No.（印刷色を黒に指定した線色）に変更します（☞ p.90）。

線色6で記入されている文字は「赤」で印刷される

No. 141 作図ウィンドウと同じ色分けで印刷したい

「印刷」コマンドのコントロールバー「カラー印刷」にチェックを付けると、基本設定のダイアログの「色・画面」タブで指定の印刷色で図面が印刷されます。ここでは、作図ウィンドウ（初期値）と同じ色分けで印刷するためプリンタ出力色を初期化します。

教材データ：141.jww

プリンタ出力色を初期化する方法

1. メニューバー［設定］－「基本設定」を選択する。
2. 「jw_win」ダイアログの「色・画面」タブを🖱。
3. 「色彩の初期化」ボタンを🖱。
4. 「プリンタ出力色」ボタンを🖱。

 線色1～8のカラー印刷色が画面の線色1～8の初期値と同じ色分けになります。

5. 「OK」ボタンを🖱。
6. カラー印刷をする。

印刷色を調整するには

「色の設定」パレットで、色の明度や色調を調整することができます。ここでは、「線色1」の印刷色を、現状よりも暗い色に指定する例で説明します。

1. 「色・画面」タブで、印刷色を調整したい線色（ここでは「線色1」）ボタンを🖱。
2. 「色の設定」パレットの明度スライダー上で◀位置よりも下側を🖱し、明度を下げる。

 明度スライダー上を🖱することで明度を、色相スクリーン上を🖱することで色相を、それぞれ調整できます。

3. 「OK」ボタンを🖱。

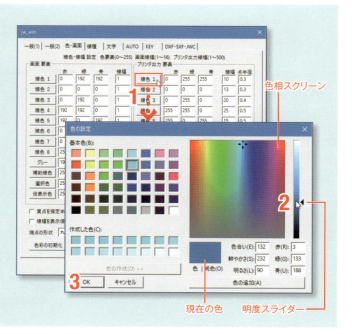

色相スクリーン
現在の色　明度スライダー

No.142 塗りつぶした部分や画像がきれいに印刷されない

どのように印刷されませんか。いくつかの例を挙げ、その対処方法を紹介します。

CASE 1　塗りつぶし（ソリッド）に重なる線や文字が印刷されない

線や文字の要素が、塗りつぶし（ソリッド）よりも手前に表示されるように設定を変更することで解消します。

➡ p.191のコラム

CASE 2　塗りつぶし（ソリッド）を分割する線が印刷される

プリンターによってこのような症状が出ることがあります。
プリンタードライバを最新版にする、もしくは「プリンターの設定」ダイアログの「プロパティ」ボタンを🖱して開く「プリンターのプロパティ設定」で、「キレイ」「高精度」「BMP展開」「グラフィック」「イメージ」など（プリンター機種により表現は異なる）、グラフィック系の印刷方法を指定して印刷してください。また、図面をPDFファイル（PDF作成ソフトが必要 ➡ p.235 No.162）にしたうえで、「Adobe Reader」で印刷する方法もあります。

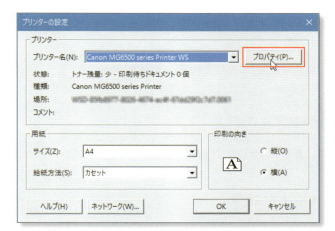

CASE 3　画像が印刷されない

画像が入ると、線と文字要素だけの図面に比べてデータ容量が格段に大きくなります。そのため、プリンターによっては印刷データを処理しきれず、このような現象が起こり得ます。
対処方法としては以下が考えられます。

- プリンターのドライバを最新版にする。
- 「プリンターの設定」ダイアログの「プロパティ」ボタンを🖱して開く「プリンターのプロパティ設定」ダイアログの設定（プリンターによって異なる）を調整する。
- 画像のサイズ（解像度）を小さくして、画像を挿入し直す。
- Jw_cadの図面上での画像のサイズを小さくする（➡ p.195）。
- 図面をPDFファイル（PDF作成ソフトが必要 ➡ p.235）にしたうえで、「Adobe Reader」で印刷する。

※「印刷」コマンドのコントロールバーで回転角度が「90°回転」「-90°回転」になっている場合は、ボタンを何度か🖱して「回転0°」にしたうえで印刷してください。印刷枠の向きは、「プリンタの設定」ボタンを🖱し、「プリンターの設定」ダイアログの「印刷の向き」欄の指定で調整します。

No. 143

ハッチングや塗りつぶしに重なる文字を読みやすくしたい

基本設定のダイアログの「文字」タブで設定することで、文字に重なるハッチング線や塗りつぶし（ソリッド）を、部分的に消すことなく、文字の背景を白抜きして表示・印刷できます。

教材データ：143.jww

文字の背景を白抜きで表示・印刷する方法

1 メニューバー［設定］－「基本設定」を選択する。

2 「jw_win」ダイアログの「文字」タブを🖱。

3 「文字列範囲を背景色で描画」にチェックを付ける。

4 「範囲増寸法」ボックスを🖱し、数値を「0.5」にする。

☑ 「範囲増寸法」ボックスの数値（-1～10mm）で白抜きの範囲の大きさを調整します。数値が大きいほど白抜きの範囲が大きくなります。

5 「OK」ボタンを🖱。

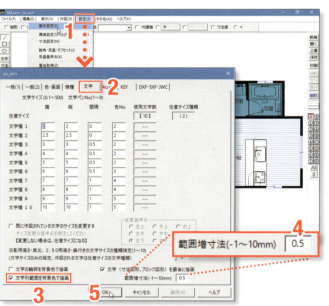

以上で、すべての文字の背景が白抜き表示されます。図面を上書き保存することで、この設定も保存されます。

☑ 寸法図形の寸法値の背景は白抜きされません。白抜きするには寸法図形を解除する（寸法値は文字要素になる）必要があります。寸法値の背景を白抜きにした場合、寸法線の一部も白抜きされ、途切れることがあります。その場合は、4の数値を小さく（0～-1）することで調整してください。

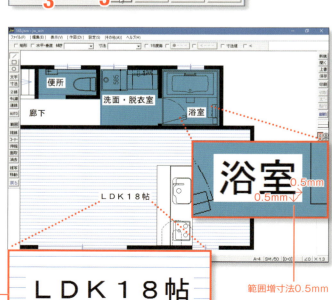

すべての文字の背景が白抜き表示されるためハッチング、塗りつぶし（ソリッド）に限らず文字に重なる線は途切れて表示・印刷される

範囲増寸法0.5mm

No. 144 印刷線幅が変更されない

基本設定のダイアログの「色・画面」タブで印刷線幅の指定を変更（☞ p.199）しても印刷される線幅が変わらない線は、SXF対応拡張線色（☞ p.240）または個別線幅情報（☞ p.241）を持った標準線色の要素です。これらの印刷線幅を「色・画面」タブの指定で変更できるようにするには、その線色を標準線色の基本線幅に変更します。

教材データ：144.jww

すべての要素を標準線色（1）の基本線幅に変更する方法

1 「範囲」コマンドを選択する。

2 コントロールバー「全選択」ボタンを🖱。

3 コントロールバー「属性変更」ボタンを🖱。

4 属性変更のダイアログで、「指定【線色】に変更」を🖱。

5 「線属性」ダイアログで、「線色1」を🖱で選択する。

6 「線幅」ボックスの数値を「0」にする。

☑ 「線幅」ボックスを「0」にすることで基本幅になり、「基本設定」コマンドでの印刷線幅設定が反映されます。

7 「OK」ボタンを🖱。

8 属性変更のダイアログで「〈線幅〉変更」にチェックを付ける。

9 「OK」ボタンを🖱。

選択要素が標準線色の線色1、基本線幅に変更され「基本設定」の「色・画面」タブでの線幅変更が可能になります。ただし、ひとまとまりとして扱われるブロック図形・寸法図形要素の線色・線幅は変更されません。

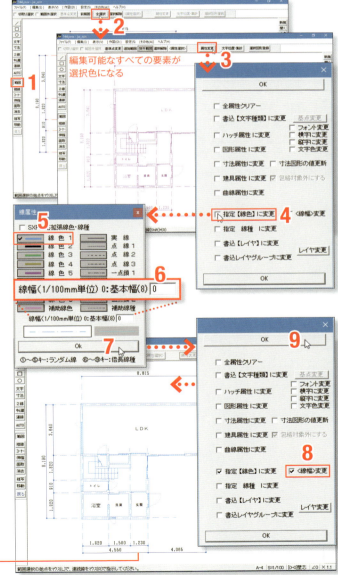

寸法図形の要素は変更されない

No.145 細い文字で印刷したい

印刷される文字の太さは、フォントによるものです。現在の文字よりも細い文字で印刷するには、現在記入されている文字のフォントよりも細いフォントに変更します。Jw_cadは標準ではMSゴシックで文字を記入する設定になっています。ここでは図面の文字すべてをMSゴシックよりも細いMS明朝に変更する方法を紹介します。

教材データ：145.jww

記入されているすべての文字のフォントを細いフォント（MS明朝）に変更する方法

1 「範囲」コマンドを選択する。

2 コントロールバー「全選択」ボタンを🖱し、図面全体を選択する。

☑ ここではすべての文字をMS明朝に変更するため、**2**で「全選択」ボタンを🖱して図面全体を対象にします。一部の文字のフォントを変更する場合は、**2**で変更対象の文字を選択範囲枠で囲み、終点を🖱（文字を含む）してください。ここで文字以外の要素が選択されてもかまいません。

図面全体が選択色になる

3 コントロールバー「属性変更」ボタンを🖱。

4 属性変更のダイアログの「フォント変更」を🖱。

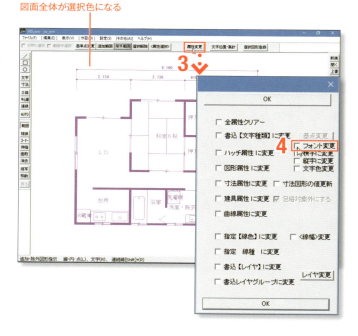

5 「書込み文字種変更」ダイアログの「フォント」ボックスの ▼ を🖱し、リストから「MS明朝」を🖱で選択する。

☑ このリストには使用しているパソコンに入っている日本語の「TrueTypeフォント」が表示されます。そのため、表示されるフォント名は、パソコンにより右図とは異なる場合があります。また、記入されている文字の幅が変化する可能性があるため、「MS P明朝」など、フォント名に「P」が付く「プロポーショナルフォント」は選択しないでください。

6 「フォント」ボックスが「MS明朝」になったことを確認し、「OK」ボタンを🖱。

7 属性変更のダイアログで「フォント変更」にチェックが付いていることを確認し、「OK」ボタンを🖱。

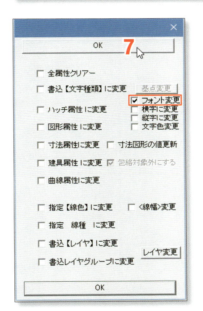

以上で文字がMS明朝に変更され、印刷される文字が細くなります。

個別に文字をMS明朝に変更する方法 ☞ p.89
これから記入する寸法値のフォントをMS明朝にする方法 ☞ p.114

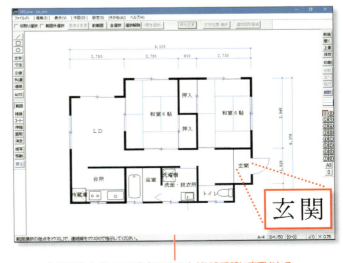

2で選択したすべての文字のフォントがMS明朝に変更される

CHAPTER 6　印刷

215

No. **146**

ファイル管理の基本を知りたい

図面ファイルのコピーや削除などは、Windows標準搭載のエクスプローラーを使って行います。エクスプローラーの操作を学習する前に、まず、ファイルについての基礎知識や、ファイルを保存する場所について説明します。

覚えておきたいファイル操作画面と、ファイルの収納場所について

● Jw_cadの「ファイル選択」ダイアログの画面

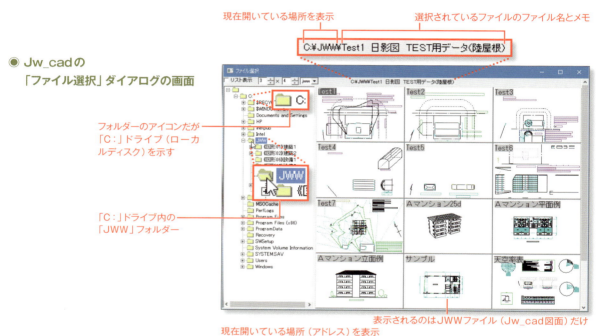

● エクスプローラーの画面

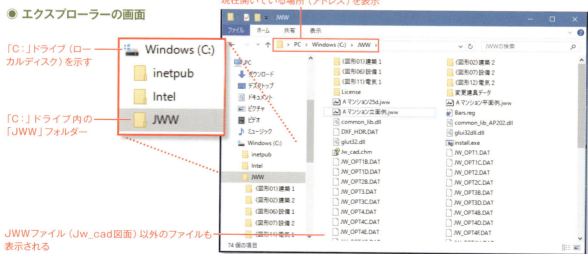

ここに掲載した2つの図は、それぞれJw_cadの「ファイル選択」ダイアログとエクスプローラーで、同じパソコンの同じ場所(「C」ドライブ内の「JWW」フォルダー)を開いたときの画面です。

● ファイルと拡張子

WindowsやJw_cadなどのソフトウェア（プログラム）も、自分で保存したJw_cad図面のデータも、どちらも「ファイル」（「書類」と考えてください）として管理されます。

プログラムファイルや、異なるアプリケーション（「Jw_cad」や「Word」など）のデータファイルの判別のため、ファイルには決められた「拡張子」（ファイル名「．」の後ろの文字を指す）が付いています。

また、個々のファイルを区別するため、ファイルには独自の名前が付けられます。名なしのファイルは存在できませんし、同じ場所に同じ名前のファイルが存在することはありません。同じ場所に同じ名前で保存する場合は、上書き保存になります。

それぞれのファイルのアイコンはファイルの種類（または関連付けられているプログラム）によって異なる

拡張子「jww」はJw_cadで保存した図面ファイル

拡張子「exe」はプログラムファイル

● ドライブ

パソコン内部には、ファイルを保管する大きな収納庫があります。一般に、「ローカルディスク（C:）」や「Windows（C:）」「OS（C:）」などと表記され、「ローカルディスク」または「Cドライブ」と呼びます。

その他の「DVDドライブ」「リムーバブルディスク」なども大きい収納庫だと考えてください。「リムーバブルディスク」は、USBメモリなどを指し、着脱式の収納庫といえます。

● フォルダー

ドライブという大きな収納庫にたくさんのファイルを無造作に放り込んでは、後から探すのが大変です。

そこで、ファイルをカテゴリーごとに収納するための整理箱「フォルダー」が用意されています。

フォルダーはとても便利な整理箱で、フォルダーの中に中分類の「フォルダー」を作り、さらにその中に小分類のための「フォルダー」を作る…というように、フォルダー内にいくつでも整理のためのフォルダーを増やすことができます。

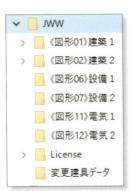

「JWW」フォルダーとその中のフォルダーをツリー表示したもの

「C」ドライブ内に「JWW」フォルダーがあり、「JWW」フォルダー内に「《図形01》建築1」「《図形02》建築2」「《図形06》設備1」…など8つのフォルダーがある

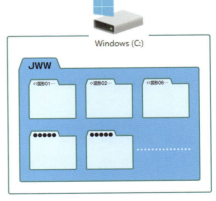

No. 147 Jw_cad関連のファイルの種類を知りたい

Jw_cadの図面ファイル形式である「JWW」ファイルのほかにも、いくつかJw_cadで扱えるCADデータファイルがあります。ここでは、そうしたCADデータファイルや、他のCADと図面ファイルを交換したり、メーカー提供のCADデータをダウンロードして利用するときに目にするデータファイルの種類について説明します。

覚えておきたいJw_cad関連ファイル

以下、ファイルの種類名の先頭に付けた記号は、〇がJw_cadで開くことや図面への挿入ができるファイル、△が特定の設定をすることで図面への挿入ができるファイル、✕がJw_cadでは開くことができないファイルをそれぞれ示しています。

〇 JWWファイル

Jw_cadの図面ファイル。Jw_cadに関連付けられているため、右図のどちらかのアイコンで表示される。Jw_cadの「開く」コマンドを選択して開くか、エクスプローラーなどでJWWファイルを🖱🖱して開く。

拡張子 JWW

〇 JWCファイル

現在のJw_cadの前身であるDOS版JW_CADの図面ファイル。メニューバー［ファイル］−「JWCファイルを開く」を選択して開く。DOS版JW_CADで作図した図面と100%同じ状態で開くことができる。初期設定では、エクスプローラーから🖱🖱で開くことはできない（関連付け ☞ p.230）。

拡張子 jwc

〇 JWSファイル

Jw_cadの図形ファイル。メニューバー［その他］−「図形」で編集中の図面に読み込み、作図する。エクスプローラーから🖱🖱で開くことはできない。

拡張子 jws

〇 JWKファイル

DOS版JW_CADの図形ファイル。メニューバー［その他］−「図形」で「ファイルの種類」を「.jwk」にすることで、編集中の図面に読み込み、作図できる。エクスプローラーから🖱🖱で開くことはできない。

拡張子 jwk

〇 JW＄（自動保存）ファイル

Jw_cadで一定時間ごとに自動的に保存される図面ファイル。停電などの不慮の事故時に作図途中の図面を取り戻すためのファイルである。

自動保存ファイルを開くには ☞ p.56

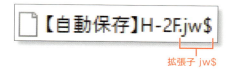

拡張子 jw$

○ バックアップファイル
Jw_cadで図面ファイルを上書き保存するとき、元の図面ファイルをバックアップとして残したもの。　バックアップファイルを開くには 👉 p.54

拡張子 bak（BAK）

○ DXFファイル
「AutoCAD」の異なるバージョン間でファイル交換するための中間形式ファイル。異なるCAD間でのファイル交換にも広く利用されている。メニューバー［ファイル］-「DXFファイルを開く」を選択して開く（👉 p.62）。

拡張子 dxf

○ SXFファイル
異なるCAD間での正確な図面ファイルの受け渡しを目的に、国土交通省主導で開発された中間形式ファイル。電子納品のためのP21形式と関係者間での図面ファイルの受け渡しを行うためのSFC形式がある。メニューバー［ファイル］-「SFCファイルを開く」で開く。

拡張子 sfc

拡張子 p21

✕ DWGファイル
「AutoCAD」の図面ファイル。Jw_cadで開くことはできない。Jw_cadで利用するには、あらかじめ「AutoCAD」や、DWG⇒DXF変換可能なソフトウェアでDXFファイルに変換する必要がある。

拡張子 dwg

✕ PDFファイル
電子文書形式フォーマットファイル。内容確認のためのもので編集はできない。基本的にJw_cadで開くことはできない。アドビシステムズ社が無償提供する「Adobe Reader」などで閲覧・印刷できる。
関連 👉 p.235

拡張子 pdf

✕ ZIPファイル
複数のファイルを1つにまとめて、サイズをコンパクトにした圧縮ファイル。展開したうえで利用する。　ZIPファイルを展開するには 👉 p.232

拡張子 zip

○ BMPファイル
Windows標準の画像ファイル。メニューバー［編集］-「画像編集」で編集中の図面に挿入できる（👉 p.194）。

拡張子 bmp

△ JPEGファイル
デジタルカメラやインターネットなどで広く利用されている画像ファイル。標準のJw_cadでは扱えないが、別途「Susie Plug-in」というソフトウェアをパソコンにインストールすることで、BMP形式の画像ファイルと同様に扱うことが可能になる。
関連 👉 p.234

拡張子 jpg

エクスプローラーの基本を知りたい

Jw_cadで作図・保存した図面ファイルは、ローカルディスク内のフォルダーに保存し、管理することが基本です。それを行うために、Windows標準搭載のエクスプローラーの操作は、ぜひとも覚えておきたいものです。エクスプローラーを使うことで、どのドライブ（収納庫）に、どのような名前のフォルダー（整理箱）があり、どのフォルダーにどのようなファイルが収納されているのかを見ることができます。また、新しくフォルダーを作成したり、データファイルをコピー・移動したり、不要であれば削除することもできます。ここで重要なのは、エクスプローラーで操作してよいのは自分で作成したフォルダーやデータファイルに限るということです。むやみにプログラムファイルの移動や削除をすると、パソコンが正常動作しなくなることもあります。誤って大事なプログラムファイルを操作することのないよう、エクスプローラーの操作は慎重に行ってください。

エクスプローラーの起動とその画面

◉ エクスプローラーの起動

1 「スタート」ボタンを🖱。

2 表示されるメニューの「エクスプローラー」を🖱。

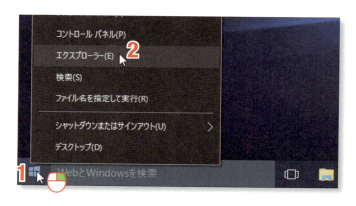

◉ エクスプローラーの各部名称と役割

リボン・リボンタブ （Windows 7/Vistaではメニューバー）	リボンはWindows 7/Vistaでのメニューバーに代わるもので、カテゴリー別にツールが配置されている。リボンが最小化されている場合、リボンタブを🖱時にリボンが表示される。Windows 7/Vistaでは、Alt キーを押すことでメニューバーが一時的に表示される。 メニューバーを常時表示する方法 ☞ p.222
アドレスバー	現在、ライブラリーウィンドウに表示している場所を示す。
フォルダーツリー （ナビゲーションウィンドウ）	使用しているパソコンに接続されているディスク（ファイルの収納庫）や、その中のフォルダー（整理箱）をツリー階層で表示する。
ライブラリーウィンドウ	フォルダーツリーで開いているディスクやフォルダー内を表示する。
プレビューウィンドウ	ライブラリーウィンドウで🖱したファイルの内容を表示する。ただし、表示できるのはBMPファイルやJPEGファイルなど、プレビュー対応している種類のファイルに限る。

● Windows 10/8

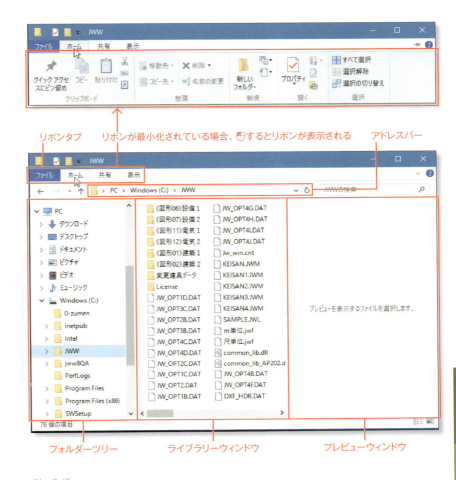

● Windows 7/Vista

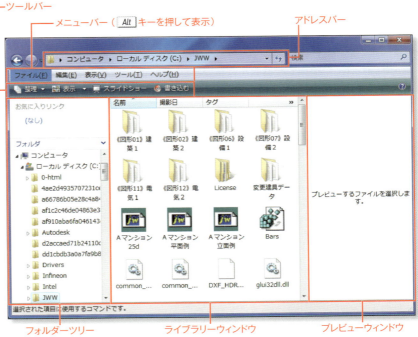

No.149 拡張子を表示したい

エクスプローラーでは、Jw_cadの図面ファイルをその拡張子「jww」で区別します。初期設定ではJw_cad図面ファイルの拡張子「jww」は表示されません。拡張子「jww」を表示するには、エクスプローラーでフォルダーオプションの設定を行います。

拡張子を表示する方法

1 エクスプローラーの「表示」リボンタブを🖱。

2 表示されるリボンの「オプション」を🖱。

☑ Windows 7/Vistaでは、**1**〜**2**の代わりにメニューバー[ツール]−「フォルダーオプション」を選択します。

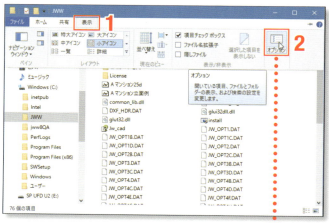

3 「フォルダーオプション」ダイアログの「表示」タブを🖱。

4 「詳細設定」欄の表示画面をスクロールし、「登録されている拡張子は表示しない」を🖱し、チェックを外す。

☑ Windows 7/Vistaでエクスプローラーのメニューバーを常に表示するには、「詳細設定」欄の「常にメニューを表示する」を🖱し、チェックを付けてください。

5 「OK」ボタンを🖱。

以上で完了です。エクスプローラーでJw_cad図面ファイルの拡張子「.jww」も表示されるようになります。

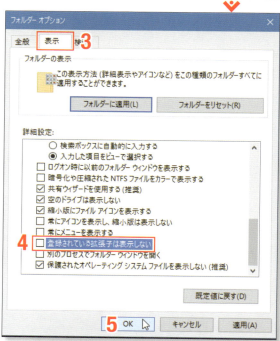

No. 150 フォルダーを作成したい

ファイルの整理箱であるフォルダーはユーザーが独自に作成できます。Jw_cadでも、ファイルの保存時に表示される「新規作成」ダイアログでフォルダーを作成できますが、エクスプローラーで作成する方法を覚えておくと便利です。ここでは、ローカルディスクのCドライブに新しいフォルダー「0-zumen」を作成する例で説明します。

新しいフォルダーを作成する方法

1 エクスプローラーで、フォルダーを作成する場所として、ローカルディスクの「Windows(C:)」を🖱。

☑ ローカルディスクのCドライブの表記は、「ローカルディスク(C:)」「Windows(C:)」「OS(C:)」など、パソコンによって異なります。

2 表示されるメニューの「新規作成」を🖱。

3 さらに表示されるメニューの「フォルダー」を🖱。

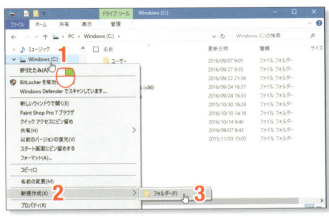

4 フォルダーツリーの「Windows(C:)」下に「新しいフォルダー」が色反転して表示されるので、キーボードからフォルダーの名前として「0-zumen」を入力し、Enterキーを押す。

☑ ここでは、フォルダーツリーで上のほうに表示されるよう、先頭に「0」が付いた名前にしました。フォルダーツリーでフォルダーは、名前順（数字・アルファベット・日本語…の順）に表示されます。

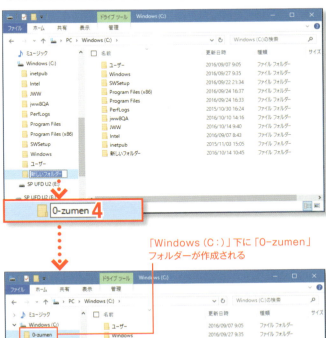

「Windows(C:)」下に「0-zumen」フォルダーが作成される

☑ 続けて「0-zumen」フォルダーを🖱し、2〜4と同様の操作を行うことで、「0-zumen」フォルダー内にさらにフォルダーを作成できます。

No.151 ファイルを新しい順に並べ替えたい

エクスプローラーのライブラリーウィンドウの表示を「詳細」にすることで、ファイル名だけではなく、更新日時やサイズなども表示されます。詳細表示では、ファイル名・更新日時・サイズ順にファイルを並べ替えできます。

詳細表示とファイルの並べ替え

● 詳細表示に切り替え

1. エクスプローラーの「表示」リボンタブを🖱。
2. 表示されるリボンの「詳細」を🖱。

☑ Windows 7/Vistaでは、1～2の代わりにメニューバー[表示]－「詳細」を選択します。

3. プレビューウィンドウが表示されている場合は、「プレビューウィンドウ」を🖱して非表示にする。

☑ Windows 7/Vistaでは、「整理」ツールを🖱し、表示されるメニューの「レイアウト」を🖱して表示されるチェックの付いた「プレビューウィンドウ」(Vistaでは「プレビューペイン」)を🖱。

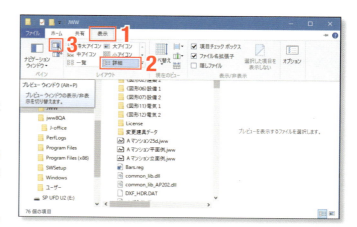

列幅を調整するには

各項目の列の表示幅によって、名前が長いと末尾が見えないことや、1つの項目の表示幅が広すぎるために、画面を右にスクロールしないと後ろの項目が見えないことがあります。そのような場合は、列幅を調整します。
列の幅を一番長いフォルダ名やファイル名の表記に合わせるには、その項目の後ろの区切りにマウスポインタを合わせ、マウスポインタの形状が✣になった状態で🖱🖱します（右の上図）。また、項目と項目の区切りにマウスポインタを合わせ、マウスポインタの形状が✣になった状態で🖱➡(ドラッグ)することで、任意の幅に変更できます。

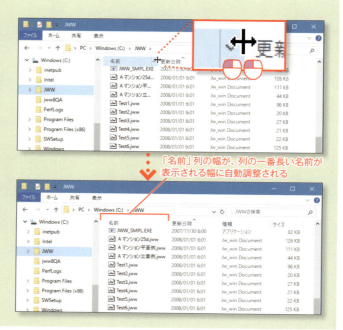

● 更新日時の新しい順に並べ替え

1 項目バーの「更新日時」を🖱。

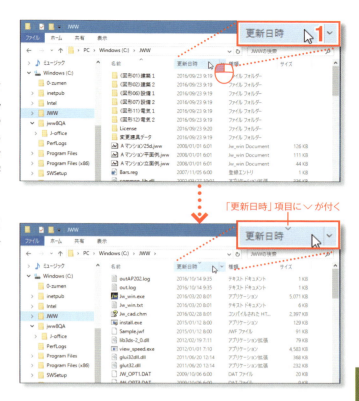

☑ 「更新日時」を🖱することで、詳細表示されているファイルおよびフォルダーごとに、新しい順（∨マーク）⇔古い順（∧マーク）に並び替わります。他の項目「名前」「サイズ」「種類」などでも同様の方法で並べ替えができます。「名前」の場合は、数字（数値扱い）・アルファベット・かな・漢字の順に並べ替えます。

「更新日時」項目に∨が付き、ファイルが更新日時の新しい順（降順）に並び替わります。フォルダーはファイルの末尾から新しい順に並びます。

 詳細表示の表示項目を変更するには

詳細表示の項目に更新日時（保存・上書き保存した日時）がない場合は、以下の操作で「更新日時」を追加してください。

1 項目バーにマウスポインタを合わせ🖱。

2 表示されるメニューからチェックの付いていない「更新日時」を🖱。

☑ 1～2の操作で表示項目の除外・追加が行えます。また、移動したい項目を🖱←（ドラッグ）することで、項目の表示順を変更できます。

3 「更新日時」の項目バーにマウスポインタを合わせ、🖱←（ドラッグ）し、「名前」の項目バーの後ろの区切りでマウスボタンをはなす。

プルダウンメニューが閉じ、項目「更新日時」が追加される

「更新日時」が「名前」項目の後ろに移動する

No.152

USBメモリやCDに収録された図面ファイルをパソコンにコピーしたい

これから加工する図面ファイルをUSBメモリやCD（DVD）などで受け取った場合は、それらの図面ファイルをパソコンのローカルディスクにコピーしたうえで図面の加工を行います。ここでは、USBメモリに保存された図面ファイルをCドライブの「0-zumen」フォルダーにコピーする例で説明します。CD（DVD）からコピーする場合も手順は同様です。コピー先のフォルダーは、p.223を参照し、あらかじめ作成しておいてください。

USBメモリの図面ファイルをパソコンにコピーする方法

1 エクスプローラーで、USBメモリをパソコンに挿入して開く。

2 コピー対象の最初のファイルを🖱。

3 最後のファイルを、Shiftキーを押したまま🖱。

☑ 複数のファイル選択は、Ctrlキーを押したままファイルを個別に🖱選択するほか、最初のファイルを🖱で選択してから最後のファイルをShiftキーを押したまま🖱することで、最初と最後のファイルとその間のファイルをすべて選択できます。

4 選択色で表示されている1つのファイルにマウスポインタを合わせ🖱。

5 表示されるメニューの「コピー」を🖱。

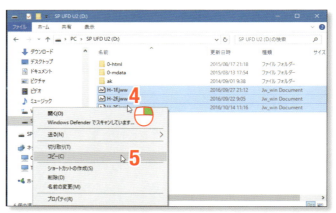

6 フォルダーツリーで「Windows（C:）」を🖱🖱。

7 その下に表示されるコピー先のフォルダー（「0-zumen」フォルダー）を🖱。

8 表示されるショートカットメニューの「貼り付け」を🖱。

☑ コピー対象として**2**～**3**でフォルダーを選択することで、フォルダーごと（フォルダー内のフォルダーやファイルを含め）コピーすることが可能です。

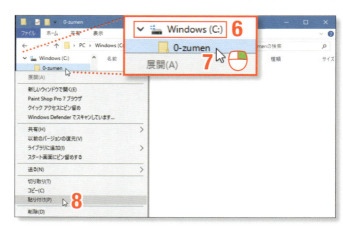

No. 153
メールに添付された図面ファイルを パソコンに保存したい

メールに添付されてきた図面ファイルを、直接🖱🖱で開いて編集しないでください。ローカルディスク内のフォルダーに保存したうえで、Jw_cadで開いて編集する必要があります。ここではWindows 10に標準搭載のメールアプリで添付ファイルを保存する手順を説明します。使用しているメールアプリによって、保存手順は若干異なります。

メールに添付された図面ファイルをパソコンに保存する方法

1 メールアプリで、図面ファイルが添付されているメールを🖱🖱して開く。

2 メールに添付されているファイルのファイル名を🖱。

3 表示されるメニューの「保存」を🖱。

☑ 複数のファイルが添付されている場合、「すべての添付ファイルの保存」を🖱し、次に保存先フォルダーを選択してすべての添付ファイルを保存できます。

4 「名前を付けて保存」ウィンドウのフォルダーツリーで保存先のフォルダーを選択する。

5 「ファイル名」を確認し、「保存」ボタンを🖱。

☑ 添付ファイルがJWWファイルの場合は、Jw_cadの「開く」コマンドを選択し、**4**で指定したフォルダーから**5**で保存した図面を開けます。その他の拡張子の場合 ☞ p.218

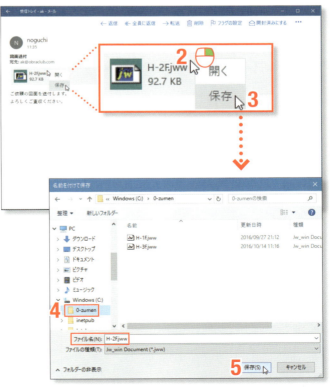

No.154 図面をメールで送りたい

あらかじめ送る図面ファイルが保存されている場所を確認したうえで、メールアプリで図面ファイルを添付します。ファイルの添付手順はメールアプリによって異なります。ここでは、Windows 10に標準搭載されているメールアプリで図面ファイルを添付する手順を説明します。メールアプリの基本的な設定は完了していて、通常のメールの送受信ができることを前提とします。

メールにJw_cadの図面ファイルを添付する方法

1. Jw_cadで「開く」コマンドを選択し、「ファイル選択」ダイアログで、メールに添付する図面ファイルが保存されている場所（フォルダー）と図面ファイル名を確認する。

   図面ファイルの保存場所の確認 👉 p.52

2. メールアプリを起動し、「新規メール」を🖱。

3. 新規メールのウィンドウで「挿入」タブを🖱。

4. 「ファイル」を🖱。

5. 「開く」ダイアログのフォルダーツリーで、1で確認した図面ファイルの保存場所を🖱。

6. メールに添付する図面ファイルを🖱で選択する。

   ☑ 複数のファイルを選択する場合、2つ目以降は Ctrl キーを押したまま🖱することで選択します。

7. 「開く」ボタンを🖱。

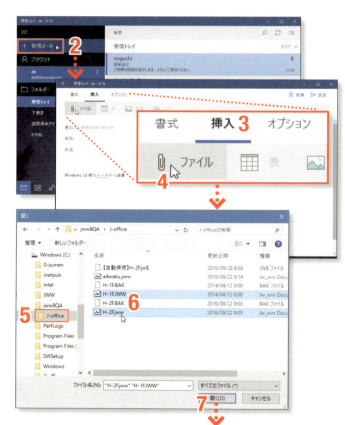

上記6で選択したファイルがメールに添付されます。あとは通常のメールと同様に、「宛先」「件名」「内容」を入力し、「送信」ボタンを🖱して送信してください。

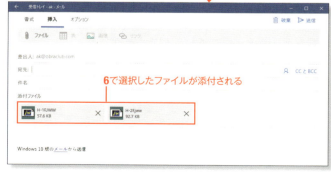

6で選択したファイルが添付される

No. 155 不要なフォルダーを削除したい

不要になった図面・図形ファイルの削除は、Jw_cadのメニューバー［ファイル］－「ファイル操作」－「ファイル削除」で行えます（☞ p.58）。しかし、フォルダーの削除はJw_cadでは行えないため、エクスプローラーから行います。フォルダーを削除するときは、そのフォルダー内に必要なファイルやフォルダーが残っていないかをよく確認したうえで削除してください。

フォルダーを削除する方法

1 エクスプローラーを起動し、フォルダーツリーで削除するフォルダーを🖱。

2 表示されるショートカットメニューの「削除」を🖱。

3 削除を確認する「フォルダーの削除」ウィンドウが開いた場合は、「はい」ボタンを🖱。
　　　削除確認ウィンドウが開くようにするには
　　　　　　　☞ 下のコラム

 標準ではローカルディスク内のファイルやフォルダーを削除した場合、完全に削除されるのではなく「ごみ箱」に入ります。

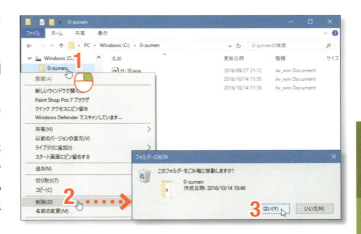

「ごみ箱」の扱いについて

ごみ箱のファイルやフォルダーは、ごみ箱を🖱し、ショートカットメニューの「ごみ箱を空にする」を🖱で完全に削除されます。その前ならば、次の操作で削除前に戻せます。

1 ごみ箱を🖱し、ショートカットメニューの「開く」を🖱。

2 「ごみ箱」ウィンドウで元に戻したいファイルを🖱し、ショートカットメニューの「元に戻す」を🖱。

 削除時に削除確認のウィンドウを開くようにするには、1でショートカットメニューの「プロパティ」を選択し、「ごみ箱のプロパティ」の「削除の確認メッセージを表示する」にチェックを付けます。

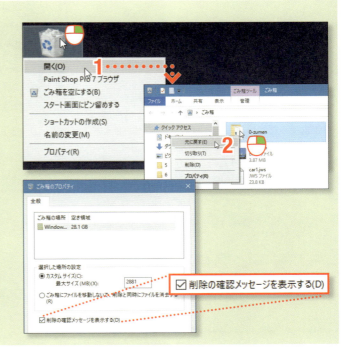

No.156

エクスプローラーからJWCファイルやDXFファイルを🖱🖱して開きたい

エクスプローラーでJWWファイルを🖱🖱すると、そのファイルを開いてJw_cadが起動しますが、JWCファイルやDXFファイルを🖱🖱してもJw_cadでファイルは開きません。JWCファイルを🖱🖱して開くようにするには、JWCファイルを開くプログラムとしてJw_cadに関連付ける必要があります。ここでは、JWCファイルの例で関連付けの手順を説明します。Jw_cadの[ファイル]メニューから開くことのできるファイル（JWC／DXF／SXF／P21）であれば、同様の手順で関連付けをすることで、🖱🖱で開くようになります。

JWCファイルにJw_cadを関連付ける方法

1 エクスプローラーでJWCファイルを🖱し、表示されるメニューの「プログラムから開く」を🖱。

> ✓ **1**の操作でさらにメニューが表示された場合は「別のプログラムを選択」を🖱してください。Windows Vistaで、「プログラムから開く」がリストにない場合は、「開く」を選択してください。

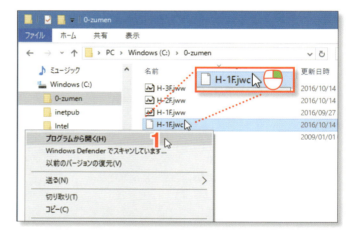

2 右図のウィンドウが表示されるので、「その他のアプリ」（または「その他のオプション」）を🖱。

> ✓ Windows Vistaで「ファイルを開くプログラムの選択」ウィンドウが開いた場合は、**3**へ進んでください。「このファイルは開けません」と表記されたウィンドウが開いた場合は、「インストールされたプログラムの一覧からプログラムを選択する」を選択し、「OK」ボタンを🖱してください。

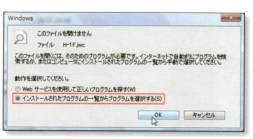

230

3 「常にこのアプリを使って.jwcファイルを開く」（または「すべての.jwcファイルでこのアプリを使う」）にチェックを付け、「このPCで別のアプリを探す」を🖱。

> ✓ Windows Vistaの「ファイルを開くプログラムの選択」ウィンドウでは、「この種類のファイルを開くときは、選択したプログラムをいつも使う」にチェックを付け、「参照」ボタンを🖱してください。

4 「プログラムから開く」ウィンドウのフォルダーツリーで「Windows（C:）」（Cドライブ）を🖱🖱。

5 その下に表示される「JWW」フォルダーを🖱。

6 右側のウィンドウの「Jw_win（.exe）」を🖱で選択する。

7 「開く」ボタンを🖱。

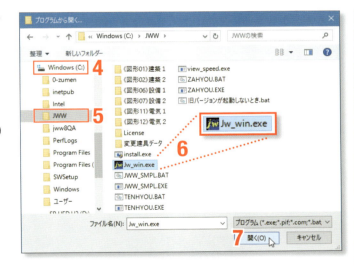

以上で完了です。1で🖱したJWCファイルを開いてJw_cadが起動します。
Jw_cadを終了し、エクスプローラーの画面で、JWCファイルのアイコンがJw_cadのファイルを示すアイコンに変わったことを確認してください。

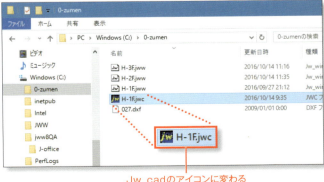

Jw_cadのアイコンに変わる

No. 157 圧縮ファイルを展開したい

メールに添付されてきたファイルやダウンロードしたファイルの拡張子が「ZIP」や「LZH」の場合、それらは複数のファイルをひとまとめにした圧縮ファイルです。圧縮ファイルは「展開」（または「解凍」と呼ぶ）したうえで使用します。ここでは、「ダウンロード」フォルダーにダウンロードされたZIP圧縮ファイルを「C：」ドライブの「0-zumen」フォルダーに展開する例で説明します。

圧縮ファイルをフォルダーに展開する方法

1 「ダウンロード」フォルダーを開き、ZIPファイルを🖱。

2 表示されるショートカットメニューの「すべて展開」を🖱で選択する。

3 「圧縮フォルダーの展開」ウィンドウで、展開先のフォルダーを指定するため、「参照」ボタンを🖱。

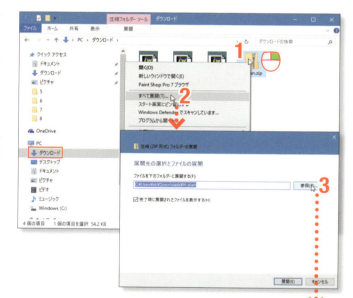

4 「展開先を選んでください」ウィンドウで「PC」（または「コンピューター」）を🖱。

5 「PC」（または「コンピューター」）下に表示される「Windows（C：）」（Cドライブ）を🖱。

☑ Cドライブの表記は、「Windows（C：）」「ローカルディスク（C：）」「OS（C：）」など、パソコンによって異なります。

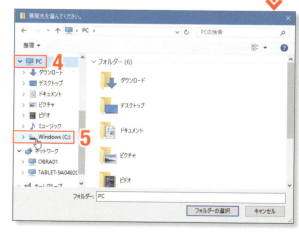

6 「Windows（C：）」内の「0-zumen」フォルダーを🖱。

7 「フォルダーの選択」（または「OK」）ボタンを🖱。

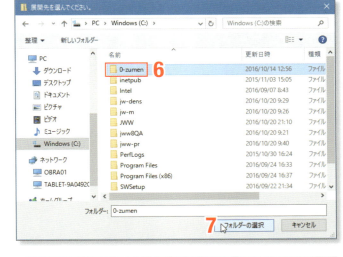

8 「圧縮フォルダーの展開」ウィンドウの「ファイルを下のフォルダーに展開する」ボックスが、展開先のフォルダーを示す「C：¥0-zumen」になったことを確認し、「展開」ボタンを🖱。

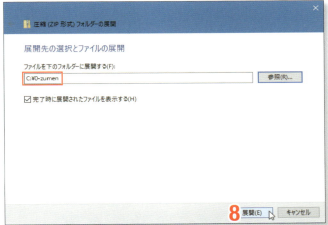

9 展開が完了すると、展開先の「0-zumen」フォルダーのウィンドウが開くので、展開されたファイルを確認し、右上の ✕ （閉じる）を🖱してエクスプローラーを閉じる。

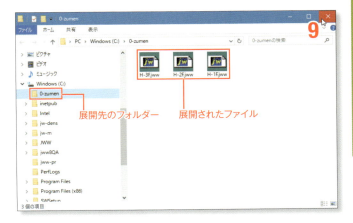

☑ 別の圧縮形式であるLZHファイルを展開する場合も操作は同じです。LZHファイルを🖱し、表示されるショートカットメニューの「すべて展開」を🖱して、同様に展開してください。Windows VistaでLZHファイルを🖱した場合にショートカットメニューに「すべて展開」が表示されない場合は、Microsoft社のホームページからプログラム「Microsoft圧縮（LZH形式）フォルダ」をダウンロードし、インストールする必要があります。

もっと知りたい人のために

No.158>163

初中級者を対象としたCHAPTER 1〜7では、上級者向けと思われる複雑な事項や、Jw_cadおよびWindowsに標準搭載されている以外のアプリケーションを必要とする事項、業種に特化した事項などの使い方については掲載していません。ここでは、そのような事項の中でも特に、初中級者から多く寄せられた要望や質問について、その概要と詳しく解説している参考図書（☞ p.242）を紹介します。

No.158 デジカメ写真などのJPEG画像をJw_cad図面に貼り付けたい

「Susie JPEG Plug-in」（ifjpeg.spi）をダウンロードし、「JWW」フォルダーにセットすることで、JPEG画像をJw_cad図面に挿入できるようになります。

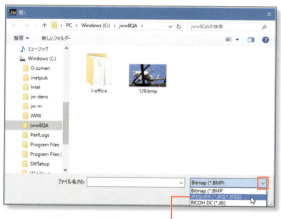

ifjpeg.spiをセットすることで「JPEG」が追加される

別書『**Jw_cadのコツ**』p.115〜では、Susie JPEG Plug-inのセット方法からJPEG画像の挿入まで解説しています。

「Susie JPEG Plug-in」（ifjpeg.spi）
☞ http://www.digitalpad.co.jp/~takechin/

No.159 スキャナーで読み込んだ図面・写真などをJw_cad図面で利用したい

Jw_cadはスキャナーから直接、図面・写真などの画像を取り込むことはできません。
スキャナーで取り込んだ図は、いったんBMP形式の画像ファイルとして保存したうえで、以下のいずれかの方法でJw_cad図面に取り込みます。

方法① 画像として挿入する（☞ p.194）。

方法② ラスター⇒ベクター変換ソフトでDXFファイルに変換し、メニューバー［ファイル］ー「DXFファイルを開く」（☞ p.62）で開いて利用する。

※ 縮尺も含め、そのまま図面として使用できる精度には変換できません。CADでの修正が必須です。

ラスター ⇒ ベクター変換ソフトWinTopo
☞ http://wintopo.com/index.htm

別書『**Jw_cadを仕事でフル活用するための88の方法**』（p.14〜）では、**方法①**およびラスター⇒ベクター変換ソフト「WinTopo」を用いた**方法②**を解説しています。

No. 160
Excelの表をJw_cad図面に貼り付けたい

Jw_cadはWindowsのOLE機能（☞ p.240）に未対応のため、Excelの表をコピー&ペーストでJw_cad図面に貼り付けることはできません。
ただし、Excelのアドインソフト「Excel to Jw_win」を利用することで、Excelの表を線・文字要素から成る表としてJw_cad図面に貼り付けできます。

Excel to Jw_win
👉 http://www.vector.co.jp/soft/win95/business/se308016.html

別書『**Jw_cadを仕事でフル活用するための88の方法**』p.28～では、Excel to Jw_winを利用して、Excelの表をJw_cad図面に貼り付ける方法を解説しています。

No. 161
Jw_cad図面をExcelやWordに貼り付けたい

Jw_cadはWindowsのOLE機能（☞ p.240）に未対応のため、コピー&ペーストでJw_cadの図面をExcelやWordに貼り付けることはできません。
以下のいずれかの方法で行います。

方法① 別のソフトウェアを利用して、Jw_cad図面をJPEGなどの画像ファイルとして保存し、ExcelやWordに挿入する。
方法② 別のソフトウェア「JexPad」を利用して、OLEオブジェクトとしてExcelやWordに貼り付ける。

JexPad
👉 http://www.vector.co.jp/soft/winnt/business/se489054.html

別書『**Jw_cadを仕事でフル活用するための88の方法**』p.110～ではJw_cad図面をJPEG画像に変換する**方法①**を、同書p.116～では「JexPad」を利用してJw_cad図面をWordに貼り付ける**方法②**を、それぞれ解説しています。

No. 162
Jw_cad図面をPDFファイルにしたい

Jw_cad図面をPDFファイルに変換することで、Jw_cadがなくても、Jw_cadで開いて印刷した場合とほぼ同じ状態の図面を閲覧・印刷できます。
Jw_cad図面をPDFファイルに変換するには、PDF作成ソフトが必要です。PDF作成ソフトは、有償の「Adobe Acrobat」のほか、無償のソフトもあります。

CubePDF
👉 http://www.cube-soft.jp/cubepdf/

別書『**Jw_cadを仕事でフル活用するための88の方法**』p.102～では、無償のPDF作成ソフト「CubePDF」を利用してJw_cad図面をPDFファイルに変換する方法を解説しています。

No. 163
PDFの図面をJw_cadで利用したい

PDFファイルをJw_cadで開くことはできません。以下のいずれかの方法で利用できます。

方法① PDFファイルをBMP画像に変換し、画像としてJw_cad図面に挿入（☞ p.194）する。
方法② 市販のアプリケーションを用いてDXF形式などのCADデータファイルに変換する。

※ ただし、そのままCAD図面として使用できる精度には変換できないため、CADでの修正が必須です。変換できるのはPDF作成ソフトでアプリケーションから作成したPDFファイルに限ります。紙の図面をスキャナーで取り込みPDFファイルにしたファイルや、編集を制限するセキュリティのかかったファイルは変換できません。

別書『**Jw_cadを仕事でフル活用するための88の方法**』p.44～で**方法①**を、同書p.50～で「Adobe Illustrator」を用いた**方法②**を、それぞれ解説しています。

No.164
縮尺の異なる図を同じ用紙に作図したい

1枚の用紙に縮尺の異なる複数の図を作図するには、レイヤグループを利用します。Jw_cadには0～Fの16枚のレイヤがありますが、この16枚のレイヤを1セットとしたものがレイヤグループです。レイヤグループは0～Fの16セットあり、レイヤグループごとに縮尺を設定できます。

例えば、1/20詳細図と、1/5や1/1部分詳細図を1枚の用紙に作図する場合、0レイヤグループをS＝1/20、1レイヤグループをS＝1/5、2レイヤグループをS＝1/1に設定し、それぞれのレイヤグループにかき分けます。

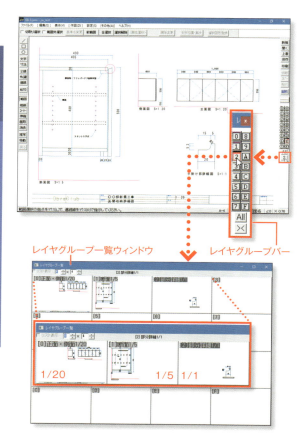

別書『Jw_cadのコツ』p.140～では、上図の詳細図（1/20）および部分詳細図（1/5、1/1）をモチーフに、レイヤグループを利用して1枚の用紙に異なる縮尺の図を作図する手順を解説しています。

No.165
公差寸法を記入したい

Jw_cadの「寸法」コマンドには、公差寸法を記入する設定はありません。寸法をいったん記入した後、メニューバー［その他］－「線記号変形」を選択し、「【線記号変形D】設備2」の「公差入力例」の記号などを利用して変形作図します。

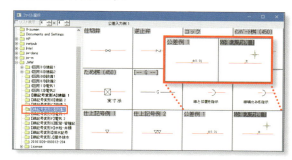

別書『Jw_cad製図入門』p.154で紹介しています。

No.166
アイソメ図を作図したい

アイソメ図の作図は、以下のいずれかの方法で作図できます。

方法① 「／」コマンドで傾きを指定して作図する。
方法② 「2.5D」コマンドの「アイソメ」で作図する。

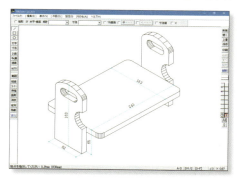

別書『Jw_cad製図入門』p.224～では**方法①**を、p.234～では**方法②**を解説しています。

No.167
パースを作図したい

Jw_cadの「2.5D」コマンドでは、平面図に高さを定義することや、立面図を立ち上げる指定をすることで、「アイソメ」「鳥瞰図」「透視図」を作図できます。ただし、「2.5D」コマンドで作成した立体図は3Dではなく2Dです。隠線（手前の面に隠れる奥の線）処理の機能もなく、手間もかかるため、複雑な形状の立体図作成には向きません（下図）。

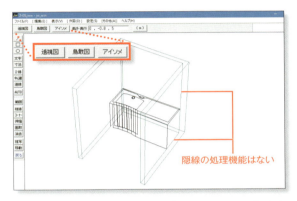

隠線の処理機能はない

パーツ数の多い建築パースやプレゼンを目的に作成するのであれば、素材・色のペイントや影の表示もできる3Dモデリングのソフトウェア「SketchUp」をおすすめします（下図）。

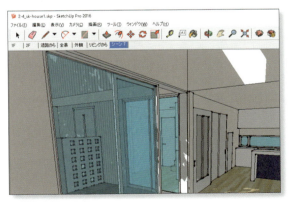

別書『Jw_cad製図入門』p.234～では、木工作品をモチーフに、「2.5D」コマンドの基本操作を解説しています。
別書『やさしく学ぶSketchUp』では、SketchUpの基本操作～住宅をモチーフとした立体モデル作成方法を解説しています。

No.168
敷地図を作図したい

三斜を使って作図する場合は、指定寸法の底辺を作図したうえで、「多角形」コマンドの「2辺」を選択し、残りの2辺の数値と作図方向を指定して三角形を作図していきます。

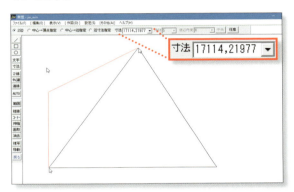

測量座標値を使う場合は、「座標ファイル」コマンドで座標ファイルを読み込むことで作図します。
別書『やさしく学ぶJw_cad☆デラックス』p.236～で三斜を使って作図する方法を、その付録冊子のp.59～で測量座標値を使って作図する方法を解説しています。

No.169
日影図を作成したい

メニューバー［その他］-「日影図」で行います。建物平面図に高さを定義し、高さ情報を持った建物ブロックを作成することで、日影図、等時間日影図、指定点での日影時間が計算・作図できます。

別書『やさしく学ぶJw_cad☆デラックス』p.246～で建物ブロックの作成方法を、同p.260～で等時間日影図・日影図・指定点での日影時間の計算を行う手順を解説しています。

No.170 >174

No.170
設備図を作図したい

電気設備図や給排水衛生設備図、空調設備図は、Jw_cadのレイヤ・「連線」コマンド・「線記号変形」コマンド・クロックメニューなどの機能を利用することで効率よく作図できます。

ただし、電気設備図の作図には多くの電気シンボル図形や条数・回路番号などの線記号が、給排水衛生設備図や空調設備図の作図にはシンボル図形や立管記号・継手類・弁類・排水桝などの線記号が必要となります。

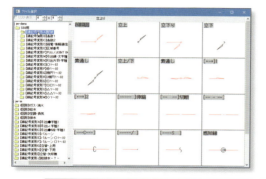

別書『**Jw_cad電気設備設計入門**』では、電気設備図の作図に有効な機能やその操作方法を解説しています。また、実務図面で使える電気設備図用の線記号変形データ、電気シンボル図形を多数収録しています。

別書『**Jw_cad空調給排水設備図面入門**』では、給排水衛生設備図面や空調設備図面を効率よく作図するための操作を紹介しています。また、給排水衛生設備や空調設備図面用の線記号データを多数収録しています。

No.171
図面上の部品数を拾い出したい

拾い出したい部品をブロック図形として用意しておくことで、「範囲」コマンドの「文字位置・集計」を用いて、図面上に配置したブロック図形の数をその名前ごとに拾い出し、集計できます。また、その集計結果をExcelの表に渡すことも可能です。

別書『**Jw_cadのコツ**』p.198～では、ブロック図形の作成方法～Jw_cad図面上での集計方法や集計結果をExcelの表に渡す方法などを解説しています。

No.172
インターネットで提供されている
データを利用したい

設備機器や内装材などの各種メーカーのWebサイトでは、製品の図面のCADデータ・資料のPDFファイル・製品写真の画像データなどが提供されています。また、メーカーのサイト以外にも、Jw_cadで利用できるデータをダウンロードできるサイトが数多くあります。ダウンロードの手順などはサイトにより異なります。また、ダウンロードしたファイルの形式によって、Jw_cadでの利用方法が異なります。

別書『**Jw_cadのコツ**』p.229～では、データのダウンロードの基本的な手順と、ダウンロードしたデータの種類別にJw_cadでの利用方法を解説しています。

No.173
開いたDXFファイルの大きさや線色・線種がおかしい。編集がうまくいかない

DXFは、本来、上位バージョンのAutoCAD（オートデスク社が開発・販売するCADソフト）で作図した図面を下位バージョンのAutoCADへ渡すことを目的として開発されたファイル形式です。AutoCADの図面ファイルに則した形式であるため、DXFファイルは原寸で、縮尺・用紙サイズなどの情報はありません。

また、DXFファイルの受け渡しを行う各CADの図面構成要素の違いやDXFの解釈の違いから、必ずしも他のCADで作図した図面を100%再現できるものではなく、縮尺・用紙サイズ・文字サイズ・線種・線色・レイヤなどが元の図面とは異なったり、図面の一部が欠落するなど、さまざまな違いが生じる可能性があります。DXFファイルを開いてJw_cad図面と同じように編集操作を行うには、多くの調整が必要になります。DXFファイルを開いたら、編集する前に以下の操作を行います。

1. 縮尺と実寸法を確認し、元図面と同じになるよう調整する。
2. JWWファイルとして保存する。
3. 必要に応じて、ひとまとまりの要素「ブロック図形」「曲線属性」を解除する（☞ p.196）。
4. 必要に応じて、SXF対応拡張線色・線種を標準線色・線種に変更する。

別書『Jw_cadのコツ』p.58～では、DXFの特徴や開き方をはじめ、DXFファイルを編集するための調整方法やトラブルの対処方法などを、ケース別に解説しています。

No.174
図面の縮尺が1/1で、属性取得で「選択された部品図を編集します」ダイアログが開く

開いた図面は、SXFファイルまたはSXFファイルを開いてからJw_cad図面として保存したものと考えられます。

SXFファイルは、作成元のCADの図面と同じ用紙サイズとほぼ同じ見た目で開くことができます。縮尺は必ずS＝1/1になり、図面部分は縮尺情報を持ったブロック（「部分図」と呼ぶ）になります。この図面を修正・加筆するには、「ブロック編集」コマンドで行うか、部分図と同じ縮尺のレイヤグループに部分図を分解したうえで行います。

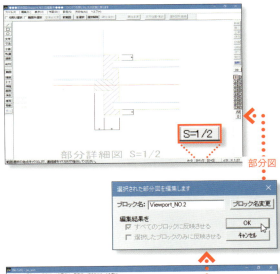

部分図

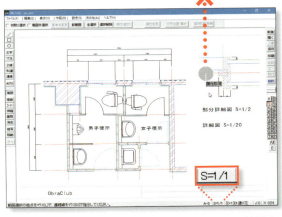

別書『Jw_cadのコツ』p.84～では、SXFの特徴や開き方、編集を行う方法などを解説しています。

用語の補足説明

JWF（環境設定ファイル）

「JWF（環境設定ファイル）」は、Jw_cadの基本設定や、用紙サイズ・縮尺・レイヤ名の設定、動作設定など、多岐にわたる設定内容を記述し、拡張子を「JWF」としたテキスト形式のファイルです。

メニューバー［設定］－「環境設定ファイル」－「読込み」で、環境設定ファイルを読み込むことにより、動作中のJw_cadの各種設定を、環境設定ファイルに記述された内容に一括設定できます。

また、環境設定ファイルのファイル名を「jw_win.jwf」として「JWW」フォルダに収録すると、Jw_cadの起動時に、その環境設定ファイルが自動的に読み込まれます。この「jw_win.jwf」を「起動環境設定ファイル」と呼びます。

通常、Jw_cadの用紙サイズ・縮尺・基本設定項目の内容などは、前回終了時と同じ設定で起動します。しかし、起動環境設定ファイルが存在する場合は、その指定内容に一括設定されます。環境設定ファイルは、Windowsの「メモ帳」などを使って独自に作成・変更することができます。

別書『**Jw_cadのコツ**』のp.178～で、環境設定ファイルの利用方法を解説しています。

OLE

「OLE」は「Object Linking and Embedding」の略で、複数のWindowsアプリケーション間で相互にデータの挿入やリンクをする技術のことです。「Microsoft Excel」の表を「Microsoft Word」の文書に貼り付けられるのは、両者がOLEに対応しているためです。

Jw_cadはOLE未対応のため、Jw_cad図面をWordやExcelに「コピー」&「貼り付け」で貼り付けることや、Excel表をJw_cad図面に貼り付けることはできません。これらの操作は、他のソフトウェアを利用することで可能になります（☞ p.235）。

SXF対応拡張線色・線種

「SXF対応拡張線色・線種」とは、異なるCAD間での正確な図面ファイルの受け渡しを目的に、国土交通省主導で開発された中間ファイル形式SXFで定義されている線色・線種です。Jw_cadで開いたDXFファイルやSXF（SFC/P21）ファイルの線色・線種は、SXF対応拡張線色・線種になります。「線属性」ダイアログの「SXF対応拡張線色・線種」にチェックを付けることで、SXF対応拡張線色・線種の表示に切り替わります。

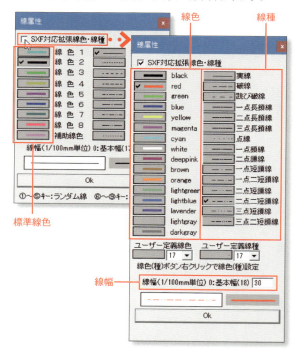

SXF対応拡張線色・線種の「線色」は、カラー印刷時の色であり、線幅を区別するものではありません（標準線色1～8はカラー印刷色と線幅を区別するもの）。

SXF対応拡張線色の線幅は、「線属性」ダイアログの「線幅」ボックスで、書込線ごとに指定します。そのため、画面上同じ表示色の線でも、同じ線幅で印刷されるとは限りません。

また、ユーザーが独自に作成できる「ユーザー定義線色」「ユーザー定義線種」があります（☞ p.183）。

個別線幅

標準線色1～8は、「基本設定」コマンドで開く「jw_win」ダイアログの「色・画面」タブで、線色ごとに印刷線幅を指定することが基本です（☞ p.199）。ただし、「線属性」ダイアログの「線幅」ボックスに線幅を1/100mm単位で入力すると、同じ線色で印刷線幅の異なる線を作図できます。この「線幅」ボックスで線幅を指定した線を、「個別線幅の線」と呼びます。
それに対し、個別に線幅を指定しない（「線属性」ダイアログの「線幅」ボックスが「0」）線を、「基本幅の線」と呼びます。

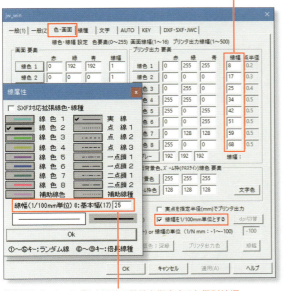

線色1～8の印刷線幅（基本幅）

「線幅」ボックスに「0」以外の数値を指定すると個別線幅

「jw_win」ダイアログの「色・画面」タブで、「線幅を1/100mm単位とする」にチェックが付いている場合に、「線属性」ダイアログに「線幅」ボックスが表示されます。

寸法図形

「寸法設定」ダイアログの「寸法線と値を【寸法図形】にする」にチェックを付けた状態で記入した寸法の寸法線と寸法値は、1セットとして扱われ、寸法値は常に寸法線の実寸法を表示します。これを「寸法図形」と呼びます。
寸法図形の寸法線または寸法値だけを消すことや、寸法線の線色・線種、寸法値の文字色は変更できません。変更するには寸法図形を解除（☞ p.115）します。

属性

線色・線種や文字種、作図されているレイヤなどの作図要素が持つ性質を「属性」と呼びます。
それ以外にも以下の属性があり、範囲選択時に属性を指定することで、選択した要素の中から特定の属性を持つ要素のみを選択することや、除外することができます（☞ p.173）。

● ハッチ属性
「ハッチ」コマンド（☞ p.188）で作図したハッチング要素が持つ属性。

● 図形属性
「図形」コマンドで読み込んだ図形が持つ属性。

● 寸法属性
「寸法」コマンドで記入した寸法部（寸法線・寸法値・引出線・端部実点または矢印）が持つ属性。

● 建具属性
メニューバー［作図］の「建具平面」「建具断面」「建具立面」コマンドで作図した建具が持つ属性。建具属性は「包絡処理」コマンドの編集対象にならないという性質もある（☞ p.142）。

ブロックと部分図

「ブロック」とは、複数の要素をひとまとまりにして基準点と名前を指定したものです。図面上のブロック数を集計できる、通常の編集操作ではブロック内の要素を編集・変更できない、などの特徴があります。
ブロックは、メニューバー［編集］－「ブロック化」で作成するほか、他のCADから受け取ったDXF・SXFファイル内の要素がブロックになっている場合もあります。Jw_cadの通常の線・円・弧・文字要素と同じように編集するには、ブロックを解除（☞ p.197）します。
また、SXFファイルの「部分図」（☞ p.239）は、縮尺情報を持ったブロックです。ブロックと同じ操作で編集・解除ができます。

Jw_cad 解説書ガイド

ここでは、本書と合わせて読んでいただきたい、また本書よりさらに踏み込んで解説しているJw_cadの解説書を紹介します。

Jw_cadを仕事でフル活用するための88の方法（メソッド）

DWGやPDFの図面をJw_cadで開く方法、スキャナーで取り込んだ図面をJw_cadに読み込む方法、Excelの表をJw_cadに貼り付ける方法など、Jw_cadの標準機能では行えないが、Jw_cad以外のアプリケーションを組み合わせて使うことで実現できる機能をはじめ、仕事で役立つ「〇〇する方法」を多数紹介しています。

Obra Club 著
本体3,200円（税別）
ISBN978-4-7678-1897-9
B5判
付録CD-ROM

Jw_cadのコツ

レイヤグループを利用して異なる縮尺の図面を1枚の用紙に作図する方法、DXF・SXFファイルを開いて編集する方法、ブロック図形を使って部品の拾い出しを行う方法、インターネットで提供されているデータをダウンロードして利用する方法、レイヤを使いこなす方法、JPEG画像を挿入する方法などを解説した中上級者向けの解説書です。

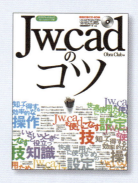

Obra Club 著
本体3,200円（税別）
ISBN978-4-7678-1230-4
B5判
付録CD-ROM

Jw_cadのトリセツ

各コマンドの基本操作や便利な応用操作を、図や事例を多用してわかりやすく解説。Jw_cadを日々お使いの方から、初心者の方まで広くご利用いただけるコマンド解説書です。付録CD-ROMには教材データのほか、環境設定ファイル・レイヤ整理ファイルの内容や線記号変形データ、建具データなどの変更方法を解説した上級者向けのPDFを収録しています。

Obra Club 著
本体3,200円（税別）
ISBN978-4-7678-1721-7
B5判
付録CD-ROM

やさしく学ぶJw_cad☆デラックス

主に建築分野の方に向けた内容の濃い入門書です。『はじめて学ぶJw_cad』などの初心者向け解説書をマスターした方々の復習、あるいは次のステップアップを目指す本としても役立ちます。また、付録の小冊子では、Jw_cadを使ううえで知っておきたい図面ファイルの取り扱い方法や、CAD用語などについて解説しています。

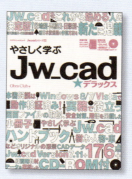

Obra Club 著
本体3,200円（税別）
ISBN978-4-7678-1825-2
B5判
付録CD-ROM
別冊付録『やさしく学ぶJw_cadハンドブック』

Jw_cad電気設備設計入門

Jw_cadの基本操作から、盤図・電灯コンセント図の作図を通して、電気設備図の作図に有効な機能やその操作方法を習得することを目的とした実務者向け解説書です。また、本書を終えた後、すぐに実務図面をかけるよう、付録CD-ROMにS=1/50、1/100、1/200の縮尺別の電気シンボル図形を多数収録しています。

Obra Club 著
本体3,200円（税別）
ISBN978-4-7678-1706-4
B5判
付録CD-ROM

CADを使って機械や木工や製品の図面をかきたい人のための Jw_cad製図入門

木工図面や機械図面をかくことを目的としてJw_cadを使い始めたい、という方に向けた入門書です。Jw_cadのインストール、基本的な作図操作をしっかりマスターした後、建築図面とは異なる点の多い寸法記入、CAD特有の概念であるレイヤを利用した木工図面や機械図面の作図、アイソメ図の作図などを学習する内容です。

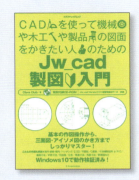

Obra Club 著
本体2,800円（税別）
ISBN978-4-7678-2082-8
B5判
付録CD-ROM

Jw_cad空調給排水設備図面入門

Jw_cadの基本操作から、受け取った建築図面の加工および給排水衛生設備図面、空調設備図面の作図を通して、設備図面を効率よく作図するための操作の習得を目的とした解説書です。また、本書を終えた後、すぐに実務図面をかいていただけるよう、付録CD-ROMに給排水衛生設備や空調設備図面用の線記号データを多数収録しています。

Obra Club 著
本体3,200円（税別）
ISBN978-4-7678-2193-1
B5判
付録CD-ROM

やさしく学ぶSketchUp

簡単な操作で3Dモデルを作成できるアプリケーション「SketchUp」の解説書です。SketchUpのダウンロード・インストールや、モデル作成のための基本操作に始まり、CAD図面をベースにした2階建ての住宅モデルの作成、近隣建物による影のシミュレーションなど、実際にモデル作成を体験しながら習得できる一冊です。

Obra Club 著
本体2,800円（税別）
ISBN978-4-7678-1969-3
B5判
付録CD-ROM

INDEX

エラーメッセージ

Jw_cadでは読み込めないファイルです ……………… 45
Jw_cadのインストールは配布パッケージ …… 29
エラー1310 … …………………………………………… 29
曲線です ……………………………………………… 196
計算できません ……………………………………… 189
図形がありません ……… 82、92、108、118、146、147
寸法図形です ………………………………………… 196
ブロック図形です …………………………… 156、196
無題のファイルが見つかりません ………………… 45
予期しないファイル形式です ……………………… 45

アルファベット

Altキー ……………………………………… 64、220、221
ANTIALIAS ……………………………………………… 22
B4用紙 ………………………………………………… 207
BAK ……………………………………………… 54、210、219
BMP ……………………………………………… 194、219
CapsLockキー ………………………………………… 64
Ctrlキー ………………………………… 53、146、147、177
Direct2D ………………… 22、37、39、45、125、137
DXF …………………………………………… 62、63、219、239
DWG …………………………………………………… 219
Excel・Word ………………………………………… 235
Fnキー ………………………………………………… 123
IMEパッド ………………………………………… 67、69
JPEG ……………………………………………… 219、234
Jw_cadの起動 ………………………………………… 30
Jw_cadのバージョン ………………………………… 43
JWC ……………………………………………… 218、230
JWF ……………………………………………… 42、240
JWK・JWS ……………………………………………… 218
JWW ……………………………………………………… 218
JW$ ……………………………………………… 56、218
Homeキー ……………………………………………… 123
LZH ……………………………………………………… 233
NumLockキー …………………………………………… 64
OLE ……………………………………………… 235、240
OS（Windows）のバージョン ……………………… 43
PDF ……………………………………………… 219、235
PgUp（PageUp）・PgDn（PageDown）キー …… 123、128
Shiftキー ……………………… 64、127、142、156、226
SketchUP …………………………………… 237、243
SXF ……………………………………………… 219、239
SXF対応拡張線色・線種 …………………… 183、240
Tabキー ………………………………… 82、118、128
unicode ………………………………………………… 65
USBメモリ ……………………………………… 52、226
ZIP ……………………………………………… 219、232

あ行

アイソメ図 …………………………………………… 236
圧縮ファイル ………………………………… 219、232
アンインストール …………………………………… 31
移動コマンド
  - 回転角 …………………………………………… 160
  - 作図属性（文字も倍率） ……………………… 169
  - 倍率指定 ………………………………… 163、165
  - 反転 ……………………………………………… 162

色の設定パレット ……………………… 190、208、210
印刷コマンド ………………………………………… 211
  - 印刷倍率 ………………………………………… 206
  - 印刷枠の基準点 ………………………… 202、204
  - カラー印刷 ……………………………………… 208
  - 範囲変更 ………………………………… 202、204
  - 枠書込 …………………………………… 201、207
印刷線の太さ（印刷線幅）の設定 ………………… 199
印刷色の設定 ……………………………… 208、210
印刷の実点サイズ …………………………………… 198
インストール …………………………………… 24、29
エクスプローラー ………………………… 220、222、224
円・円弧
  - 円周の長さ ……………………………………… 119
  - 半径 ……………………………………………… 118
  - 部分消し ………………………………………… 148
円周を等分割 ………………………………………… 185
円の中心点を読取 …………………………………… 70
オフセット …………………………………… 187、203

か行

回転移動 ……………………………………………… 160
書込線 ………………………………………………… 175
書込レイヤ …………………………………………… 175
書込文字種 ……………………………………… 74、82、83
拡大・縮小表示 ……………………………… 122、123、128
拡張子 ………………………………………… 217、218、222
角度±180° …………………………………………… 161
角度取得
  - 線鉛直角度 ……………………………………… 129
  - 線角度 …………………………………… 71、96、160
画像の消去 …………………………………………… 146
画像編集
  - 画像挿入 ………………………………………… 194
  - 画像同梱 ………………………………………… 51
  - 画像フィット（大きさ変更） …………………… 195
  - 画像分離 ………………………………………… 182
画面
  - 移動 ……………………………………………… 127
  - 色 ………………………………………… 40、50
  - 拡大・縮小 ……………………………… 122、123、124
画面倍率・文字表示設定 ………………… 37、95、128
カラー印刷 ………………………………… 75、208、210
仮点 …………………………………………………… 184
仮点の消去 …………………………………………… 147
キーボードでズーム操作 …………………………… 123
キーボード入力 ………………………………… 19、64
起動環境設定ファイル …………………………… 42、240
基本設定「一般（1）」
  - undoの回数 ……………………………………… 155
  - オートセーブ時間 ……………………………… 57
  - 画像・ソリッドを最初に描画 …………… 191、193
  - クロスラインカーソル ………………………… 41
  - 消去部分を再表示する ………………………… 145
  - バックアップファイル数 ……………………… 55
  - ファイル選択にコモンダイアログを使用する … 44
  - ファイル読込項目 ……………………………… 50
  - 要素数 …………………………………… 46、197
基本設定「一般（2）」 ……………………… 123、126、127
基本設定「色・画面」
  - （印刷時に） …………………………………… 206

244

ー 印刷色の設定	208、210
ー 色彩の初期化	40、50、210
ー ズーム枠色	41
ー 線幅	199
ー 端点の形状	137
ー 点半径	198
基本設定「線種」	200
基本設定「文字」	84
ー 既に作図されている文字のサイズも変更する	90、113
ー 文字列範囲を背景色で描画	212
基本設定「DXF・SXF・JWC」	38、62、74
基本設定「KEY」	82、118
旧バージョン形式	61
曲線	121、132
曲線属性	132、146、190、196
曲線属性のクリア（解除）	197
距離指定点	186
クリック	19
グリッド	36
クロスラインカーソル	41
クロックメニュー	70、125、187
言語バー	67
検索	49
公差寸法	236
コピー&貼付	180、182
個別線幅	213、241
コマンド選択	18
ごみ箱	229
コモンダイアログ	23、44
コントロールバー	32、35

さ行

最小化	180
最大化	34
作図属性	169、181
鎖線のピッチ	200
敷地図	237
自動保存	56、57
縮尺変更	
ー 実寸固定・文字サイズ変更	170
ー 図寸固定	171
縮小印刷	206
縮小表示	122、123
消去コマンド	145、152
ー 節間消し	149
ー 選択順切替（線と文字）	92、147
ー 範囲選択消去	150
ー 範囲選択消去（切り取り選択）	154
ー 範囲選択消去（属性選択 ー ソリッド図形指定）	153
ー 範囲選択消去（属性選択 ー 補助線指定）	151
ー 範囲選択消去（属性選択 ー 文字指定）	93
ー 部分消し	148、174
ショートカットの作成	26、27
伸縮コマンド	135
ー 一括処理	139
ー 指示位置優先	136
ー 切断間隔	138
ー 突出寸法	137
数値入力	19、161
ズーム操作	122、124、128
スキャナー	234

スクロール	126
スクロールバー	28、48、67、126
図形ファイルの削除	59
進むコマンド	155
スタートボタン	26、28、49、220
スタートメニュー	26、28
ステータスバー	32、34
スライド	125、127
スワイプ	19、125
寸法コマンド	
ー 一括処理	100
ー 円周	104
ー 角度	105
ー 寸法値	102、108、109
ー 設定	97、98、105、106、110、111、114
ー 端部	103、107
ー 斜めの寸法	96
ー 半径・直径	103
ー 引出線タイプ「ー」	97、101
ー 引出線タイプ「＝(1)」「＝(2)」	98
寸法図形	109、115、241
寸法図形の解除	109、115
寸法端部矢印	103、107
寸法値	
ー 移動とその方向	108
ー 大きさ指定・変更	111、112
ー 書き換え	109
ー フォント指定	114
ー 文字種確認	112
寸法の単位・小数点以下指定	105、106
寸法部の線色指定	110
寸法補助線（引出線）	97、98
寸法補助線なしの寸法	101
接円	131
設備図	238、243
線色の変更	172
全選択	213、214
全体表示	122、123
線の切断・切断間隔	136、138
全レイヤ編集	39
相対座標	187
属性	241
属性取得	82、112、118、175
属性変更コマンド	85、174
測定コマンド	
ー 面積	120
ー 円周	119
ー 距離	116、121
ソリッド	74、147、190、193、211
ソリッドの消去	152、153

た行

タイトルバー	35、46
多角形コマンド	190、237
タスクバー	67、180
タッチパネル	22、124
タップ	19、124
建具属性	142、241
他の図面からコピー	180、182
ダブルクリック	19
ダブルタップ	19、124

中心点・A点	70
重複線を1本に	144
ツールバー	33、35、221
データ整理コマンド	
─ 文字角度整理	94
─ 重複整理・連結整理	144
点コマンド	147、187
点の大きさ	198
添付ファイル	227、228
ドライブ	217
ドラッグ	19

な行

長さ取得 ─ 間隔取得	117
日影図	237
塗りつぶし 👉 ソリッド	

は行

バージョンアップ・履歴	23、24
パース	237
背景色と同じ色を反転する	38、62、74
破線・鎖線のピッチ	200
バックアップファイル	54、55、219
ハッチコマンド・ハッチング	188
パラメトリック変形コマンド	166
範囲コマンド	
─ 属性選択（線色指定）（線種指定）	173、178
─ 属性選択（文字種類指定）	87
─ 属性変更（線色変更）	172
─ 属性変更（全属性クリアー）	197
─ 属性変更（線幅変更）	213
─ 属性変更（フォント変更）	214
─ 属性変更（文字種変更）	86
─ 属性変更（文字色変更）	91
─ 属性変更（レイヤ変更）	178
─ 文字位置・集計	80
範囲選択	
─ 切り取り選択	154、164
─ 全選択	213、214
─ 属性選択	157
─ 追加範囲	158
─ 文字を含む	157、168
半角/全角キー	64、65
反転移動	162
ピンチ	19、124
複写コマンド	
─ 回転角	160
─ 切り取り選択	164
─ 方向固定	159
複線コマンド	
─ 端点指定	134
─ 連続	133
ファイル	216
─ 関連付け	230
─ コピー	52、226
─ 削除	58
ファイル名の変更	54、60
フォルダー	217
─ 削除	229
─ 作成	223

部品図	239、241
ブロック解除	197
ブロック図形	156、196、238、241
プロテクトレイヤ	177
分割	23、184、185
ヘルプ	23
包絡処理	141
─ 建具線端点と包絡	143
─ 中間消去	142、143
補助線	151、201、207

ま行

マウスホイール	123
メール	227、228
メニューバー	32、34、220、221
目盛	36、37
面取コマンド ─ 丸面	140
文字	
─ 位置揃え	79、80
─ 移動・方向固定	79
─ 上付・下付・丸付	68
─ 大きさ（高さ・幅・間隔）と色	75、83、84
─ 書き換え	81
─ 書込文字種	74、82、83
─ 下線作図・上線作図・左右縦線	72、95
─ 基点	70、73、79
─ 行間	76
─ 斜線上に記入	71
─ 消去	92、93
─ 白抜き文字	74
─ 縦字	78
─ 任意サイズ	74、83
─ 背景を白抜き表示	212
─ フォント指定	88
─ フォント変更	89、214
─ 向きを水平に変更	94
─ 文字種変更	85、86
─ 文字だけを選択	93
─ 連（切断）	77
─ 枠付き	72、95
文字種1～10の設定変更	84
文字色の変更	90、91
文字枠を表示	95
戻るコマンド	155

や行

ユーザー定義線種	183
用紙全体表示	122、128
要素数	46

ら行

リボン	220、221
両ボタンクリック	19、127
両ボタンドラッグ	19、122、127
履歴リスト	48
レイヤ一覧	176
レイヤグループ	236
レイヤ反転表示中	39
レイヤ変更	178

送付先FAX番号：03-3403-0582　　メールアドレス：info@xknowledge.co.jp

FAX質問シート
Jw_cadの「コレがしたい！」「アレができない！」をスッキリ解決する本

以下を必ずお読みになり、ご了承いただいた場合のみご質問をお送りください。

- 「本書の手順通り操作したが記載されているような結果にならない」といった本書記事に直接関係のある質問のみご回答いたします。「このようなことがしたい」「このようなときはどうすればよいか」など特定のユーザー向けの操作方法や問題解決方法については受け付けておりません。
- 本質問シートで、FAXまたはメールにてお送りいただいた質問のみ受け付けております。お電話による質問はお受けできません。
- 本質問シートはコピーしてお使いください。また、必要事項に記入漏れがある場合はご回答できない場合がございます。
- メールの場合は、書名と当質問シートの項目を必ずご入力のうえ、送信してください。
- ご質問の内容によってはご回答できない場合や日数を要する場合がございます。
- パソコンやOSそのもの、ご使用の機器や環境についての操作方法・トラブルなどの質問は受け付けておりません。

ふりがな

氏　名　　　　　　　　　　　　　　　　　　　　年齢　　　　　歳　　性別　男・女

回答送付先（FAXまたはメールのいずれかに○印を付け、FAX番号またはメールアドレスをご記入ください）

FAX　・　メール

※送付先ははっきりとわかりやすくご記入ください。判読できない場合はご回答いたしかねます。電話による回答はいたしておりません。

ご質問の内容　　※例）186ページの手順4までは操作できるが、手順5の結果が別紙画面のようになって解決しない。

【 本書　　　　　　ページ　～　　　　　ページ 】

ご使用のJw_cadのバージョン　　※例）8.01b　（　　　　　　　　　）

ご使用のWindowsのバージョン（以下の中から該当するものに○印を付けてください）

　　　　10　　　　　8.1　　　　　8　　　　　7　　　　　Vista

● 著者

Obra Club（オブラ クラブ）
設計業務におけるパソコンの有効利用をテーマとしたクラブ。
会員を対象にJw_cadに関するサポートや情報提供などを行っている。
http://www.obraclub.com/
《主な著書》
『やさしく学ぶJw_cad☆デラックス』
『Jw_cadを仕事でフル活用するための88の方法』
『Jw_cadのトリセツ』
『Jw_cad電気設備設計入門』
『Jw_cad空調給排水設備図面入門』
『Jw_cadのコツ』
『101のキーワードで学ぶJw_cad』
『CADを使って機械や木工や製品の図面をかきたい人のためのJw_cad製図入門』
『やさしく学ぶSketchUp』
『はじめて学ぶJw_cad 8』
　（いずれもエクスナレッジ刊）

Jw_cadの「コレがしたい！」「アレができない！」をスッキリ解決する本

2016年12月30日　　　初版第1刷発行
2020年10月26日　　　第2刷発行

著　者　　Obra Club
発行者　　澤井 聖一
発行所　　株式会社エクスナレッジ
　　　　　〒106-0032　東京都港区六本木7-2-26
　　　　　https://www.xknowledge.co.jp/

● 問合せ先
編　集　　前ページのFAX質問シートを参照してください。
販　売　　TEL 03-3403-1321 ／ FAX 03-3403-1829 ／ info@xknowledge.co.jp

無断転載の禁止
本誌掲載記事（本文、図表、イラスト等）を当社および著作権者の承諾なしに無断で転載（翻訳、複写、データベースへの入力、インターネットでの掲載等）することを禁じます。

©2016　Obra Club